U0945314

职场人必修礼仪

曲军 著

·北京·

图书在版编目（CIP）数据

职场人必修礼仪 / 曲军著 . —北京：金城出版社，2019.6
ISBN 978-7-5155-1857-2

Ⅰ . ①职… Ⅱ . ①曲… Ⅲ . ①礼仪—基本知识 Ⅳ . ① K891.26

中国版本图书馆CIP数据核字（2019）第085771号

职场人必修礼仪

作　　者	曲　军
责任编辑	雷燕青　张礼文
开　　本	710 毫米 ×1000 毫米　1/16
印　　张	22
字　　数	260 千字
版　　次	2019 年 6 月第 1 版
印　　次	2019 年 6 月第 1 次印刷
印　　刷	三河市百盛印装有限公司
书　　号	ISBN 978-7-5155-1857-2
定　　价	59.80 元

出版发行	**金城出版社** 北京市朝阳区利泽东二路 3 号　100102
发 行 部	(010) 84254364
编 辑 部	(010) 84250838
总 编 室	(010) 64228516
网　　址	http://www.jccb.com.cn
电子邮箱	jinchengchuban@163.com
法律顾问	北京市安理律师事务所 （电话）18911105819

自 序

一般来说，文化人走到了生命秋冬之季的年龄，大概都会有一种为人类文明做贡献的情结，那就是将自己一生的文化实践，总结上升为理论，建立一套完整、系统、有章可循的体系奉献给社会，为人类文明做一点力所能及的工作，以不辱作为文化人来到这个世界上的使命。

可是，要将这种情结转化为行动，并最终作为使命来完成，是多么的不易啊！因为这其中除了个人的学养及阅历的积淀外，还需要诸多客观因素的参与与推动。

尤其是到了古稀之年，一般都为社会做出了一定的贡献，身体又进入了衰老和羸弱的状态，此时的创作动力又来自哪里呢？当所有一切都归于平淡，是否还有一种坚持仍在心间？

面对这个问题，对于一个退休十余年，年逾古稀，而且学养及阅历积淀还不够深厚的我，应该说是一个不敢奢望的问题。尽管我的周围有那么多人都在鼓励我把自己掌握的礼仪方面的知识与常识系统地总结成书。

但若以此理由放下，我心中又似乎隐隐潜藏着那么几分不甘。

美国民权运动领袖马丁·路德·金说，“一个国家的繁荣不取决于她的国库之殷实，不取决于她的城堡之坚固，也不取决于她的公共设施之华丽；而在于她的公民的文明素养，即在于人民所受的教育、人民的远见卓识和品格的高下。这才是真正的利害所在、真正的力量所在”。

我也曾经阅读过余秋雨先生的许多书，不记得在哪本书里，他目睹了当下国民的文明素质现状后，说过一段话，希望有人系统地写一部礼仪方面的书籍来教化国民，提高国民的文明礼仪素质。并说，这件事最好由刚毕业的年轻大学生们来完成。

或许就是由于这样一些因素，以及周围同事、朋友们的不断鼓励，启动了我内心深处沉淀着的这份夙愿。

2011 年春节刚过，我拿起笔，开始了《职场人必修礼仪》一书的漫长写作。

说漫长，是由于在创作期间总是有许多事情交叉而至，致使这本书断断续续地写了两年多才完成初稿。初稿完成后，由于主观以及客观上诸多因素的干扰，到最后定稿又经历了五年多的漫长时间。

经过七年的漫长岁月，《职场人必修礼仪》一书才得以出版。此时，我心中有几分忐忑，不知道读者对这本书会有怎样的评价。但无论怎样，它终归是我在国内国外、大江南北做了一千余场礼仪讲座后，倾其心血凝结而成的作品。其中，创作的快乐已经大大地超越了成书之后再读它的感觉。意念至此，内心足矣！

本书自成体系，力求有别于传统礼仪书籍的写作形式，以礼仪技能的系统性和完整性，代替礼仪知识的系统性和完整性。每部分都赋予了内容上的内在严密逻辑，兼顾了口语表达的通俗、朴实、流畅和书面语言的文字修辞。力求写成一部长篇演讲性质的散文式的礼仪书籍，做到既有理论，又有实际操作。为了体现礼仪实践性强的特点，书中插入了仪态演示图片。书中案例，也大多是我亲身经历的真实事情，以拉近与读者的距离，增强可信度和说服力。书中无论是礼仪技能，还是礼仪知识，都介绍了“有所为和有所不为”的正、反两个方面，同时兼顾了礼仪的文化差异。每部分的开头和结尾，都试图用内容的故事性和语言的优美性来吸引读者和激励、鼓舞读者的创作方法，以给读者耳目一新之感。全书最后落实到了提高礼仪素养的方法和途径上。

冯友兰先生曾说过，人类的文明好似一笼真火，几千年不灭地燃烧。它为什么不灭呢？因为古往今来对于人类文明有贡献的人，都是呕出心肝，用自己的心血作为燃料添加进去，才使这笼真火不灭。他为什么要呕出心肝呢？因为他欲罢不能——就像一条蚕，它生而为蚕就要吐丝，“春蚕到死丝方尽”，是这样一种完成使命的欲罢不能。

多么想以此书为人类文明之火燃烧下去添一点燃料……

此生“虽不能至，心向往之”。

曲军　于锦州东方庭院

2019 年 5 月 8 日

目 录

第一部分

礼仪含义

礼，通俗地说，是表示恭敬的一种态度。在貌为恭，在心为敬。敬是指内心的庄重与正直，即尊敬。礼，又可称作“履”，即我们脚上穿的鞋子。鞋子是用来约束脚和践行的，这一形象比喻就提示了“礼”的道德约束和践行作用。

仪，通俗地说，是指一种规范的外在形式，又可称作“饰”，修饰的“饰”。修饰可以使人变美，这一形象比喻则概括了“仪”的审美愉悦作用。

大家知道，感人者莫过于德，悦人者莫过于美，美德形成便会具有一种无形的力量和魅力。因此可以说，礼仪是在人的诸种道德之上加上的一层美丽的藻饰。道德是人类的一种精神宝藏，而使它放出光彩的则是良好的礼仪。

一提到礼仪，大家可能不乏自信。其实，礼仪是非常广泛的一门知识。在有的方面，有的人可能会了解了一些，但在很多方面，很多人可能还不是很了解。

例如，经常有人在跟我聊天的时候问我："曲老师，您讲什么课？"

我说："我讲礼仪。"

"什么是礼仪啊？"

对此，我感触很深。联想到平时看到的随地吐痰、随手乱扔垃圾、随便跨越马路中间的隔离护栏、随意在公共场所大声喧哗等一些不讲礼仪的现象，不由得让我想起一位外国人曾经对中国的一段评价：

> 当我们欧洲还在为了划分地盘而互相残杀视血如水时，东方就有了一个幅员辽阔的国家。他们已经建立了稳定、统一、富足、文明的国度，他们尊崇一个叫孔圣人的教导，用礼节治理自己的国家，这就是代表远东文明的中国——世界四大文明的发源地之一，人称礼仪之邦。

这就是那个时代，我们中国展示给世界的形象。可是在今天，我们却有许多不讲礼仪的现象，甚至还有人不知道礼仪为何物，这不能不说是一件令人痛心的事情！

与此同时，我们也不能不看到问题的另一个方面，那就是随着我国改革开放的深入和社会主义市场经济的发展，礼仪作为一种文化现象，在竞争激烈、迅速变化的现代社会，愈来愈引起人们的重视和青睐，追求和探索这方面知识的人也愈来愈多，这又不能不说是一个让人欣喜的现象。

那么，为什么在市场经济体制下，礼仪愈来愈受到人们的重视和青睐呢？这当然是相对计划经济而言的。

我是从计划经济时代过来的人。计划经济时代，礼仪是被打入冷宫的，一切有关“礼”和“美”的东西，都被上纲上线为“封、资、修”。记得 20 世纪 60 年代末，我大学毕业参加工作不久，有一位老家在大连的同事，回大连结婚烫了头发。回来后，领导在全体职工大会上对她进行不点名的批评。散会后，这位同事哭得眼睛都肿了。记得当时的说法好像是烫发与资产阶级思想有什么关系。

还有，我中学时代有一位好朋友，她平时有说“谢谢”的习惯。按理说，这应该是一个好习惯，可是在当时，大家对她这个好习惯却并不习惯，认为她客套、虚伪、不朴实，有小资产阶级情调。

那么，为什么在那个时代，人们追求美，讲礼貌反而会受到这么不公平的对待呢？当然，原因是多方面的。但是，其中有一点是可以肯定的，那就是礼仪是有时代性的。管子说，“仓廪实则知礼节，衣食足则知荣辱”（《管子 · 牧民》）。由此可见，礼仪是社会进步与发展的产物。曾经的计划经济时代是吃大锅饭的经济体制，人们的物质生活水平低下，所以缺少礼仪意识，更缺少竞争意识，有没有审美素质和道德素质照样生存发展。

可是，市场经济就不同了。有这样一个小故事。一个人参加赛跑，获得第三名。看台上他的一个亲戚由于不了解赛跑是怎么回事，就问他：“既然第一只有一个，你跑不了第一还跑什么呢？”他笑了笑回答说：“你不知道，我只有跑才能实现我的价值，你没看见第一被我追得直往前跑吗？”

市场经济就和赛跑一样，人们的价值是通过竞争得以实现的。市场经济体制下，人与人之间，企业与企业间的竞争，说到底是人才的竞争。一个人是不是人才，主要取决于他的素质。一个人的素质要通过他的言谈、举止和行为来体现，而言谈举止规范与否，又与一个人的礼仪素养密不可分。由此可见，礼仪素养在竞争激烈的当代社会是何等的重要。

那么，什么是礼仪呢？

从字面上看，礼仪是由“礼”和“仪”两个字组成。我们先把这两个字拆开，分别看一看“礼”和“仪”各自的含义。

礼，通俗地说，是表示恭敬的一种态度，在貌为恭，在心为敬。《孝经》中说，“礼者，敬而已矣”。“敬”是指内心的庄重与正直，即尊敬。礼，又可称作“履”。《礼记》中说，“礼者，履此者也”，即我们脚上穿的鞋子，鞋子是用来约束脚、用来践行的，这一形象比喻就提示了“礼”的道德约束和践行作用。

仪，是指一种规范的外在形式，又可称“饰”，修饰的“饰”。修饰可以使人变美，这一形象比喻则概括了“仪”的审美愉悦作用。

大家知道，感人者莫过于德，悦人者莫过于美，美德形成便会具有一种无形的力量和魅力。因此可以说，礼仪是人际交往中待人接物恭敬的态度标志和行为规范以及相关仪式的统称。它是在人的诸种道德之上附着的一层美丽的藻饰。道德是人类的一种精神宝藏，而使它放出光彩的则是良好的礼仪。

在我们的日常生活中，人们往往把力量比喻为硬实力的象征。然而，有这样一句话，“百年之计基于力，千年之计基于礼”。由此可见，礼仪作为一种软实力比硬实力还要重要。那么，礼仪的力量来自哪儿呢？来自文化的力量。

礼仪是一种文化，它积淀着一个民族最深层的审美追求和行为规范，代表的是传承几千年的传统生活方式。它是由一个个浸透着道德价值和审美价值的礼仪技能聚合而成，每个礼仪技能的背后传递的都是一种生活态度。也就是说，每个礼仪技能都蕴含着内在恭敬之心的道德含义和外表优美形式的审美含义，它们分别构成了礼仪的内核与外壳，是礼仪的灵魂与精髓。因此，可以说礼仪是内在美与外在美的和谐统一。

特别在现代社会，人们把礼仪、道德和法律并称为三大守护神，礼仪位居首位。礼仪，作为人际交往的行为规范和待人接物恭敬的态度标志，不像法律那么严酷，也不像道德那么肃然。如果有人违背了礼仪，不顾礼仪，那么，没有法律来惩罚他，也无须道德来谴责他，只是他的好运已悄然而去。由此可见，礼仪这个守护神还具有减灾灭祸之功效，可以为我们带来好运。

提到礼仪、道德和法律，我总是愿意把它们之间的关系比作防病与治病的关系。

大家知道，在我们的传统观念中，人们往往重视治疗疾病而忽视预防疾病。当我们的身体还处于健康或亚健康状态时，往往舍不得花钱去买营养品、保健品和花时间锻炼身体、旅游，以预防疾病的发生。可是，一旦得了病，特别是得了那些大病甚至是难治之病时，几千、几万甚至几十万元也都舍得花了。不舍得花也不行啊，咱们得保命啊！不仅花费了大量的钱财，还遭受了难以忍受的痛苦折磨。

如果我们转换一下观念，把得病以后用来治病的钱，哪怕是一小部分投到日常的营养、保健、锻炼及旅游中去，让自己的身心始终处于一种健康、快乐的状态，那么，是不是就可以大大地降低疾病的发生率呢？

同理，如果我们每位职场人平时都注意讲究礼仪，人与人之间相互尊重，那么就可以减少、缓解和避免交际中不必要的情感对立与交往障碍，使经济活动和文化活动在较高层次上展开，从而可以净化社会活动中许多不文明的东西，形成良好的社会风气。

我们就以打电话为例。

一般来说，打电话的表现往往可以体现出一个人的教养与素质。例如，有的人拿起电话“喂，你是谁？”“你找谁？”“他不在！”“不知道！”“啪”的一声就把电话撂了。而有的人拿起电话则是另一番景象，“您好！”“请问您是哪位？”“您有什么事吗？”“对不起，他刚刚出去，您过一会儿再来电话好吗？”“再见！”然后轻轻地放下电话。这两种打电话的不同表现，就体现了两种不同的素质，展示了两种不同的精神风貌。

再比如，上、下公共汽车时，也有两种不同的情形。

一种情况是不排队，拥挤上、下车，结果是你踩了我的脚，我碰了你的手，致使叫喊声、吵骂声不绝于耳。另一种情况则是排队，按顺序上、下车，人与人之间保持一定的距离，使上、下车的秩序井然有序。

如果我们打电话和上、下公共汽车都能像后者那样，我们是否意识到自己已经进入了一种美的境界？我们的微笑表情、礼貌语言、规范距离都在给人一种美的享受。我们的礼仪意识、礼仪实践，正在创造着一种社会美。这就是我们常说的人类文明精神文明建设。它使得我们和交往对象都在享受着一种难以用语言难以形容的快乐！

现在，我们把这两个例子引申一下。如果每个人无论何时何地都能讲究礼仪，相互尊重，在较高层次上进行交往活动，那么，道德还有谴责的对象吗？法律还有惩罚的对象吗？

正如孔子所说，“道之以政，齐之以刑，民免而无耻；道之以德，齐之以礼，有耻且格”（《论语·为政》）。意思是说，用行政命令来治理国家，用国家刑律惩处不遵守者，可以使老百姓不犯罪，却不能认识到行为的对错与荣辱；用道德教育治理国家，用礼驯化、约束人民，可以使老百姓懂得善恶和犯罪的可耻，从而自觉地遵守规矩而不去犯罪。因此，可以说，社会上讲究礼仪的人越多，社会就越安定团结。在调整社会风气、维护社会安定团结方面，礼仪起着法律所起不到的作用。

礼仪不仅对于维护社会安定团结有着重要的作用，而且，对于加强一个人的道德修养和提高一个人的审美素养以及如何做人，也有着重要的意义。

曾经有这样一个脍炙人口的故事，发生在公元前546年。当时，齐国的庆丰到鲁国行聘，乘坐一架十分华美的车子。但是，他的举止行为却不讲礼仪，吃饭时又表现得不太恭敬。鲁国的叔孙穆子看到这些后，觉得庆丰的举止行为与其容饰极不相称，就赋诗一首道：

相鼠有皮，人而无仪；
人而无仪，不死何为？
相鼠有齿，人而无止；
人而无止，不死何俟？
相鼠有体，人而无礼；
人而无礼，胡不遄死？

为什么一个不懂礼仪和失礼的人被骂到连老鼠都不如，甚至还要被诅咒死亡呢？这是和中华民族的传统观念分不开的。中国素有礼仪之邦的美誉，在人们的观念里，“礼”是国家的根本，是民族的表征，是人区别于其他物种的唯一标志。

《礼记 · 曲礼》中有一段话就鲜明地阐述了这个观念：“鹦鹉能言，不离飞鸟；猩猩能言，不离禽兽。今人而无礼，虽能言，不亦禽兽之心乎？夫唯禽兽无礼，故父子聚麀。是故圣人作，为礼以教人。使人有礼，知自别于禽兽。”这段话的大意是，有人认为人和禽兽的区别在于人有语言，而禽兽没有。可是，禽兽里面也有能说话的，如猩猩、鹦鹉。然而，尽管鹦鹉会说话，人们还是把它归到禽类；猩猩虽然能模仿人的行为，但没有人会把它当人，依然把它看作畜生。因此，不懂礼仪的人，虽然也能说话，但还是禽兽之心。正因为禽兽无礼，所以父子聚麀，即父子共用同一个配偶，这就叫乱伦。所以，有圣人制定了礼仪，用来教育人，让人们自觉地与禽兽区别。由此可见，礼仪对于做人是多么重要。

关于这方面孔子有过名言。孔子曾告诫他的儿子“不学诗，无以言”“不学礼，无以立”（《论语·季氏》）。这就是有名的庭院之训的典故。

有一天，孔子一个人站在那里，他的儿子伯鱼快步从庭院中走过。孔子问：“学过《诗经》吗？”伯鱼说：“没有。”孔子说：“不学《诗经》，就讲不出有文采的话。”伯鱼回去后，就学习《诗经》。又有一天，孔子又是一个人站在那里，伯鱼快步从庭院走过。孔子问：“学过礼吗？”伯鱼说：“没有。”孔子说：“不学礼，就无法在社会上立身。”伯鱼回去后，就学习礼。

荀子在这方面也有过名言。荀子说：“故人无礼则不生，事无礼则不成，国无礼则不宁”（《荀子·修身》）。就是说，人没有礼就不能生存，做事没有礼就办不成，国家没有礼就不安宁。

孔子和荀子都对“礼”的作用给出了极高的评价。

在当代，“礼”的作用同样也很重要。尤其是当今我国处于改革开放的经济转型时期，为了适应新形势的需要，国家要经常举办各种政治、经济、文化方面的国际交流活动，迎来大批不同国家、不同民族、不同文化的国际友人。届时，外国友人会近距离地观察、了解中国，全世界媒体人写的、拍的都是关于中国的报道和中国的画面，世界各国人民会更加关注中国。因此，我们代表的就不仅仅是一个个体，而是一个国家、一个民族、一个城市的形象。

因此，怎样做一个文明人，了解和尊重不同国家、不同民族的不同礼仪习俗，避免跨文化交流中不愉快的事情发生，使彼此顺利、流畅地沟通，友好地相处，同时，展示中国人的良好礼仪素养，不辱中华礼仪之邦的美称，树立中华民族在国际交往中的良好形象，已经是迫在眉睫、亟待解决的事情了。所以，我们对于礼仪的认识就不能仅仅满足于感性上，还应该进一步了解礼仪、掌握礼仪、讲究礼仪，这就要求我们首先要对礼仪的含义进行溯源。

中国古代礼仪产生于原始社会，兴盛于三代。“礼”产生于文字出现之前。有了文字记载之后，“礼”和“仪”起初是分开使用的。中国古代将“礼”和“仪”连用，见于《诗经 · 小雅 · 楚茨》，“为豆孔庶，为宾为客。献酬交错，礼仪卒度，笑语卒获”。

古代典籍中，“礼”主要有四层意思：一是道德准则；二是国家典章制度；三是等级秩序准则；四是行为规范。以下分述之。

首先，礼，曾作为人类进入文明社会的标志，亦即做人的道德准则。

我国古代的礼最初起源于信神、敬神的一种规范的外在形式。原始时代生产力十分低下，人们在依靠自然并与自然斗争的过程中，逐渐产生了对大自然的神秘感，以为她是冥冥之中主宰着万事万物、影响着人类幸福、令人敬畏和崇拜的力量。于是，就有了信神、敬神的祭祀活动中极其虔诚的种种规范形式，这就是最早的“礼”。

商代的统治者倡导鬼神文化，信神、敬神，对人却很野蛮。到了周代，随着生产力和认识能力的提高，人们逐渐吸取了教训，认识到治国安邦不能迷信天命，而是要依靠道德来凝聚人心。例如，在武王克殷的剧变中，周人看到民心对于政权的重要，吸取了纣王实施暴政的教训。当时，辅佐武王的周公分析了商代的历史，得出了商亡于“失德”的结论，提出了“德”字，认为一切美好的东西都是“德”，并提出了施行“德政”的政治纲领，要求执政者要懂得尊重人，用道德教化人民，慎用刑罚。从此，人们所创立的用来调节人神关系的“礼”发生了重大的变化。礼的对象开始由神向人转化，礼也随之被用来调节人与自然、人与人以及人与自身的关系。

春秋战国时代，一方面诸侯争雄，人的欲望无止境地膨胀；另一方面，百家争鸣，礼在儒家盛行。当时儒家就提出礼应该由外在向内在转化，由外在的规范形式向内在的道德修养转化。例如，孔子强调“修己以敬”“修己以安人”“修己以安百姓”（《论语·宪问》），来回答子路的问“君子”。子路问孔子怎样才称得上君子。孔子说，以严肃认真的态度修养自己。子路又问，这就够了吗？孔子说，修养自己使别人安乐。子路感到不满足，又问，像这样就够了吗？孔子说，修养自己，使全体百姓安乐，尧舜尚且担心做不到呢！孔子在这里充分地强调了“礼”在道德生活中的作用，最后形成了以“德”为核心的新“礼”。

其次，礼，也作为包括政治、经济、军事、文化在内的各种典章制度以治国。例如，左丘明提出“礼以体政”（《春秋左传·桓公二年》）的主张。意思是说，“礼”为政治、政法之骨干。《管子·牧民》中也有“大礼”和“小礼”之说，注释为“礼之大者，在国家典章制度”。还有，唐代的《开元礼》、宋代的《政和五礼新仪》、明代的《大明集礼》、清代的《大清会典》等，这些各个朝代用以治国的典章制度，都是以《周礼》《仪礼》为蓝本制定的。

再次，礼，也作为等级社会维护等级秩序的准则。

在等级社会中，“礼”的本质的主要方面，如果用四个字来概括，就是“分、别、等、差”。例如，《礼记·乐论》中记载，“礼者，天地之序也。……序，故群物皆别”。如果用三个字来概括，就是“等级制”。例如，荀子说，“君子既得其养，又好其别。曷谓别？曰：贵贱有等，长幼有差。贫富轻重皆有称也”（《荀子·礼论》）。意思是说，君子既要得到各方面的给养，又要区别给养的等级差别。什么叫作等级差别呢？答：贵与贱有等级，年长的与年幼的有差别，卑与尊都各有相称的给养。

为什么要这样？荀子说，“礼起于何也？曰：人生而有欲，欲而不得，则不能无求；求而无度量分界，则不能不争；争则乱，乱则穷。先王恶其乱也，故制礼义以分之，以养人之欲，给人之求”（《荀子 · 礼论》）。意思是说，礼起源于什么？答：人生下来就有欲望，人的欲望得不到满足，就不能没有索求。索求若没有一定的限度和界限，就一定会发生争斗。争斗就会出现混乱，混乱就会导致贫穷。先王厌恶这种混乱局面，所以制定“礼”来划分等级以调节人们的欲望，维护自己的统治。

例如，作为我国纲常礼教的“礼制”就充分地体现了一种严格的等级制。它不仅以三纲五常的规范作为道德的内涵，而且还以消费品的等级分配作为实质性的内容。礼制对消费品的规定周详而完备，如对衣、帽、鞋、袜等一些日常用品的规定，不仅从颜色、图案，甚至面料、款式都有严格的规定，什么身份等级应该穿戴什么样的衣、帽、鞋、袜。任何人不能超越自己的身份等级去享用不该享用的物品。可以说，我国历代封建王朝都用“礼制”来制约和限定社会成员按照自己的身份等级，而不是按照财产的多寡过着相应的生活，以此来作为尊卑贵贱不可逾越的道德界限。统治者认为，君主只要握住礼制的大柄，就能够形成“天无二日，土无二王，家无二主，尊无二上”（《礼记 · 坊记》）的严格等级秩序。

最后，礼，也作为人际交往的行为规范和待人接物的态度标志。

等级社会，礼的本质的次要方面，如果用两个字来概括，就是“仁”和“乐”。“仁”是礼的核心，其根本精神就是爱人。“乐”在古代，指的不仅是今天所谓的音乐，还包括舞蹈、诗歌、说唱等多种艺术形式。《礼记 · 乐论》中记载，“乐者，天地之和也；礼者，天地之序也。和，故百物皆化；序，故群物皆别”。由此可见，“礼”和“乐”二者实际上都是在追求一种天地秩序、社会秩序、国家秩序、人伦秩序的全面和谐与平衡的境界。

与此相关，儒家格外强调以礼乐化俗，认为移风易俗、感人之深莫过于礼乐，从“仁”的“大爱”和“乐”的“大和”角度来融洽人际关系，调节人际交往。在维护等级制度，保持等级距离的同时，开始将传统的礼

的主体由上层社会推广为各个阶层的社会成员。

由此，作为上层统治者行为规范的“礼”便与自然生成、相沿成习、作为下层民众行为惯例的“俗”紧密地联系在一起，成为人们妥善处理各种关系，建立必要的生活秩序而普遍遵守的行为规范和待人接物的态度标志。

例如，孔子提出“里仁为美”（《论语 · 里仁》）。“里仁”是指与有仁德的人为邻里。“仁”是孔子最重视的个人德行修养，孔子以“克己复礼”，“非礼勿视，非礼勿听，非礼勿言，非礼勿动”（《论语 · 颜渊》）来回答他的弟子颜渊的问“仁”。颜渊问孔子，什么是仁。孔子说，克制自己，使言行符合于礼的标准，这就是仁。并说，不合于礼的事不看，不合于礼的事不听，不合于礼的事不说，不合于礼的事不做。孔子认为依礼而行，勿犯非礼就能成为仁人。还以“己所不欲，勿施于人”（《论语 · 颜渊》）来回答仲弓的问“仁”。意思是说自己不喜欢的事，不可强加于别人。

又如，《礼记 · 坊记》中记载，“礼者，节之准也”。即，“礼”就是顺应人情而制定的节制的标准。

再如，《礼记 · 仲尼燕居》中记载，“礼者何，即事之治也”。即，礼是什么呢？礼就是做事的方法。

还如，荀子说，“故绳者，直之至；衡者，平之至；规矩者，方圆之至；礼者，人道之极也”（《荀子 · 礼论》）。即，墨绳是直中最直的；秤，是公平中最公平的；圆规曲尺是绘制方圆工具中最标准的；礼，是做人、做事最根本的准则和规范。在这里，实际上都把礼作为了一种做人的准则和做事的行为规范。

此外，礼，延伸地讲也应该包括仪式。

古代典籍中，“仪”也有四层意思：一是准则和法度；二是仪表仪容；三是礼节；四是仪式。从这四层意思中我们可以看出，仪，多侧重于形式，是一种形式规范，可以说是礼的一种外延，正如荀子在《荀子 · 礼论》中说，“凡礼，始乎梲，成乎文，终乎悦校。故至备，情文俱尽”。意思是说，凡是礼，开始时简略，逐渐完备，不仅有内心的恭敬情感，还要有外表的美好形式，最后达到令人满意，文采斐然。礼到达了最完备的程度，就可以使感情通过礼的仪式充分地表达出来。由此可见，礼，也应该包括各种仪式。

综上所述，我们可以看出，礼仪作为一种社会文化，其含义随着社会性质的不同，曾经发生过多次的重大变革。那么，现代礼仪的含义属于哪个层面呢？应该是属于最后两个层面的含义。它是现代社会中，人们为了维系社会的正常生活而共同遵循的最简单、最起码的待人接物恭敬的态度标志和行为规范以及相关仪式的统称。它是继承了古代礼仪中优秀的东西，剔除了剥削阶级的伦理意识，结合现代社会的实际情况和需要，不断吸收外来的先进文化，加以消化、融合后而发展起来的现代礼仪。对于个人来讲，它能够规范一个人在社交中的举止言谈，融洽人际关系，是一个人的社会公德修养、审美素养以及社交能力的外在体现；对于社会来讲，它是社会精神文明的重要组成部分，是一个社会的文明程度、道德风尚以及生活习俗的反映。它与古代的礼有着本质的区别，其区别有以下三点：

首先，二者基础不同。

古代礼仪以封建等级制为基础，现代礼仪虽然也承认每个人的身份和社会分工有区别，但却以人格平等为基础，以尊重为出发点。例如，古代礼仪规定，大臣在皇帝面前告退时，不能随便转身，而要先后退再转身离去，其含义是不能让皇帝直接看到自己的后背，否则就是对皇帝最大的不敬。但是，皇帝在众臣面前却可以随便转身，扬长而去。这充分体现了古代礼仪严格的等级制度。现代礼仪虽然也有后退转身的内容，但却是在人际交往中与交往对象告辞时，表示对其尊重的一种美好仪态，体现的是人与人之间的一种平等关系。

其次，二者目标不同。

古代礼仪是为了维护封建统治制度，现代礼仪则是为了维系正常的人际交往，融洽人际关系。例如，古代礼仪规定，皇帝在召见大臣时，大臣要向皇帝实施跪拜礼节，其含义是众臣皆拜倒在君王脚下，以体现皇帝至高无上的权力和权威，维护和巩固统治者的封建统治。现代礼仪则规定，国家领导人在接见各级领导及普通群众时，彼此都实施人际交往中普遍通用的握手礼节。握手时双方平等站立，双目平视，通过手与手的接触，瞬间就缩短了彼此间的距离，融洽了关系。

最后，二者适用范围不同。

古代礼仪适用于上层社会，是宫廷礼仪，礼不下庶人。现代礼仪则适用于各种交际活动的所有参与者。例如，我们就以舞会礼仪和化妆礼仪来说，古代社会由于生产力极其低下，舞会礼仪和化妆礼仪对于底层民众来说就是一种奢望，只有统治者及贵族阶级才能享用。而现代社会中，我们每个人都能以舞会参与者的身份去分享舞会礼仪和享用日常生活化妆礼仪。

在当前改革开放和市场经济体制下，为了避免跨文化交流所带来的障碍，我们不仅要了解现代礼仪与古代礼仪的差异，还应该了解国际礼仪与我国传统礼仪的区别。由于国际礼仪主要起源于西方，受西方文化的影响较深，所以，我们说的国际礼仪主要是以西方礼仪为主。而我国传统礼仪主要受儒家文化的影响较深，所以，我国传统礼仪主要以儒家文化为主。

明确了这两个概念之后，下面比较一下二者的主要差异。

在西方，“礼仪”一词始于法语，原意是“法庭上的通行证”。后来，又进入英语，演变为“人际交往的通行证”，其含义也有四层：一是指教养和规矩；二是指规范优美的言谈举止；三是指仪式、典礼；四是指习俗。

由此可见，西方礼仪多侧重于强调形式，比较注重“仪”，尤其是非常关注“仪”的一些细节，旨在展示上流社会的教养和规矩。例如，怎样拿刀叉，怎样切割肉，怎样摆放餐具，怎样扎领带，等等。只要在形式上做得中规中矩，就完全合乎礼仪的要求了。而我国传统礼仪则是道德文化的体现，在每个礼仪形式的背后一定蕴含着某种深刻的道德含义，其核心精神就是要尊重他人，旨在培植内在的道德根基。至于形式，只有原则的规定，细节方面始终不是强调的主要内容。例如，以我国传统的鞠躬礼来说，其内在的道德含义就是要表达对他人的敬意，作为一种身体姿势，躬弯得越深，行礼则越重。如果只表示恭敬的样子，上身微微前倾即可。对于这一礼节形式的身体躬弯角度，并没有十分严格的要求，而主要是强调形式与本质的统一。

为什么会有这种差异呢？这是因为西方文化是宗教文化，人们的灵魂交给上帝管理，而社会秩序则由法律维护。我国传统文化则是儒家文化，儒文化的核心就是“礼”，因此，灵魂不是交给上帝管理，而是用“礼”来管理灵魂，约束行为，一切都要按照“礼”的要求去做，这就是中国特色的“礼”文化。

其次，西方礼仪追求开放，强调个性自由，隐私观念比较强烈。我国的传统礼仪则强调集体观念，反对个人主义，隐私观念比较淡漠。

例如，西方国家的住宅一般是四周无墙，仅以修剪整齐的树丛或矮栅栏与外界分隔，这是由他们追求开放的心理决定的。虽然住宅外部整体结构体现了开放的特点，但其内部房间结构却强化了个人自由和维护人格尊严的社会心理，房间之间的间隔非常严密，父母和子女之间未经许可都没有权利相互闯入对方的房间。这种建筑文化就体现了追求开放、强调个性自由、尊重个人隐私的西方文化。

我国传统的住宅一般都是庭院式结构，厚门高墙、壁垒森严，关上门，里面就是一个封闭严密的“家族王国”，体现了以“家庭”为一个小集体的集体观念，具有相对的封闭性。与西方国家的理念截然相反，虽然我国住宅外部整体结构体现了相对封闭的特点，但其内部房间之间的间隔却很随便、简单，有的甚至只用屏风或门帘作为间隔屏障，而使家庭成员之间的隐私得不到保护。这反映了我国集体重于个人，个人必须服从集体的传统礼俗观念。这种传统礼俗观念还体现在去医院看病时隐私常常被忽视，门诊就诊可以被他人旁听，住院患者的化验结果堆在一起可以任人翻阅，床头卡曝光患者病名，可以任人一览无余……诸如此类有关患者的隐私问题，医患双方都很淡漠。

我国隐私观念淡漠的另一个典型例子，就是两个人见面时一句常用问候语“上哪儿去”。本来，“上哪儿去”是一句打探隐私的话，可是，我国传统礼仪却把它作为一句见面时的习惯问候语，彼此之间谁都不会介意。然而，在国际交往中，特别是与西方人交往时，如果你见面问他“上哪儿去”，他会特别反感，感觉你是在打探他的隐私，认为自己的隐私权受到了侵害。西方国家是一个“不要问我从哪里来，也不要问我到哪里去”“英雄莫问出处”的国家。因此，在国际交往中，特别是与西方人接触时，要注意尊重对方的个人隐私和个人尊严。

再次，西方礼仪在对待社会弱势人群的理解和表达方式上，与我国的传统礼仪不同。

在对待老人方面，我国自古以来都是尊重老者，并以尊老、敬老为美德。例如，走路时让老者在前，餐桌上请老者坐尊位，称呼老人为“某老”等。西方人则认为，年轻是有竞争力的象征，所以他们最怕别人说他们老，往往把“老”与“老不死的”“老没用的”等字样联系在一起。因此，在与他们交往时，千万不要按照我们敬老尊贤的礼仪文化，在语言上，甚至在行为上对对方有所暗示。例如，对对方说“你老这么大岁数了，身体还这么好，真让人羡慕”。对方就会想，“我多大岁数了？难道我很老吗？”再如，当对方上、下楼梯，下意识地上前搀扶等，都会令对方反感。

在对待孩子方面，中国“亲子之爱”的观念十分浓厚，传统的家庭，往往都是几代同堂。但是，在礼节中却十分强调“中庸”“中和”，既反对激烈的狂吻、拥抱，又反对过分的淡漠。而西方礼仪就不同了，西方人向来都教育子女不要群居、聚居。子女成年后都要独立生活，长辈和晚辈之间的恩爱礼遇，像狂吻、拥抱等，也不及我们严肃认真。

在对待妇女方面，西方礼仪非常强调尊重妇女，在日常活动中都自觉遵循“女士优先”的原则，认为妇女是人类的母亲，不尊重妇女就是没有教养。因此，在一切交际场合都讲究尊重女士、帮助女士、保护女士。在英国，甚至女士们对门把手都很陌生，因为总有绅士为她们开门。我国传统礼仪则由于受传统文化的影响，“男尊女卑”的传统观念比较强。例如，在我国提到男人，往往都要与一个“大”字联系在一起，如“大男人”“大男子汉”“大丈夫”“大老爷们儿”；提到女人，前边往往都要加一个“小”字，如“小女人”“小女子”“小娘子”“小媳妇”。同样是人，却有两个不同的形容标准。这不能不说明“男尊女卑”的观念，在我国的传统文化中积淀得是如此的深厚，以至于历经世事沧桑、王朝更换也难以撼动它。

最后，西方礼仪不提倡客套，不认同过度的自谦，更反对自轻和自贱。我国传统礼仪则提倡谦虚，习惯客套，喜欢自嘲。

关于客套，我们以后还要专门讲述，这里着重讲一讲谦虚。中国的传统礼仪一直倡导谦虚为本，反对个人张扬。“谦谦君子”是中国人做人的理想模式，自吹自擂反而会给人不好的印象。这种思想，甚至渗透在造字的方法上。例如，《老子》中说，“……自伐者无功；自矜者不长”。意思是说，自我夸耀的人建立不起功勋；自高自大的人不能做众人之长。这两句话中的“伐”和“矜”，都有夸耀的意思。大家知道，“伐”字的右边是“戈”，“矜”字的左边是“矛”，而“戈”和“矛”都为古代兵器，有杀伤之意，旨在告诫人们，自夸自大的人从来都是很危险的。

这种思想也体现在许多成语中，例如，“木秀于林，风必摧之”“行高于人，人必非之”“堆高于岸，水必湍之”“曲高和寡”“高处不胜寒”“枪打出头鸟”“出头椽子先烂”，等等。

为什么会这样呢？这是和儒家文化的影响分不开的，因为中国儒文化强调“中庸”。朱熹给中庸下的定义是“中者，不偏不倚，无过不及之名。庸者，平常也”(《中庸》)。程颐也说，“不偏之为中，不易之谓庸。中者，天下之道，庸者，天下之定理”。可以说，“中”是事物中的最适宜点，而且这种最适宜点只有一个，于是“中”就成了事物的客观规律。当人的行为符合这种“中”的规律时，就叫“和”。因此《中庸》中讲，“喜、怒、哀、乐之未发，谓之中；发而皆中节，谓之和。中也者，天下之大本也；和也者，天下之达道也。致中和，天地位焉，万物育焉”。

所谓“喜、怒、哀、乐之未发”，是指含在里头没有表达，强调了含蓄。这种含蓄也体现在我们的化妆修饰和着装打扮上。例如，化妆要求清淡雅致，似画非画，切忌浓妆艳抹。着装要求整洁、朴素，切忌过于暴露，以免会被认为有伤风化。而西方人由于强调个性自由，注重外表包装，则喜欢夸张的化妆和强调个性色彩的着装，等等。

所谓“致中和”，就是“中庸”。中庸的理想状态，是一切处于和谐之中，这种和谐就是天地万物各安其位。因此，“中庸”的思想方法就是做事不走极端，要考虑到后果，要含蓄、谨慎，以免造成重大错误和损失。

在这种传统文化的影响之下，谦虚谨慎成了中华民族的传统美德，自嘲成了中华民族传统文化的精髓之一。在我们与人交往时，都不愿意听别人说他自己好。如果别人在我们面前夸耀自己，我们就会酸溜溜地想，“就你好啊！”但却都愿意听别人嘲弄自己，别人把自己嘲弄得越不像样，我们听得越开心。于是，在现代社会生活中，低调就成了我们的生活准则。

多年前，我有一个学生，大学毕业后，只身闯荡深圳很有成就，现在是深圳一家五星级酒店的公关部经理。她听说我来深圳工作后，就请我吃饭。因为这位同学在大学读书时是校文艺部部长，能歌善舞，聊天中我就问她是否还经常上台表演节目。她对我说，“到深圳以后，这方面的才能从来没有露过，低调儿”。前一段时间，我们原来中学的同学搞了个聚会。其中，有位同学在工作上很有成就，聚会中大家让他谈谈自己的奋斗历程，他只讲了几分钟。大家问他为什么只讲这么一会儿。他也说，“别太张扬了，让别人听了反感，低调儿”。包括我们当教师的，在给学生讲课前的开场白中所做的自我介绍，给自己定的调子也都是低调。

可是交往实践证明，中国人的这种过于谦虚、不敢正面肯定自己的做法，在国际交往中并不被理解和接受。不但得不到外国人的认可，反而会被认为是不坦诚、不实事求是、缺乏自信，甚至不尊重自己。

说到开场白的自我介绍，它最能说明中外礼仪文化差异。下面，我们就以开场白的自我介绍为例，进一步说明西方礼仪与我国传统礼仪的区别。

首先是第一个开场白的自我介绍：

我是一名礼仪教师，虽然从事礼仪教学多年，但是，对礼仪知识了解得依然不够。在我的课程中，肯定会出现这样或那样的不足。因此，请同学们积极参与进来，共同学习与探讨礼仪的真谛，多多给我提出宝贵的意见。

这个开场白的自我介绍，一定会让人觉得这个老师蛮谦虚的，不由得对老师肃然起敬。可是，如果听众是西方人呢？他们就会说，既然如此，干吗要浪费我们的时间呢？

下面是第二个开场白的自我介绍：

我是我国为数不多的早期从事礼仪教学的教授之一，多年来一直从事礼仪教学与研究。除了校内教学之外，我还为清华大学、北京大学、暨南大学、北京师范大学、深圳大学、康佳集团、万科集团、海航集团等诸多机关、企事业单位做过上千场礼仪演讲与培训，受到社会各界热烈欢迎。

发表、出版数十篇和多部礼仪方面的论文、教材及专著。曾到西方十几个国家考察、讲学，进一步研究西方文明礼仪，并与同行学者进行探讨，从中受益匪浅。欢迎大家在这方面多提出问题，我将毫无保留地解答大家的疑问。我相信，我的礼仪课会给你们在礼仪领域带来新的知识，一定会受到你们的欢迎。这里，我先谢谢大家。

这个开场白的自我介绍，我们肯定难以接受，心想，“这个老师真能吹，有什么了不起的，就你好啊？”可是，如果听众是西方人，他会很受用，认为你很坦率，实事求是，甚至他会觉得自己很幸运，遇到一位高水平的老师。

下面，结合这两个不同的自我介绍来比较一下两者的差异。

前者是：谦虚、谨慎、凝重，问题说在前面，好事做在后面；后者是：直来直去，实事求是，良好的愿望在前，结果还需努力。

我们说，西方礼仪与我国传统礼仪的这种差异，归根结底还是文化的差异。我们只有了解了这种差异，才能在今后的国际交往中具有礼仪的文化差异意识，减少对外交往的障碍。

让我们沐浴着礼仪的春风，穿越古今沧海桑田，去继承古代礼仪中优秀的东西；跨越中外礼仪文化鸿沟，去吸收适合于我国国情的国际礼仪原则。将继承、吸收后的古今中外礼仪文化精华，进一步融合发展，在对外交往中做到“入乡随俗，入境问禁”，尊重对方的礼仪习俗，为展示中国人的美好形象，为架起中国人民之间及中国人民与各国人民之间的友谊桥梁，为重现中华礼仪之邦，树立中华民族屹立于世界之林的光辉形象，为实现伟大复兴的中国梦做出不断的努力和积极的贡献！

第二部分

空间、方位、距离礼仪素养

人际交往的空间、方位和距离都可以传递信息和表达情感。

与人交往时处于何种位置才能使此时无声胜有声的空间、方位和距离承载着礼仪的春风向他人传递一份尊重、友善、真诚的信息及至真、至善、至美的情感呢?

为什么说距离能够产生美、产生友爱、产生和谐、产生文明呢?

我曾经读过这样一个故事。

在法国巴黎郊区的一个小村落，靠铁道附近住着一户人家。每天下午三点多钟，女主人都会带着一个小女孩，站在家门口看一列火车准时通过，并且向站在车厢门口的一位列车维修工人招手致意。日复一日，年复一年，一直到这位列车维修工人退休。

终于有一天，这位列车维修工人下决心去看望那位妇女。可是，当他叩开门，看到的却是一位面容憔悴、蓬头垢面、不修边幅的黄脸老太婆。那位妇女冷冰冰地问："你找谁？"他一时不知该如何回答。妇女露出厌恶的表情，转身把门"嘭"的一声关上了。他站在门口愣了半天，最后转身离去。

回到小镇上，他一边喝闷酒一边想，"难道她就是每天向我遥遥招手的美丽女人吗？"想到自己千里迢迢来此看望她，竟是这样的结果，真是"相见不如不见"，还不如让那个女人的美好形象，永远留在自己的脑海中。

这个故事说明了什么呢？说明有些远远看着很美的事物，一旦近看时，并不一定美。这就是我们常说的"距离产生美"的道理。其原因就在于距离可以传递信息和表达情感。

据有关研究指出，人与人之间交往的空间、方位和距离都是可以传递信息和表达情感的。也就是说，在人际交往中，空间的大小、方位的内外、距离的远近都会说话。

我曾经在深圳工作了五年，有一部分时间在深圳大学教授礼仪课。深圳大学美丽的校园环境在全国是有名的，但由于近几年发展迅速，学校办公用房非常紧张，以致全校所有的教学单位及行政机关都在一个大楼。讲师甚至教授都没有自己单独的办公室。

就是在这种情况下，我所在的学院有关领导却筹划给我安排一间供我个人使用的办公室，并配备一个助手。这个筹划，无声地传递了学院对我重视的信息。毋庸多说，我在这个学院工作的心情一定是舒畅的，在教学和科研中一定会发挥更大的作用，这难道不比说上许多“学院如何如何重视你”的话更有力量吗？这是为什么呢？是因为职场人都有这样的心理，希望自己的办公空间大一些。办公室越大，就表明在单位的地位越高，分量越重。这就是空间大小向人们所传递的信息。

人际交往中，不但空间的大小可以传递信息，而且空间的方位也可以传递信息。譬如，按照我们国家的习俗，如果有客人来访，即使主人身居斗室，也应该让客人坐在房间最好的椅子和最好的位置上，如对着门的、朝阳的、明亮的、通风的地方。宴会上也是请老者、长者、尊者坐在最好的位置上。这种空间位置，就无声地向对方传递了被尊重的信息。

空间、方位不仅可以传递信息，而且还可以表达情感。例如，有人去看望你，你在家门口或办公室外与他谈话，而不请他进去，无论你口头上如何解释，你却利用空间的内外方位，向对方表达了“不欢迎”“不友好”的态度。

我们还可以以谈判为例。一般来说，谈判的双方在谈判时都是对面而坐。这种面对面就座的方位，就表达了一种意欲竞争的信息和相互抗衡的态度。如果有两方以上的代表参加的会议，我们则发现常常使用圆桌，就是为了避免由于位置的不同而造成某方的不平衡感。

再比如，按照礼仪规范，一位男士不应该坐在或走在两位女士中间。为什么呢？也是由于与其中一位女士讲话时，头扭向一方而造成另一方的不平衡感。男士在两个女士的一侧讲话时，把头扭向两个女士就可以避免以上情况的发生。反之女士也是一样。

此外，人际交往的距离也可以传递信息和表达情感。

我们以上课为例。一般来说，在大学里上大课时一般都采取自由就座的方式。经常在前排就座的同学，从他与老师的距离就可以知道他喜欢学习，课堂上能够认真听讲，喜欢这门课程，甚至喜欢讲这门课的老师。而经常在后排就座的同学则传递了相反的信息——他不准备认真听讲，准备干些别的事情，以免在老师眼皮底下被老师发现，不喜欢听这门课，等等。

交往距离还可以表达情感。

有关研究指出，你在交往中与他人距离的远近，往往可以体现你们之间的亲疏程度和社会关系。例如，在开会和聚餐等一些公共场合，关系亲密的人往往会挨得近一些，熟悉的人也会比陌生的人离得近一些。还有，当两个人说话越来越投机时，其距离也会越来越近，甚至会凑到耳边说悄悄话。当两个人话不投机时，其距离就会越来越远，其中的一方甚至会站起来走开。

有这样一个笑话。一个小伙子向他钟情的姑娘求婚。但是，他坐得却离这位姑娘很远。结果，他因为不了解交往距离可以表达情感，而他爱慕已久的姑娘因此赌气拒绝了。后来，他吸取了教训，在经人介绍与另一位女孩见面时，坐得离这位女孩非常近。这位女孩却认为，初次见面他离她这么近也太不礼貌了，一定是个缺乏修养的人，结果也拒绝了。看起来，这好像是一个笑话，但是，笑话有时也能说明大道理，即交往距离的远近是可以向对方传递信息和表达情感的。

其实，在现实生活中，我们处处都能感受到距离语言的作用。有关研究指出，人，都有一种领域感，这是人生来就有的一种本能和需要。而且，这种本能不只是人，动物也有。即使是同类越界进入它的领地，都会引起激烈的打斗、厮杀。比如，我们家里如果养鸡，后来又买只新鸡放进去，原来的鸡就会啄它。

当然，人与动物会有区别，但在心里也一定会有想法，而且还会通过距离语言的变化来表达自己的态度。当外在因素也就是交往对方，进入你认为属于自己的空间领域后，就会刺激你的心理，使你对这一“进入”的含义做出判断，是友好，亲热？还是侮辱，挑衅？是无意识的越界，还是有意识的行为？等等。只不过人们很少自觉地从理论角度来认识这种现象，往往表现为下意识地、习惯地应用“距离语言”。其中，难免有运用不妥当的地方，甚至有违反社交规范的时候。

特别在现代社会，每个人的领域正面临减少的威胁，房屋向高空发展，几家人挤在狭小的单元楼里，甚至连我们乘电梯、坐地铁都往往被挤得手脚无法动弹。那么，当我们的领域或空间受到威胁时，会对我们产生什么影响呢？

研究“行为语言”的学者告诉我们，不管我们居住的地方多么拥挤，每个人在其空间的周围，依然保持着一个不让别人侵犯的私有区域。而人类对于自己私人空间的需求及私人空间被侵犯时做出的抗拒，都是非常强烈的。例如，我们乘车时常常会看到司机在驾驶时，由于自己的空间受到其他汽车或不小心过马路的行人侵扰，会变得脾气不佳，有的甚至失态骂娘。所以，怎样防止这个区域被人侵犯，以及怎样进入他人领域，就成了我们如何与他人相处交往的重要内容。

在对外开放和市场经济体制下，我们还应该了解空间、方位、距离的文化差异。就是说由于不同国家、不同民族具有不同的文化，相同的空间、方位、距离所传递的非语言信息，有时候是不一样的。

在某所大学。某位外籍女孩，有一天跟一个中国男孩子聊天。聊天时，女孩子离男孩子非常近，以至于让男孩子感到不舒服往后退了两步。男孩子退了两步后，女孩子又往前跟了两步；男孩子再退两步，女孩子再往前跟两步。就这样，一而再，再而三，男孩子从走廊的一端退到另一端，再也没有退路了，他们只好在挨得很近的距离中交谈。谈着谈着，男孩子的心里有了一种异样的感觉，就开始想，“谁怕谁呀，来吧”。再说话的时候，男孩子就不礼貌了。结果，女孩子不愿意了，将这件事告到了学校，男孩子受到了批评。

男孩子为什么受到批评？因为男孩子对那位女孩子不礼貌。他为什么对女孩子不礼貌？因为女孩子与他离得太近了。女孩子为什么离他那么近？当一个问题无穷尽地问下去时，总会问到大多数人回答不上来的时候。那好，我们先把这个答案悬起来。

有一位叫华特生的学者在长期研究世界主要民族的交往距离后，写了一本《人类空间行为——交叉文化研究》。书中，他把世界上的主要民族，按照交往距离的不同，划分为两大类：一类是接触文化民族；一类是非接触文化民族。

接触文化民族喜欢在交往中身体离得近一些，甚至习惯于身体接触。譬如，南欧人、南美洲人都属于此类。非接触文化民族则习惯交往时身体离得远一点，不习惯于身体上的接触，个人空间和社交距离比较大，北美人、北欧人、亚洲人都属于此类。

我们就以某些西亚人和某些美国人为例。某些西亚人在与你交往时，喜欢离你很近，手拉着你的手，眼睛死死地盯着你，呼出的气息几乎要把你淹没，恨不得把你搂在怀里……为什么会这样呢？因为他们对“自我”的理解是心灵，而身体和着装都不是自我。所以你接触了我的身体也没有关系，并没有侵犯到“自我”。

某些美国人与你交往时则喜欢离你远一些，因为他们从小接受的教育是不要群居、聚居。如果他们发现在交际场合两个人挨得很近，就会认为不是与性行为有关，就是在干着不可告人的勾当。为什么会这样？因为他们理解的“自我”，不仅仅是自己的身体，还包括着装以及着装以外几十厘米的空间。

由上我们可以看出，不同国家、不同民族，由于存在着文化差异，对空间、方位和距离的认识是不一样的。我们在了解了这方面的知识之后，就会知道刚才那个案例中的女孩子，为什么离那个男孩子那么近的原因。因为那个女孩子属于接触文化民族，喜欢交往时离得近一些。而我们属于非接触文化民族，喜欢与人交往时离得远一些。

譬如，业余时间很多人愿意去图书馆看书学习，如果此时图书馆的人还不多，有许多空座位时，我们一定选择靠边的位置。为什么？因为我们不愿意让他人离我们太近，从而使自己占据的空间大一些。再比如，节假日我们去公园游玩，当走累时，我们想找个椅子坐下来休息。可是，当我们走到椅子前面，发现椅子的一端已经坐了一个人，一定会坐在椅子的另一端，而绝不会紧挨着那个人坐下。如果反过来，我们先坐在椅子的一端，一个人紧挨着我们坐下，我们会有什么反应？会不自觉地挪动身体，以便和他拉开距离，或者干脆站起来走开，心中还会隐隐地产生不快，心想，这个人怎么这么不懂礼貌！

从上述中我们可以知道，人际交往的空间、方位和距离都蕴含了一个人的道德修养、审美修养和文化修养，这一切都是空间、方位、距离的礼仪意识。我们在树立了空间、方位、距离的礼仪意识之后就会想，在人际交往中，什么样的空间、方位、距离才是规范的呢？

一群豪猪，身上都长满尖利的刺，挤在一起取暖过冬，总是不知道保持什么样的距离最好。离得稍微远一些，互相利用不到彼此的体温，就往一起凑。可是一旦凑近了，尖利的刺就扎到彼此的身体了。于是，它们就开始疏离，离得远了，又觉得寒冷……就这样，经过多次磨合以后，它们终于找到了一个最恰当的距离，那就是在彼此不受伤害的情况下抱团取暖。这个寓言故事告诉我们，人际交往的规范距离是人们和谐相处的重要内容。

爱德华·霍尔博士长期研究世界上主要民族的交往距离后，把人类各自需要的领域划分为四个截然有别的地带，分别为亲密距离、私人距离、社交距离和公共距离。

亲密距离为45厘米左右（大约大半只胳臂的长度），这种交往距离只适用于夫妻，情人之间说悄悄话、接吻拥抱，也适用于父母与子女之间。如果在人际交往中，你与一个不在上述范围内的人，尤其是异性形成这种距离时，轻则要引起误会，遭人白眼，重则要付出惨重的代价。这不是耸人听闻。在此，我把这种距离引申到隐私距离。

西方某国的一个女王，其手下有一位年轻英俊的男宠臣，精明能干，很得女王赏识。有一天清晨他有要事相报，去觐见女王，受到了卫士阻拦。卫士说女王刚起床，还未梳洗，请他稍等一会儿。可是，他却没等，径自闯进女王的卧室，看到女王蓬头垢面、衣衫不整，与他平日见到的女王简直判若两人时，心想，“天哪！难道这就是我心中敬仰的女王吗？”这时，女王见他进来看到自己这副样子，既尴尬又恼火，勉强把怒火压下去，请他离开自己的卧室。几天后，他被调离了当前的重要岗位，不久还被以莫须有的罪名杀掉了。

当然，这是个非常极端的例子，但它说明的道理却并不极端。它说明了人际交往中的亲密、隐私距离是一个非常敏感的距离，这个距离是不允许被他人侵犯的，每个人都应当慎重待之。

在这里，我还要把这个距离引申到心理距离。职场中，我们与服务对象的关系是友善而非亲密，服务对象要求我们帮他办事情，在职场上可以，如果离开职场则不可以。例如，我的一个学生，假期到北京一家大饭店实习，遇到一位客人。这位客人要求她陪他去西单商场，帮助他给太太买件衣服，理由是她的身材、体形与他太太相似。这种职场外的事情是不能帮助他做的，如果做了，她与客人的关系就变成亲密了，这是职场上的一大禁忌。所以，她委婉地拒绝了那位客人。实习回来后，她对我讲完这件事情，对我说："老师，多亏您在课堂上给我们讲了这方面的知识，否则遇到这种事情我真不知道该怎么办。"

私人距离为 90 厘米左右（大约一臂之长），该距离适用于朋友之间的交谈距离，如果与人交谈超过这个距离，则表示不愿意与对方交谈下去。

社会距离为 1.2 米左右，该距离在人际交往中一般适用于宴会和团体讨论会，这个距离一般不宜长时间私人之间交谈。例如，单位领导的办公桌都比较大，为什么？就是要用大办公桌与来办公室谈事的人制造一定的社会距离，以免每个人不受限制地谈下去，会占用领导更多的时间。

公共距离为 3.6 米以外，该距离在人际交往中适用于舞台上的演员与观众、讲台上的老师与学生。

值得提出的是，以上四种距离不是固定不变的，而是处于一种动态的变化之中，而且这种变化本身也是一种肢体语言。例如，两个人说着说着，其中一个人就站起来了，拉大了谈话的距离，这说明话不投机想尽快结束谈话。因此，我们要学会从对方距离语言的变化中，了解对方的心理变化，以便做出相应的反应。同时，我们也要善于运用距离语言的变化向对方传递我们想说但又不便说，或者想表达但又不好表达的信息，以取得最佳的社交效果。

例如，在正式宴会上，与主人关系密切或者地位身份较高、年纪较高的尊者，一般都要安排在主桌，或者离主人较近的席位上，关系一般的则安排在离主人较远的席位上。因此，在两桌以上的宴会上，如果你是主人，千万别忘了主动到其他席位上祝酒，打个招呼，利用距离语言表明你对所有客人同样欢迎、同样尊重。

再如，演员在舞台上演唱，为了拉近演员与观众的公共距离，就可以边唱边走下台，走到观众席上一边唱一边与观众亲切握手，这其实就是利用距离语言的变化，向观众表达亲近的情感，从而达到演员与观众水乳交融的演出效果。

又如，你在课堂上讲课时，发现下面有学生讲话或者做别的事情，没有认真听课，而你又不想用语言批评他，怕伤害他的自尊心。这时候，你就可以利用距离语言的变化，边讲边走下讲台。当他发现你向他走来时，他还好意思再继续讲话或做别的事情吗？这样，你不用语言直接批评，同样也达到了批评的效果。

还有，营业员可以利用距离的变化作为一种营销手段。例如，美国一位专栏评论家，曾经谈到这样一件事情。有一次，他在商场看到一件衣服，正在考虑买不买的时候，营业员说："我给您量一量尺寸，看看您穿上合不合适。"他后来说："当她靠近我给我量尺寸的时候，我心想这主意不错，因为她在给我量尺寸的时候，靠近到只有恋人才有的那种距离，心里不免产生一种异样的感觉，不想买也得买下了。"

其实，这种事情我也经历过。不过，我遇到的是一位女营业员，虽然没有美国评论家那种异性相吸的感觉，但她却利用距离语言的变化，同样让我在可买可不买的情况下买了她的商品。我去意大利时，在商场里看中了一双皮鞋，可是价格太高。我正在犹豫时，一位中年女营业员微笑着走过来示意让我先试一下。我刚坐下，她马上蹲在我面前帮我穿鞋，又帮我系上鞋带。当时我只好倾尽囊中所有的钱把那双皮鞋买下来。

在了解了人际交往的规范距离后，我们在实际应用时，还要注意有个灵活性的问题。如果在拥挤的汽车上，在热闹的商场里，你还要求别人与你保持 90 厘米的距离，那就不现实了。在此种情况下，应付侵扰的最好办法就是礼貌。譬如，一方面应该缩小自己的领域范围，允许别人对你空间领域的侵犯；另一方面保持目光直视，避免看坐在或站在自己旁边的人，以表示你无意侵犯他人的空间，形成一种心理距离。我们有时看到在这些场合吵嘴打架的事，大多都是因为缺少空间、方位和距离的礼仪意识造成的。

不过，在上、下车时还是应该自觉地拉开一点距离，不要拥挤。我有位高中同学毕业后去了香港，后来成了老板。20 世纪 80 年代初他回来探亲，到锦州公出时，对我讲了许多香港的民俗风情，其中有一个例子就是谈到交际距离的问题。他说，在香港上公共汽车，你看不到人挤人的现象。人与人之间都自觉地拉开一定的距离，非常有秩序。

2000 年，我去香港时也目睹了这种现象，不由地想到我们上公共汽车的现象，尤其在上下班高峰时，车一停，乘客呼啦一下全拥挤到车门口，然后挤成一团，你踩了我的脚，我挤了你的手。于是，叫声、喊声、吵骂声混合成一首“交响乐”，严重地影响了社会公共秩序。当然，这些年这种情况已大有好转。

希望我们学会礼仪后，再乘坐公共汽车时一定要有距离的礼仪意识，不要挤上挤下。有人会想，我们学会礼仪不去挤上挤下，可是还有很多人没有学礼仪，他们先挤上去了，等我们上车后连个座位都没有了。对于这个问题，我们应该这样来认识，这个社会总有先知先觉者和后知后觉者，你先知道了，就要先觉悟而且还要先行动，社会就是依靠这些先知先觉者推动向前发展的。并且，我们学会礼仪后不仅自己要去实践，还要主动担负起宣传礼仪的义务，向周围那些还没有学过礼仪的亲朋、好友、老乡、同学、家庭成员等人宣传、介绍我们学过的礼仪知识。我在报纸上看到一个“250 定律”，说一个人知道的事情经过他宣传后，可以传播到 250 个人。如果每个人学会礼仪后都向周围的人传播，就会让更多的人了解礼仪，讲究礼仪。

希望我们一起来做这件有意义的事情，让更多的人在人际交往中具有空间、方位和距离的礼仪意识，让此时无声胜有声的、恰如其分的空间、方位和距离，承载着礼仪的春风，向他人传递我们的尊重、礼貌、真诚和友善，表达我们至真、至善、至美的情感。让距离产生出美好、友爱、和谐和文明。

第三部分

手势礼仪素养

手是人的第二张名片，是人类进化中最伟大的杰作，也是人体敏锐和给力的表情器官之一。

规范、优美的手势，其魅力是无穷的。它能增强表达思想情感时的情绪色彩，具有很强的表现力、吸引力和感染力。

那么，我们怎样做才能让手势承载着对他人的友好与尊重，为交际活动增添一种动态美，给我们的交际形象锦上添花、增色生辉呢?

记得上中学时，我看过一部《列宁在十月》的电影。凡是看过这部电影的人，大概会记得列宁在每次演讲结束的时候，都会习惯地将上身前倾，当将手伸出并举过头顶时，忽然用力挥向前方，再停在空中。

列宁这个手势具有深刻的含义，成为永恒的历史镜头，给全世界人民留下了永不磨灭的印象。

我讲这件事情想说明什么呢？说明手势在人际交往中的重要性。

手势是人际交往时不可缺少的一种肢体语言。人们在交往中，除了用语言表达思想情感外，有时还要配合必要的手势。

有关学者、专家研究表明，手势是人们在一定的文化中习得的传递信息、表达情感的一种方式，民族的文化对这种表达方式起着决定性的作用。也就是说，人际交往中的手势是可以传递信息和表达情感的。例如，假设我是一个行动不方便的人，想请人递我一杯水，虽然都用了一个“请”字，可是先后做出的手势不一样，你们看传递的信息是不是一样？

我先用一个五指并拢掌心向上的手势说：“请您把那杯水递给我。”另一种是我用食指指着那杯水说：“请您把那杯水递给我。”

您喜欢我用哪种手势？当然是掌心向上的手势。为什么？因为掌心向上的手势传递的信息是尊重和礼貌，看起来既规范又优美。那么，为什么所有人都不喜欢单指指点的手势，我不也用了一个“请”字吗？因为单指指点的手势虽然也用了一个“请”字，但是，其手势所传递的信息与“请”字的语言信息却是相悖的，让你感到我在指使你、命令你，所以你心里会很不舒服。

当前我国兴起旅游热。旅游时，导游上车后一般都要先清点人数。有一回，我就遇到过一个导游，他上车后问大家“人都到齐了吗”，然后就伸出食指，一个一个地数。当时给我的感觉就好像是羊倌数羊似的，一只、两只、三只……这种单指指点的手势在日常交往中是最不礼貌、最不尊重人的。可是，在日常交往中使用单指指点的手势却几乎成为普遍性的习惯现象。例如，我们在为他人指路时常用单指指引；家长和教师在教育学生时，也常用单指指点；上台讲话的人也会时常用单指“激扬文字，抒发情怀”。凡此种种，都向我们的交往对象传递了不礼貌、不尊重人的信息，从而使我们的交际形象大打折扣，影响了我们的交往质量。

当然，也有用手势传递正面信息的例子。记得在一次宴会上，参加者都是中老年人，彼此年龄不相上下，大家都很随意地用一只手举着酒杯互相敬酒。其中，一位同仁双手举着酒杯，仪态大方地对我说，“曲大姐，我敬您一杯”。就是她双手举杯的手势，让我读出了她对我的尊敬。

虽然这是一个细节，只是一个手势，但是，它却映射了一个人的态度。平时，我们常常在乎他人的表情所传递的态度，却往往忽略了手势所表达的情感。其实，手除了劳作功能之外，灵魂也附着在上面。例如，第二次世界大战期间，英国首相丘吉尔在结束演讲时，举起右手握拳，然后伸出中指和食指成“V”字形，以象征英文“胜利”一词的第一个字母。当时，举国上下一片欢呼。因为他用这个手势十分形象地向英国人民传递了战胜法西斯的必胜信心和决心。至今，这个手势在世界各国广为流传，成为人们传递祝愿和胜利的经典符号。

此外，手势还可以表达情感。例如，在车站送别客人，当列车徐徐开动，用语言表达已经无法让对方听到时，只有举手频频摆动，才能向对方传递自己依依惜别之情。

手势不仅可以表达正面情感，还可以表达负面情感。在日常生活中，有时候我们会看到动手打架的事。两个人动手打架往往都是先吵，吵着吵着逐渐升级。其中一方说着说着就激动起来了，光用语言还不足以表达自己的愤怒，于是就伸出一个手指“指点江山、激扬文字”了，“你怎么怎么样”。本来对方也正在生气，见他用手不断地指点自己，就把他的手往一边扒拉说，“你再指一下试试”。对方正想打他找不着茬儿，见他用手扒拉自己，上去一把揪住他的衣服领子说，“好，你敢碰我”，“啪”地给他一耳光。对方也不示弱，“咚”地给他一拳头。就这样你来我往，一场“礼尚往来”的“拳击表演赛”开始了。而引起这场武斗的导火索就是这个单指指点，既不规范也不优美的手势。

在我国对外开放，国际交往越来越多的情况下，我们还应该了解手势的文化差异。不同国家、不同民族，由于具有不同的文化，相同手势所代表的含义有时候也是不一样的，甚至是大相径庭的。例如，刚才打架例子中用食指指人的手势，在我国如果说只是引起对方反感的话，那么在欧洲无论你是什么身份，都是绝对禁止的动作，甚至在有些国家不仅不能指人，连物都不能指。因为欧洲有一个古老的传说，认为食指有毒，所以不能用它为受伤患者涂药，进而引申到伸出食指则象征武器，是向对方传递“不惜一战”的信息。由于有以上这些负面信息的联想，所以，用食指指人的手势在欧洲是绝对禁止的。

如果缺少手势的这种文化差异意识，那么，我们在与欧洲人交往时，比如，正好遇到一位欧洲人向你问路，如果你按照自己的习惯用食指为他指引方向，其结果就可想而知了。

再比如，让人过来的手势。在我们国家，招呼人一般都是用掌心向下、曲动四指说，“你过来，过来”，而这个手势在美国却是招呼动物和逗引小孩的。美国人招呼人用什么手势？掌心向上曲动四指说，“你过来，过来”。这种手势与我们国家却正好相反，是招呼动物和逗引小孩的。比如，我们家养了小狗，我们唤它的时候一般都是用掌心向上曲动四指的手势说，“吧吧吧，吧吧吧吧”。我们家有小孩刚刚学会走路，我们逗他的时候，一般也用掌心向上曲动四指的手势说，“来呀，扎扎”。如果我们缺少这种手势的文化差异意识，那么，在与美国人交往时就会造成很大的误会。

还有，把拇指和食指做成一个圆形的手势被广泛认为是英语中“OK”的意思。但是也有例外，在日本却表示为“金钱”，在俄国、希腊、德国和巴西却认为是下流和不礼貌的手势，在法国南部则表示为“差”或“坏”。我的一个亲戚旅居国外多年，有一次，她随朋友到法国南部的酒庄做客，主人非常热情地向她斟献葡萄酒。她喝后感到很好，立即打了一个“OK”的手势。不料，主人却立即露出了不悦之色。她感到很不理解。后来，她的朋友告诉她，她这个“OK”手势，在这里意味着这酒是劣等的意思。

由上可见，如果我们缺少手势的文化差异意识，在与外国人交往时，就会遇到障碍而影响交往的顺利进行。

我曾经看到过一段资料。

有一位法国姑娘在意大利的一个饭店邂逅了一位意大利男子，经过简短的交谈后，意大利男子表示愿意用车送她一程，姑娘也表示同意。然而，服务生看见这种情况后，就用食指把自己的下眼皮往下一扒，向姑娘暗示有危险。这是意大利人提醒某人会有某种危险时常用的手势。法国姑娘由于不了解这个手势的含义，因此无法领会这种暗示，最后她遇难了。

单臂横摆式手势

右手五指并拢，掌心向上，右小臂由下向上，向身体的左前方抬起，将小臂抬到与横膈膜同高处。然后，右小臂向前、向右横摆，摆到身体的斜前方停住。面向左侧，目视来宾。人际交往中，表示“请进”时，经常采用此种手势。如图 3–1。

图 3–1

图 3–2

单臂斜式手势

右手五指并拢伸直，掌心向上。右小臂由下往上向身体右前方抬起，抬至与横膈膜同高处，再以肘关节为轴，小臂向右斜下方摆动至与大臂略成弧线。人际交往中，表示“请坐”时，经常采用此种手势。如图 3–2。

单臂直臂式手势

右手五指并拢伸直，掌心向上。右臂屈肘，由身体右侧从下向上抬起，抬到右手比头高时，再以肘关节为轴，将小臂向下摆动，摆至肘关节微曲，手臂的高度与肩同高。人际交往中，为他人指示方向时，经常采用此种手势。如图 3–3。

图 3–3

双臂横摆式手势

双手从腹前由下向上抬起，掌心向上，指尖相对，抬至横膈膜处双手重叠（右手在左手之上，可稍稍离开一点距离）。同时，两臂分别向前、向身体两侧平行摆动，摆至身体两侧的斜前方停住，上身稍向前倾。人际交往中，在多人集会或宴请的场合，表示“请”“请坐”时，常采用此种手势。如图 3–4。

图 3–4

图 3–5

双臂大摆式手势

双手五指并拢伸直，掌心相对，从身体两侧由下向斜上方抬至比肩稍高处，然后分别在两侧垂直向下摆至腰部。人际交往中，在较隆重的场合，向众多在场的人表示“请”“请开始”时，经常采用此种手势。如图 3–5。

由上我们可以看出，人际交往中的手势可以体现出一个人的道德修养、审美修养和文化修养，这些都是手势的礼仪意识。我们树立了手势的礼仪意识之后就会想，什么样的手势是规范、优美的呢？我们说，适度、得体的手势是规范、优美的。下面，我向大家介绍日常交往中经常用到的几种适度得体的基本手势。

我们在做以上手势时，一定要配合“请进”“请坐”“请往前走”“大家请”“诸位请”的礼貌语言。

那么，规范、优美的手势，其操作要领有哪些呢？操作要领可以归纳为基本手型、基本臂型、摆动原则、身体协调四个方面。

基本手型是五指并拢、伸直，掌心向上，一般认为掌心向上的手势表示真诚，手掌与小臂之间的夹角要达到 180 度。

基本臂形是小臂与大臂之间的角度在150度左右，呈曲线状，因为曲线是一种富有装饰性的线条，比直线更能创造美。否则，将小臂与大臂伸成一条直线就不美了。

摆动原则是欲扬先抑、欲前先后、欲左先右、欲下先上。例如，“请坐”的手势本来应该向下摆动，可是，我们必须把手先向上扬一下，这就叫作“欲下先上”。

身体协调是指做手势时要与面部表情和身体各部位相协调，这一要领实际上是与舞蹈艺术相同的。舞蹈艺术之所以美，是因为其肢体动作与身体各部位的协调性。因此，同样是肢体动作，要想做得规范、优美，也必须与舞蹈艺术一样，做到手势与面部表情及身体各部位相协调，使手势舒展优美，不僵直，不僵硬，让人看着舒服。

规范的手势，必须通过训练才能做到规范。训练时，可以面对镜子，反复演练各种手势，每次训练20分钟；也可以两个人一组，面对面站立，互为模拟交往对象，反复演练各种手势。然后，两个人再调换位置练习，每次训练20分钟。

在人际交往中，不仅要知道规范、优美的手势如何做，还要了解人际交往中禁忌的手势。那么，哪些是人际交往中禁忌的手势呢？

首先，切忌用单指指点的手势。单指指点的手势会给人一种指手画脚和咄咄逼人的感觉，既不礼貌也不雅观。

其次，切忌用掌心向下的手势。掌心向下的手势会给人一种很随意的不真诚之感，传递了对人不尊重的信息。

再次，与人谈话时切忌手势过多和动作过大，以免给人一种手舞足蹈或画蛇添足之感；与别人说到自己时，切忌用大拇指指自己的鼻尖，要用右手掌轻按自己的左胸，并微微含胸，以给人一种绅士、文雅之感。

最后，在人面前切忌随便打响指（用拇指与中指、食指弹出“啪啪”响声的手势），这个手势有损于个人形象。

手是人的第二张名片。规范、优美的手势，具有很强的表现力、吸引力和感染力，其魅力是无穷的。让我们都树立起人际交往中手势的礼仪意识，具备手势的礼仪素养。让适度、得体的手势，承载着对他人的友好与尊重，在人际交往中增加传递信息的清晰性与准确性，增强表达思想情感时真、善、美的情绪色彩，让此时无声胜有声的规范优美的手势为我们的交际活动增添一种动态美，给我们的交际形象锦上添花、增色生辉。

第四部分

表情礼仪素养

罗曼·罗兰说，面部表情是多少世纪培养成功的语言，比语言复杂千百倍。

艾伯特·梅拉比安经过多年的研究，也从量化的角度进一步得出：一个信息的传递 =7% 的语言 +38% 的声音 +55% 的表情。

表情对于传递信息和表达情感如此重要，那么，我们怎样做才能让面部呈现出似桃花绽开的微笑表情呢？又怎样做，才能让会说话的眼神具有特殊力量，成为面部表情中最精彩的一抹呢？

我曾经看过一部外国电影，其中的情节深深地吸引了我，使我至今难忘。

剧中的主人公是一个“犯人”。但是，他是被监狱长反复迫害的正直的人。后来，监狱长的上司救了他，并为他伸张正义。这个监狱长的上司虽然救了他，可是对他的态度却一直是严肃的，始终绷着脸，从来没有露出过一丝笑容。后来，他出狱时，说了一句发自心底最想说的话：“有一点你会使我想念的。”监狱长上司问：“哪一点？”他说：“你的微笑。”监狱长上司听了这句话之后停顿一下，脸上露出了难得的微笑，终于满足了他的要求。

电影到这儿就结束了，不知为什么，我却有一种意犹未尽的感觉。我心想，这个“犯人”已经从那位上司那儿获得了被无罪释放的需求，为什么还那么渴望得到他的微笑呢？这难道不充分地说明表情，尤其是微笑表情，在传递一个人对他人的态度，表示对他人人格的尊重，满足他人求尊需求时的重要吗？不说明在传递友好信息，表达真、善、美情感时，微笑比其他肢体语言，甚至比语言更准确、更真实吗？

其实，我们在人际交往中，也常常会有这样的体会，就是习惯于通过他人的面部表情来窥察对方对自己的态度如何，是欢迎、喜欢，还是讨厌、拒绝。

那么，为什么人们总是那么在乎别人的表情呢？弗洛伊德给出一个很好的答案。

弗洛伊德说："这世间无人可保守秘密，即使你默不作声，但是你的每个毛孔都在渗透着真情实意，背叛你。请记住，用语言撒谎容易，但要使表情同时也撒谎是困难的。"

这就是说，人的语言与肢体语言有时是相悖的。人们在判断你的真实意图时，往往是把你的肢体语言作为依据。尤其是表情，它最能呈现一个人的内心世界。

美国心理学家艾伯特·梅拉比安经过多年的研究，也从量化的角度进一步证明了表情在人际交往中的重要作用。他的研究结果是：在人际交往中，一个信息的传递 =7% 的语言 +38% 的声音 +55% 的表情。

表情对于传递信息和表达情感如此重要，但是，在我们日常交往中，人们对此却往往不太重视。例如，当我们与客人见面之前，特别是与重要人物见面之前，一般都会到盥洗室整理一下发型和着装，一定很少有人连表情也"整理"一番。但是这一点，从事舞台表演工作的演员就十分注意。他们总会在表演前到后台再去照照镜子，检查一下发型、着装和表情。因为对于他们来说，表情也是重要的商品之一，是观众最主要的审美对象。

其实，不仅是舞台演员，社会中的每个人，也都应该在日常交往中培养表情的礼仪意识。因为社会就如同一个大舞台，作为社会中的一员，我们每个人可以说都是这个舞台上的一个演员。也就是说，我们每天的人际交往，就如同演戏一样。我们的交往对象就是我们的观众，我们的表情就是他们的审美对象之一。尽管我们没有必要像舞台上的演员那样，去研究与表演有关的喜怒哀乐的表情，但是，对于在人际交往中，给人留下好印象的诸多方法中，占据重要位置的微笑表情，却不能不引起我们足够的重视和进行必要的训练。

如果说日常交往中，人们大都缺少表情礼仪意识的话，那么，缺少微笑表情礼仪意识的人则更多了。例如，在我们周围，很多人只知道用着装打扮、化妆修饰去表现自己的美，却不知道充分地运用微笑表情去展示自己的魅力。

我曾经参加过一个高规格的宴会，宴会上有很多有身份的人。那天，有一位女士给我留下了非常深刻的印象。她长得很美，再加上她穿着漂亮的衣服和佩戴着贵重首饰，使她成了大家关注的中心人物。可是，那天她最终给我留下的印象却并不太好，因为她自始至终都绷着脸，无论周围的人怎样谈笑风生，微笑在她的脸上却始终是“千呼万唤不出来”。那副冷若冰霜的脸，向我传递了冷漠、傲慢的信息。也可能她认为这种表情会抬高自己的身份，其实她真的不明白，一个人，尤其是一个女人，脸上的微笑表情要比她身上穿的衣服和佩戴的首饰重要得多。

像这种缺少微笑表情意识的现象，不仅存在于我们的日常交往中，甚至还存在于我们的服务行业中。例如，当前我国旅游业方兴未艾，到我国旅游的外国客人愈来愈多。外国游客在评价我国旅游行业服务接待人员时是怎么说的呢？他们说，中国的女孩子长得都很漂亮，可就是不会笑。有一位外国游客曾经对一家饭店的服务员直接提出过这样的要求说：“你们见到客人为什么不笑呢？你们笑一笑，我们心里会非常高兴，知道你们是欢迎我们的。”由此可见，微笑在人际交往和服务工作中是多么的重要。

那么，微笑为什么会如此重要？这是由它的价值和社会功能决定的。

微笑有什么价值呢？我们说，微笑是一种礼仪修养，礼仪修养作为一种文化，其价值的衡量标准是很难用一般商品的市场价格衡量的，其价值要比一般商品高。正如一位西方政治家说，“一个微笑，价值百万美元”。这话乍听起来，似乎有些危言耸听，其实不然。纽约一家大百货商场的人事部主任曾经说过，他宁愿雇用一个小学未毕业的女职员——如果她有一个可爱的微笑，而不雇用一位面孔冷淡的哲学博士。由此可见，微笑的价值有多大，说“一笑值千金”也不为过。

微笑具有的价值是由它所蕴含的真、善、美的积极的人生态度而产生的诸多社会功能来实现的。

首先，微笑作为一种礼仪修养，能满足人们交往中的求尊需求。

人际交往的出发点是需求。按照社会心理学家马斯洛的研究成果，人们在社会交往中都有求尊的需求，都希望得到他人对自己的尊重。而微笑在人际交往中，向交往对象传递的信息是接纳、欣赏、赞美、尊重、友好和善良。所以，人们常常给它冠以以柔克刚的绝招、融洽气氛的润滑剂、巧妙回绝的借口、传递歉意的载体、深化情感的催化剂、成功之路的通行证、国际通用的货币等称号。

可以说，微笑是人与人交往时最起码的礼仪修养。中国有句古话叫作“你敬我一尺，我敬你一丈”。当你在人际交往中对别人微笑时，对方从你的微笑中接受了以上这些正面信息，出于“礼尚往来”，他也会回报他的微笑，传递他对你的尊重。正如卢梭所说，“世界犹如一面镜子，你从中观照它时，往往会得到相应的反映。你对它笑，它也对你笑；你对它哭，它也对你哭；你对它做鬼脸，它也对你做鬼脸”。微笑似乎也具有镜子的功能，当你对别人微笑时，别人也会对你微笑。大家相互微笑，相互传递尊重的信息，就为人际交往创造了友好、和谐和融洽的氛围，从而有助于人际交往的顺利进行。例如，在拥挤的公共汽车里你不小心踩了别人一脚，这时，你及时说一声“对不起”，对方接受了你的道歉，就会原谅你。如果你在说“对不起”的同时，又给对方一个友好的微笑，没准儿对方还会还给你一个微笑，并附上一句“没关系”。

其次，微笑在人际交往中具有悦人的功能，能满足交往对象的审美需求。

我不知道大家注意观察过没有，这个世界上有人长得美，有人长得丑。可是，你有没有发现，无论长得多丑的人，笑起来的时候都会比不笑的时候好看。无论多美的人，不笑的时候都会比笑的时候难看。

那么，微笑为什么美呢？

微笑的美感主要表现在面部富有魅力的线条上。经验告诉我们，人在微笑时，面部会形成柔和的曲线。根据英国艺术家威廉·贺加斯分析指出，曲线是一种富有装饰性的线条，比直线更能创造美。所以，微笑容易给人一种亲切、动人的美感，从而满足人们的审美需求。

最后，微笑有助于人的身心健康。

微笑是人们对美好事物的心理反应和喜悦情绪的表现。人的情绪是具有扩散性质的，它包括内扩散性与外扩散性。所谓内扩散性，是指情绪对自身的影响；所谓外扩散性，是指情绪对他人的感染。微笑作为一种面部表情，可以说是主体情绪的一种反应，属于肯定性正面情绪，因此也具有情绪扩散的性质。这种正面情绪表现，会通过情绪的内扩散作用，诱导自己产生一个良好的心境。当一个人处于良好心境中，他看待周围的一切都是美好的，其交往情绪也必定是积极的、自信的。而这种积极、自信的交往情绪，不仅有助于人际交往的顺畅进行，也有助于个人的身心健康。

由于微笑在人际交往中具有上述功能，所以在服务行业中，管理者都把微笑服务融入企业的经营管理中，以此为服务行业带来巨大的经济效益。

从某种意义上讲，服务工作过程也是人与人之间相互沟通信息与交流情感的过程，是另一种意义上的人际交往。既然也是一种人际交往，首先，被服务者需要得到服务者的接纳、尊重。而服务者向被服务者提供微笑服务，就是向他们传递接纳、尊重、欢迎和友好的信息。这种信息通过情绪的外扩散作用感染被服务者，使他们感受到一种亲切和温馨，产生心理上的一种安全感、亲近感和愉悦感，从而可以消除交往的紧张感、陌生感和羞怯感，进而产生一种宾至如归的感觉。并且，在情绪的内扩散作用下，可以形成持续一定时间的良好心境。在这种良好心境下，被服务者看待周围的一切也都是美好的，此时即便服务工作稍有疏漏，他们也会采取宽容谅解的态度。

例如，美国的一位餐馆老板对于微笑服务的魅力采用一个比喻："我熟悉的一家洗衣店，尽管工作还有不尽如人意的地方，但是我还是去了又去。之所以如此，主要是因为那里的微笑服务态度实在太好了，好得让你心旷神怡。"

再如，日本的麦克唐纳餐馆的菜单上这样写道："微笑 0 元。"即，微笑服务不收费。但是，在顾客要了一份汉堡包后，服务员便会和蔼可亲地微笑着说"谢谢"，然后又会在 3 秒钟之内不失时机地补充一句"要可口可乐吗？"一般来说，在这种情况下，客人是不会拒绝的。因此，在这 3 秒钟之内劝客人买饮料，即使客人不想喝也会无意识地应允。

这是为什么呢？据有关研究表明，当顾客面对一张和颜悦色的笑脸，而且对方又在向你道谢时，顾客的体内就会分泌出一种麻醉性的令人愉快的荷尔蒙。这种荷尔蒙的分子结构与鸦片类同。所以，当体内产生此种分泌物时，人就会感到恍惚迷蒙，判断力也会相应减弱。

世界著名的旅店业大王——美国希尔顿饭店董事长康纳·希尔顿正是认识到这一点，才把微笑奉为至宝。他每次查询下属工作时首先便问："你今天对客人微笑了没有？"即便在 20 世纪 30 年代美国经济大衰退，大约 80% 的饭店都倒闭的严重时期，希尔顿也不灰心，一再向各级员工发出呼吁，"我请各位切记，万万不可以把我们心里的愁云摆在脸上。无论饭店遇到的困难如何，服务员脸上的微笑永远是旅客的阳光"。他还告诫员工，"饭店如果缺少服务员的美好微笑，就好比花园失去了春日的阳光和熏风。假如我是顾客，我宁愿住进虽然只有残旧的地毯，但处处能见到微笑的旅馆，也不愿住进只有一流设施而不见微笑的饭店"。

正因为希尔顿深深晓得微笑服务是关系到企业经营成败的重要因素，

所以，当经济大衰退过去后，希尔顿饭店第一个摆脱了困境，成为举世瞩目的饭店。由此可见，微笑服务的确能给服务业带来巨大的经济效益和社会效益。

正因为微笑服务如此重要，所以，当前世界各国服务业都非常重视微笑服务。例如，法国巴黎被称为微笑的城市，他们不仅在服务工作中让你感受巴黎人的微笑，而且，当地政府也非常重视关于微笑的宣传。在整个服务行业中还流传着这样一首微笑的诗：

微笑一下并不费力，但它却产生无穷的魅力。
受惠者成为富有，给予者并不贫穷。
它转瞬即逝，却往往留下永久的回忆。
富者虽富，却无人肯抛弃。
穷者虽穷，却无人不能给予。
它带来家庭之乐，又是友谊绝妙的表示。
它可使疲劳者解乏，又可给绝望者以勇气。
如果偶尔遇到某个人，没有给你应得的微笑，
那么，将你的微笑慷慨地给予他吧。
因为没有任何人，比那个不能给予别人微笑的人更需要它！

我们了解了微笑的价值、社会功能后，是否就树立了微笑表情的礼仪意识呢？应该说还没有完全树立。在当前市场经济体制下，还应该了解微笑的文化差异。也就是说，微笑所蕴含的非语言信息会因为民族文化的不同而有所差异。

1941 年的著名珍珠港事件爆发前夕，美国国务卿科德尔 · 赫尔与日本两个特使来栖和野村就美日关系问题举行会谈。会谈中，两位日本特使始终满面笑容。会谈结束后，他们又微笑着频频鞠躬告别。美方人员看到日

本特使的这种表情，都认为未来美日关系是乐观的。岂料事隔数日，日本人不宣而战，偷袭了珍珠港，使美国损失惨重。从此，揭开了太平洋战争的序幕。

对于这件事，至今还有许多学者认为，事件的爆发主要是由于当时的美国国务卿对于大和民族的习惯、对于日本人微笑的特点不了解，所以才上了日本人的当，在毫无准备的情况下付出了惨重的代价。

那么，日本人的微笑有什么特点呢？

一般来说人们都是在高兴、快乐的时候微笑。日本人则不只是高兴、快乐的时候微笑，即使感到尴尬时也会微笑。例如，受到上司的批评时，他们也会微笑着接受批评。如果按照我们的民族文化就理解不了啦，心想，这个人怎么没皮没脸的，被人批评了还笑？

不仅如此，他们甚至悲哀时也会微笑。比如，他们失去了亲人，你前去安慰他们时，他们也会微笑着与你握手。你可能又理解不了，心想，这些人怎么没心没肺的，亲人都没有了，他们竟然还笑得出来！

其实，你都想错了。前者是想通过微笑，把这件不愉快的事情稍稍缓解一下。后者是想通过微笑，把自己悲伤的情绪掩盖一下。可以说，日本人已经把微笑视为一种礼节，而且这种礼节已经成为他们的习惯和文化特点。如果我们对这方面的知识缺少了解，就可能在与他们交往中造成误会。

由上我们可以看出，人际交往中的微笑表情同样蕴含了一个人的道德修养、审美修养和文化修养，而这些都是交际中微笑表情的礼仪意识。那么，什么样的微笑表情才是规范、优美的呢？

真挚、含蓄的微笑表情是规范、优美的。下面，我具体介绍一下真挚、含蓄微笑表情的操作要领。

首先，由于微笑是受人的心理机制影响的，所以，真挚、含蓄的微笑要有对交往对象的尊重和由此而产生的真挚、友善的情感；其次，规范的微笑要根据不同的交往对象笑得恰到好处，使与微笑有关的口部、面颊和眼部肌肉的活动以及牙齿露出的数量相协调。根据以上这两层意思，可将人际交往中的微笑分为三种类型。

一度微笑。内心持有对交往对象的尊重与友善，口角两端平均向上微微翘起，牙齿不要露出，面颊肌肉略向两侧推展，上眼睑睁起，下眼睑微微屈动。此种微笑适宜于社交场合初次见面，或者问候、慰问、迎送等场合，以及服务等礼节性的微笑，向交往对象传递一种尊重的信息，表达一种友善的情感。

二度微笑。内心持有对交往对象的真诚与友好，口角两端平均向上明显地翘起，上牙可露出 2–4 颗，面颊肌肉向两侧有明显的推展，上眼睑睁起，下眼睑屈动。此种微笑适宜于交际场合中与朋友之间的友谊性的微笑，向交往对象传递一种真诚的信息，表达一种友好的情感。

三度微笑。内心持有对交往对象的真挚与友爱，口角两端平均向上较大幅度地上扬，上牙可露出 4–8 颗，面颊肌肉向两侧较大幅度地推展，上眼睑睁起，下眼睑大幅度屈动。此种微笑适宜于恋人、亲人间的甜蜜性的微笑，向交往对象传递一种真挚的信息，表达一种人世间最美妙的挚爱情感。

总结以上三种微笑，尽管形式不同，但都应属于微笑的范畴。它与哈哈大笑不同。哈哈大笑有放肆之嫌，过于直白，缺少含蓄，而微笑的美，却在于它的含蓄。

含蓄就是含而不露，隐而不发。《中庸》中讲“喜怒哀乐之未发，谓之中”。所谓“中”，实际就是事物中的最适宜点，就像数学中黄金分割率的最优点只有一个一样。微笑这种隐而不发的状态就是最接近“中”的。犹如李密庵在《半半歌》里写的“酒饮半酣正好，花开半时偏妍”的状态。这种似醉非醉、似开非开的状态，含而不露，隐而不发，令人回味无穷。

例如，大家都知道达 · 芬奇的名画《蒙娜丽莎》，至今仍被赞誉，许多专家都评论说这幅名画中的主人公蒙娜丽莎太美了。然而，对此我却一直感到困惑不解，因为我从来没有机会近距离地用心、认真地欣赏过这幅名画。直到 2001 年，我到法国参观卢浮宫时，才看到卢浮宫内镇宫三宝之一的名画《蒙娜丽莎》。我在画前站了许久，用心欣赏着蒙娜丽莎那似笑非笑、似蹙非蹙、似颦非颦、似喜非喜的面部线条时，才真正发现了她含而不露、隐而不发、让人琢磨不透、耐人寻味的微笑的含蓄性，也由此明白了她的微笑为什么至今被世人称为"神秘的微笑"。这种含蓄的微笑之美，可以说是人之美的极致。凡是极致的东西，大都是用文字和语言无法表达尽意的，只能靠"心有灵犀一点通"来意会了。这也正是蒙娜丽莎微笑的美丽之处和奥妙所在。

那么，这种真挚含蓄的微笑，怎样可以训练出来呢？

1. 面对镜子，反复演练；2. 两人一组，互为模拟交往对象，反复演练；3. 站在众人面前演练，让表情自然，微笑真挚甜美。

训练微笑时，要鼓动面颊肌肉，口里发普通话"一"的音，用力抬高口角两端，注意下唇用力不要过大，要让微笑流露于明眸里。

要让微笑流露于明眸里，就是既要做到眼形笑，又要做到眼神笑，这也是可以训练的。具体方法是：取一张厚纸，对着镜子遮住眼睛以下部位，心里想着使自己最高兴的情景，面颊、嘴角两端做出微笑的姿态。这时，你的眼睛，无论是眼形还是眼神都在笑。然后，放松面部肌肉，将眼形恢复原样，但目光仍脉脉含笑。这就是眼神在笑。

以上训练方法是借鉴演员的表情训练方法，被称为"情绪记忆法"，即将生活中的某些事件所产生的一些情感，储存在记忆中。当在剧中表演需要这种情感时，只要回忆当时的情景，就会产生所需要的感情。借鉴这种方法，可以回想生活中使你最高兴时的情景，脸上和眼睛里就会流露出自然的笑容。当然，这只是一种训练方法。实际生活中，人们交往时，是不能像演员在舞台上演戏一样的。所以，要反复刻苦训练，直到熟练运用，达到习惯成自然。

由于“笑”这种面部动态造型受人的情绪影响，所以，往往会呈现出不同的姿态。其中，有一些不规范的笑姿在人际交往中会影响到交际形象，因此应该切忌。例如，哼着笑，是一种轻蔑的笑，给人一种瞧不起人的感觉；捂着嘴笑，是一种羞怯的笑，给人一种不大方的印象；拉起嘴角一端笑，是一种皮笑肉不笑的假笑，给人一种虚伪、敷衍之感；前俯后仰的大笑，是一种失态的笑，在正式场合中有失体面。

在人际交往和服务工作中，我们提倡的笑应该是真挚、含蓄的微笑。这种微笑在嘴角形成的柔和的曲线是力量的内敛和高度自信的“宁馨儿”，是人的心灵之花的绽放，如桃花绽开、涟漪泛起，让人感到赏心悦目、舒畅自然。

让我们在绽放于心房、释放着善意、散发着清香、感染着他人的无声胜有声的微笑这朵美丽容颜之花的开放中，尊重他人，也尊重自己。愉悦他人，也愉悦自己。快乐世界，也快乐自己。让世界变得更富于人情味儿，更充满温暖，更盈溢爱心。

表情礼仪素养还应该包括眼神礼仪素养。

人们常说，“眼睛是心灵的窗口”。孟子说，“存乎人者，莫良于眸子。眸子不能掩其恶。胸中正，则眸子瞭焉；胸中不正，则眸子眊焉；听其言也，观其眸子，人焉廋哉”（《孟子·离娄上》）。意思是说，在人身上没有比眼睛更好的部位了，眼睛不能掩饰人内心的善恶。心胸中正，眼睛是清澈的；心胸不正，眼睛是混浊的。听他说些什么，再观察他的眼睛，这人如何能掩饰自己的情绪呢？孟子的这段话，对于“眼睛是心灵的窗口”做了很好的诠释。

那么，为什么说眼睛是心灵的窗口呢？其奥秘就在于瞳孔。在这方面，美国心理学家赫斯曾经做了大量的实验。他在男性面前出示女性的照片，发现他们的瞳孔就会放大；而在女性面前出示女性照片，效果却不明显，但出示男性照片或婴儿照片时，她们的瞳孔反应就很明显。

由此可见，刺激所引发的心理反应能够影响到瞳孔的变化。

有一位地下工作者，被白匪逮捕后遭受了种种酷刑折磨。但是，他以惊人的意志控制自己，装出像疯人毫无反应的样子。白匪怀疑他装疯，就请著名的医生为他做检查。在医生面前，白匪用烧红的烙铁烙他，用铁针扎他的深部肌肉，他都以巨大的毅力忍耐住，做出麻木不仁、毫无痛感的样子。但是，医生却发现他在受刑时瞳孔急剧放大，这说明他是有知觉的，知道他在装疯。出于对这位地下工作者的尊敬和同情，医生宣布他确实疯了。

这件事情说明了什么呢？说明瞳孔的变化必然会透露一个人内在的秘密。由此可见，在人际交往中，瞳孔的效力是多么的重要。

印度大诗人泰戈尔说，"人一旦学会了眼睛的语言，表情的变化将是无穷无尽的"。这里所说的眼睛的语言，其实就是指瞳孔的变化，即眼神。

那么，什么是眼神呢？眼神是眼睛看人时的一种姿态，更准确地说是一种神态。从上述例子中我们可以看出，在人际交往中，眼神在传递信息方面所起的作用是不可低估的。例如，有人来拜访你，你一边打招呼，一边忙手中的事情，看都不看他一眼，这明显是向对方传递了他不被你重视的信息。再如，当有多人在场的情况下，你完全不看对方，而只看着其他人说话，一般就会明显地传递了你对你不看的人不感兴趣的信息，或者传递了你们之间存在隔阂的信息。又如，一个人走在路上频频左顾右盼，不停地前后张望。那么，我们就会从他的眼神中断定，"他心怀鬼胎""戒心十足"或者"心中有事"。

眼神除了传递信息外，还可以表达情感。例如，在面临令人愤怒的场景中，人们看到的往往是怒目圆睁的可怕眼神，而这种眼神表达的则是愤怒与仇恨的情感。与此相反，当热恋中的青年男女在缠绵时，双方的眼神中流露出的一定是千般情、万种意，这是用语言也难以表达的柔情蜜意的

情感。

眼神在传递信息、表达情感方面虽然如此重要，但是，在我们的日常交往中，人们却缺少眼神意识，总是习惯性地选择最省力的神态，如，肌肉松弛、眼睑微睁、目光涣散、眼睛无神。

如果说在人际交往中多数人缺少眼神意识，那么，缺少规范眼神意识的人就更多了。例如，咄咄逼人的眼神、懈怠涣散的眼神、黯淡无光的眼神、闪烁游移的眼神，表示鄙夷的斜视眼神、表示反感的白眼眼神、表示敌意的瞪眼眼神、表示挑衅的盯视眼神、表示困惑与犹豫不决的左顾右盼的眼神以及容易引起对方关于色情联想的眯眼、眨眼和挤眉弄眼的眼神，还有瞟视、瞥视、扫视、凝视、无视，以及在长辈面前圆睁双眼等眼神，这些都是在人际交往中不规范、不礼貌而需要禁忌的眼神。

眼神也具有文化差异，不同国家由于具有不同的文化，在眼睛姿态和眼神含义上是不完全相同的。

《圣经》中说，“注视人，是人与人相互承认的一种特殊方式”。但是，注视的部位会因民族文化的不同而有所差异。例如，在日本，若直视对方的脸会被认为是不礼貌的。礼貌的做法是让对方的眼睛和脸，处于自己视线的边缘。但是，犹太人却习惯于仔细地端详他人。

由此可以知道，人际交往中的眼神也能体现出一个人的道德修养、审美修养和文化修养。而这些都是交际中眼神的礼仪意识。

那么，人际交往中规范的眼神姿态应该是什么样子呢？

规范的眼神姿态应该是“目容端”《礼记·玉藻》，即目光要端正。具体地说，既不像舞台上演员亮相时那种杏眼圆睁，也不是日常那种肌肉松弛、眼睑微睁、目光涣散、眼睛无神，而是诚恳、友善、炯炯有神。

那么，这种诚恳、友善、炯炯有神的眼神姿态的操作要领有哪些呢？

眼神姿态虽然是人的眼部的一种外部姿态，但却与人的心理活动机制有关。因此，规范、礼貌的眼神要有内心对交往对象诚恳、友善的情感。这种诚恳、友善的情感洋溢在眼睛中，体现在眼神里，并且还要做到眼睑的开启程度，是以上眼睑向上睁起，下眼睑微微屈动为规范的开启度；目光的角度，是以瞳孔平视前方为规范的角度；目光注视的部位，是以交往对象的眼部至唇部区域为规范的注视部位；目光注视的时间，是以占全部交往时间的三分之一或三分之二左右为规范的注视时间；目光注视的方式，是直视，即直接注视交往对象为规范的注视方式。

需要强调一下，直接注视交往对象时，千万不要长时间地盯着对方的眼睛，这是对对方最大的不尊重。轻则会使对方不安，重则会引起对方恐惧。这是因为眼神能激发人体内的强大能量，长时间直视对方，会促使对方交感神经变得活跃，瞳孔放大，让对方产生一种恐惧感。

规范的眼神姿态，一方面要做到诚恳、友善。要做到这一点，必须加强自身的礼貌修养；另一方面，则要做到目光炯炯有神。要做到这一点，就要加强眼神姿态的训练。

那么，如何进行眼神姿态训练呢？

1. 在离身体两三米处放一物体，先看它的外形，然后逐渐缩小范围，把眼神集中到物体的一个部位，最后再缩小到物体的一个点，达到目光集中、眼神明亮的目的。反复训练，坚持 20 分钟；2. 点上一炷香，右手拿着并不断移动，眼神集中于香头并随其挪动，达到瞳孔灵活移动传神的目的。反复训练，坚持 20 分钟；3. 面对镜子，将上眼睑睁起，然后用一张厚纸将眼睛以下部位遮住，直到将友善、诚恳的情感洋溢于眼神中。反复训练，坚持 20 分钟。

以上训练，注意眼睛不要过度疲劳。眼睛感到疲劳时，可闭目休息片刻，然后再练。

会说话的、具有特殊力量的眼神，永远是一个人面部表情中最精彩的一抹。一个真诚、友善、纯洁的眼神，往往可以映射出一个卓越的整体，因为它能体现一个人的美和深层次的素养以及内心的力量。让我们充分运用眼神这种形象美的有形资本，来体现我们的礼貌修养，升华我们的人格魅力。让体现深层次素养的眼神，成为我们与他人情感交流中感染他人、尊重他人的纽带与桥梁。

第五部分

姿势礼仪素养

弗朗西斯·培根说过，相貌美高于色泽美，而优雅合适的动作美又高于相貌美，这是美的精华。由此可见举止姿态对于塑造一个人的形象是多么的重要。

与人交往时，什么样的举止姿态才能向他人传递自我素养和对他人的尊重？怎样站、怎样坐、怎样走才能让人体在运动中呈现出动人的神韵？这些看起来是微不足道的平常小事，其中却蕴含着第一印象决定命运的大学问。

这是一件真实的事情。

我有一个亲戚，一米八三的身高，身材魁梧，一表人才，而且多才多艺，能歌善舞，还是篮球和乒乓球运动员。上大学时他处了一个女朋友，很有大家闺秀的气质。正当亲友为这对才子佳人感到高兴准备祝贺时，却传来他们分手的消息，我们对此都很困惑。后来，我们才知道是女方家长不同意这门婚事。原因是我这个亲戚虽然才貌双全，但是他处事不拘小节，去女朋友家与她父母讲话时，经常随意地瘫坐在沙发里，而且坐着时习惯跷个二郎腿。给她父母递水时，也是很随意地用一只手递过去。女孩子的父母都是知识分子，对此看不惯，认为他没教养，有悖于他们的家庭文化。女孩子只好听从父母的意见，与他分手了。

我讲这件事情想说明什么呢？说明看好一个人或看穿一个人，是始于细节终于印象的。一切都在细节里发酵，一切都在印象里成全。而举止姿态是形成印象的重要内容，特别是初次见面，别人对你的其他方面没有时间和机会做更多了解的时候，只能通过你的举手投足来观察你。因为举止姿态与表情一样，都会在一定程度上映射出一个人的内心世界。也就是说，人们完全可以通过举止姿态来窥视你的内心活动和心理状态。所以，在人际交往中注意举止姿态的规范与优雅，树立你的最佳形象，是对你自身的一项最好投资。

《礼记 · 玉藻》中说，“君子之容舒迟，见所尊者齐遬。足容重，手容恭，目容端，口容止，声容静，头容直，气容肃，立容德，色容庄，坐如尸”，意思是说君子闲居时，体态舒缓平和，见尊崇的人就整肃仪容，表达谦恭。具体体现在 ：“足容重”，即步履要稳缓，切记轻佻 ；“手容恭”，即手的位置要高而正，显得恭敬 ；“目容端”，即目光要端正，不能用余光扫视对方 ；“口容止”，即在正式场合，口形要保持静止状态，不要妄动 ；“声容静”，即说话声音要小，在正式场合切忌发出咳嗽等异响 ；“头容直”，即头部要正直，不要东倒西歪 ；“气容肃”，即在重大场合要像屏住呼吸似的保持静谧 ；“立容德”，即站姿要像接受别人赠送物品时正直，且稍向前倾 ；“色容庄”，即神色要庄重，不苟言笑，在严肃的场合，不要嬉闹 ；“坐如尸”，即要像古人祭祖时，安坐在神位上代替祖先接受祭拜的人一样，绝不能乱动。由此可见，我国古人就已经意识到了仪态对于传递敬意的重要。

所以，一个人即使有出众的容貌、漂亮的衣着、甚至还有内在的才华，如果没有与其相适应的举止姿态，也不能算是完美，甚至还会破坏自己容貌的美。

正如弗朗西斯 · 培根所说，“相貌美高于色泽美，而优雅合适的动作美又高于相貌美，这是美的精华”。由此可见，举止姿态对于塑造一个人的形象是多么的重要。

举止姿势对于塑造一个人的形象如此重要，但是，在日常交往中人们对此却并不重视。2003 年，我在黔西北一家商店里遇到两个小姑娘，她们长得很漂亮，穿得也很时尚。可能是久别重逢，其中一个就像发现新大陆似的尖叫起来。她这么一叫，把大家的目光都吸引过去了。我看见她俩三步并作两步跑到一起后，她捶她一拳，她拧她一把，然后就“嘎嘎”地前俯后仰地笑起来……看到这儿，我心想，这两个小姑娘白长得这么漂亮，白穿得这么时尚了，粗俗的举止把整个形象全破坏了。

有些男孩子也是一样，走起路来大摇大摆、晃晃悠悠；吃起饭来狼吞虎咽、咂然有声……往往是瞬间的失态，就破坏了他们的整体形象，举手投足透露出一种粗俗和浅薄。

像这种不规范的姿势，不仅存在于我们的日常生活中，甚至也存在于服务行业中。

我曾经为一家酒店讲过礼仪。讲完之后，酒店老总对我说：“曲教授，您随便在我们酒店走一走，看看我们还有哪些地方做得不到位，给我们指出来。”就在我溜达的过程中，发现一个部门经理站在那里与客人说话的时候，双手抱在胸前，给人一种很傲慢的感觉。

无独有偶，后来我给一家银行讲礼仪。讲课前，行长陪我先参观银行，边走边向我介绍。当经过一个房间门前时，行长向我介绍说，这是新开辟的汽车贷款项目科室。我顺着行长指向往屋里看，看见一位员工正跟一位客户交谈，不仅双手抱在胸前，而且还跷着二郎腿，那个脚还很有节奏地冲着客户打拍子。后来我才知道，这位员工竟然是一位部门经理。

看到这些现象后，我很有感触，不由得想到中国的几句古话叫作“上行下效”“教者，效也，上为之，下效之”（东汉 · 班固《白虎通 · 三教》）。又说，“正人先正己”，还说“其身正，不令而行；其身不正，虽令不从”（《论语 · 子路》）。这些说的都是领导者的自身行为，对于下属所产生的潜移默化的影响作用。

我在广东工作期间，曾经结识了广州市的一位领导。他对我说：“曲教授，我要是早点儿认识你就好了。去年，我市选拔了一批优秀青年干部充实到区级领导的岗位上。竞聘者过五关，斩六将，入围的都是佼佼者。但是还有最后一关面试，面试的内容是站姿、坐姿、走姿和言谈，并且当场用摄像机拍摄下来存入个人档案，许多人就因为这一项不合格而被淘汰了。”

听了他的话，我为这些年轻人感到遗憾，心想，他们之中肯定有很多人感到委屈和不服气。但是你委屈也好，不服气也好，现实是残酷的。现实是什么呢？现实是由于你缺乏礼仪素养，还不完全具备做领导者的资格。这也从一个侧面说明了现代社会对于干部综合素质的要求越来越高，以及礼仪素养对于领导干部的重要。

姿势也有文化差异，不同国家、不同民族由于存在着不同文化，相同姿势所代表的含义有时候也是不一样的，甚至是大相径庭的。例如，就以坐姿为例，我国是文明古国、礼仪之邦，素有大丈夫要站如松、坐如钟、行如风之说。要求坐的时候，特别是与长辈、领导坐着说话的时候一定要坐得端端正正，两腿不能分开。可是，在西方就不同了。我们经常在影视中看到，他们即使跟顶头上司坐着聊天的时候，也是一副悠闲自得的样子。在身份上下等级观念方面，他们就不如我们东方人严肃。这主要是由于他们的民族文化决定的。

再如，鞠躬的姿势。鞠躬在我国可以说是传承甚久的一种传统礼节。一般来说，作为身体向前弓弯的礼节，弓弯得越深，行礼则越重。但如果只表示恭敬的样子，上身微微前倾即可，至于对弓弯的角度并没有十分严格的要求。但是在日本，对于鞠躬姿势的角度却非常讲究。尤其在职场上，许多公司对于职员的鞠躬弯腰程度还有具体的标准，比如，迎接顾客时鞠躬三十度，陪伴顾客选购商品时鞠躬十五度，对于离去的顾客告别时则鞠躬四十五度。

又如，世界上大多数民族都以摇头表示反对或不同意，以点头表示赞成或同意。但保加利亚人却相反，以摇头表示赞成，点头却表示反对。

由此可以看出，在人际交往的姿势中，同样可以体现出一个人的道德修养、审美修养和文化修养，而这些都是交际中姿势的礼仪意识。

那么，什么样的姿势才是规范的呢？

下面，我选择在人际交往中，作为一切举止姿态基础和起点的站、坐、走三大基本姿势的规范要求给大家介绍一下。

首先，介绍一下规范的站姿。

对站姿的规范要求是笔直挺拔。

站立是人的一种最基本举止。站立姿势是人体的一种静态造型。而站姿的优劣往往能体现出一个人有无气质、风度和教养。

笔直挺拔的站姿可以说是一个人体态美的基础和起点。它能给人优美、典雅、庄重和有教养的感觉，与那些探头歪脖、缩胸耸肩、塌腰撅臀、两腿不直等站姿给人的感受是截然不同的。

笔直挺拔的站势还可以弥补个子矮的缺陷。据说，美国有一位女演员初出茅庐的时候，制片人认为她如果能再长高十厘米，就会成为杰出的女演员。于是，这位女演员经过一番刻苦训练，虽然连一厘米也没有长高，可是，她站立的姿势非常挺拔，使她显得比同样身高的人都要高。后来，她成功地扮演了历史上屈指可数的高个女王之一，即苏格兰的玛丽。

因此，笔直挺拔的站姿作为体态美的基础和起点，应该引起每位职场人应有的重视和接受必要的训练，而且要养成日常的习惯。

提到养成习惯，我不由得想起了一段小插曲。我在读大学二年级的时候，学校举办了一次校级文艺汇演。起初，我被安排在大型音乐史诗歌舞大联唱《东方红》的节目里担任舞蹈演员。可是，在排练的过程中，我被选为辽宁省第三届学代会代表，要去参加三天会议。老师怕我在参加会议期间影响舞蹈队的排练，就把我换到后面的合唱队。

我在合唱队排练了一次，第二天就去参加会议。当我回来后，有同学就告诉我说，“你不在家，老师表扬你了，说你在合唱队站立的姿势非常优美，并批评其他同学站姿太随便了，让大家都向你学习”。我听后不以为然，心想，我当时并没有刻意地好好站立，为什么说我站得好呢？忽然，我一下子明白了。因为我从小练过体操，练过舞蹈，而体操运动员和舞蹈演员的基本功就是站姿挺拔。可能就是从小养成的这种站立习惯，让我觉得尽管没有刻意地站好，也会给人一种挺拔的感觉。

我说这件事，并不是为了显示自己曾经年轻过、健美过，而是为了向大家传递一个信息，那就是练习各种优美的礼仪技能，不是为了练而练，而是为了养成一种礼仪素养，并且要坚持练习，养成习惯。

那么，规范站姿的要领有哪些呢？

这些要领是：头顶上悬，有向上顶的感觉；双目平视前方，下颌微收；脖颈儿挺直，双肩平整放松，要有略向后挺的感觉；双臂在身体的两侧自然下垂，虎口向前，手指自然弯曲；胸部挺起，脊柱向上伸展，腰背挺直；腹部肌肉微收（向后发力），臀部肌肉微缩（向前发力），髋部上提；双腿并拢站直，双膝靠紧；双脚并拢，重心垂直向下，感觉在双脚足弓上。

图 5–1

以上具体要求可以概括为三句话，即：上提下压（髋部向上为上提，双肩舒展、水平而放松向下为下压）；前后相夹（腹部肌肉收缩向后发力，臀部肌肉夹紧向前发力）；左右相中（感觉身体两侧的肌肉群向身体的正中线用力）。还可以精炼为六个字：挺胸、收腹、梗颈。

以上要领是对基本站姿的规范要求。如图 5–1。

在实际交往中，人的站姿是要经常变化的。下面是经常用到的几种变化手位、脚位后的规范优美站姿 .

双脚“人”字式站姿——将双脚呈“人”字形站立，前脚的脚跟放在后脚内脚背的前端。如图 5–2。

双脚“丁”字式站姿——将双脚呈“丁”字形站立，前脚的脚跟放在后脚内脚背处，双脚之间的角度大约 90 度。如图 5–3。

双手前握式站姿——将双手交叉在腹前。如图 5–4。

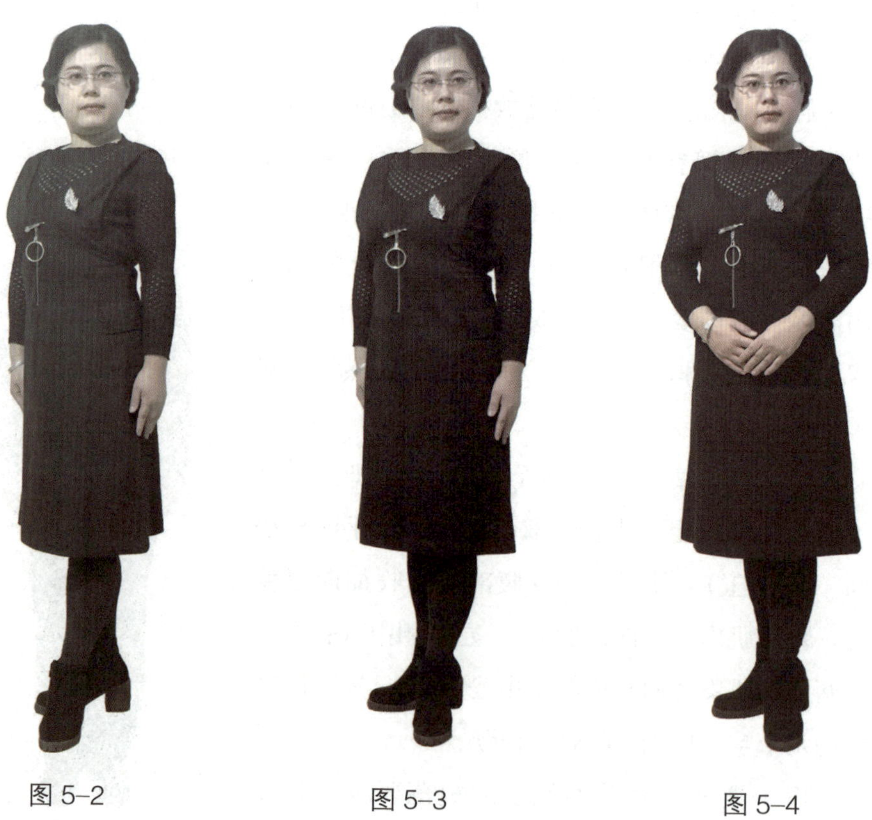

图 5–2　　图 5–3　　图 5–4

双手前后式站姿——将双手一手在腹前，一手在腹后。如图 5–5。

双手后背式站姿——将双手交叉背在身后。如图 5–6。

双脚平行式站姿——将双脚分开平行站立，双脚分开的幅度要略小于肩宽。如图 5–7。

这里需要说明的是，“人”字式站姿只适用于女士，平行式站姿只适用于男士，而“丁”字式站姿多适用于舞台表演时的站姿。

图 5–5　　图 5–6　　图 5–7

上述七种站姿的变化，实际上只是手位和脚位的变换，其他方面的要求都要以基本站姿的形体规范要求为基础。如果没有基本站姿的形体规范作为基础，那么变换姿态也不会美。大家可结合所处的不同场所，通过手位、脚位的协调搭配，变化出多种规范优美的站姿，以体现出我们的优雅风度。例如，在服务接待工作中，女士可以用双手前握式搭配双脚“人”字式的站姿，男士则可以用双手后背式搭配双脚平行式的站姿。以此类推，就可以变化出许多规范、优美的站姿。

良好的站姿应该给人两种感受，即：不仅要站得笔直，而且还要站得挺拔。正面看有开阔感，侧面看有直立感，整体看是一种庄重、典雅、舒展、优美和精神饱满的姿态。要达到此标准，则要进行训练。那么，如何进行站姿训练呢？

1. 个人靠墙站立，要求后脑、双肩、躯干、臀部、小腿、后脚跟、双臂紧贴墙，每次训练 20 分钟；2. 两人背靠背站立，要求后脑、双肩、躯干、臀部、小腿、后脚跟、双臂相互紧贴，每次训练 20 分钟；3. 按站姿要求站立，头上顶一本书，身体直立，每次训练 20 分钟。

以上训练时，为了减轻疲劳，可配上轻松优美的音乐。

要使站姿规范优美，必须形成三组对抗的力量。1. 头顶向上悬，双脚趾抓地；2. 小腹向后发力，臀部向前发力；3. 髋部向上提，双肩向下沉。

以上三组肌肉力量相互对抗，互相制约，缺一不可。如果没有头部和脚趾的肌肉上顶下抓的对抗力，就会缺少高度感；如果没有臀部和腹部的肌肉前后相夹的对抗力，就会缺少挺拔感；如果没有髋部和肩部的肌肉上提下压的对抗力，就会减少直立感。只有使用身体的这三组对抗的肌肉力量，才能使站姿给人一种高、挺、直的美感。

人们常常羡慕那些举止优雅的女子和阳刚潇洒的男子，他们的外表魅力正是由这种挺拔优美的站姿为基点的形体姿态来体现的。因此，作为一切举止基础的规范站姿，不仅应得到我们的高度重视，还应该进行有效的训练。

进行站姿训练时，还要注意纠正各种不规范的站立姿势：双手不可抱在胸前或叉在腰间以及插在衣兜内；不可探脖、缩颈、斜肩、耸肩、含胸、弓背、凸胸、腆肚、弯腰、撅臀、两腿不直以及双腿不停地抖动；身体不要东倒西歪或随便靠在物体上，等等。

其次，介绍一下规范的坐姿。

对坐姿的规范要求是端正文雅。

生活中无论是会客交谈、参加会议、伏案书写或娱乐休息都离不开坐。坐姿作为人体的一种基本姿势，同样可以显示出一个人的文化修养和审美素养。规范优美的坐姿可以说是体态美的重要构成要素，它可以使人呈现出一种静态美，给人一种庄重、典雅的审美享受。

有这样一个真实的例子，那是我在深圳大学工作期间发生的事情。

深圳大学每年元旦都要搞一次把高雅艺术请进深大校园的活动。有一年请中央芭蕾舞团来深大演出。开演前，我发现我的前排有一位女士的坐姿非常优美。我被她的优雅坐姿吸引了，想象她一定长得很美，希望能目睹她美丽的容颜，以至于在开演前的所有时间内，我的目光几乎没有离开过她，虽然一直没有目睹到她的容颜而有些失望，但其优美的坐姿却给我留下了深刻的印象，成为我与人交往时效仿的榜样。每当我给大家演示规范坐姿时，这个榜样就会出现我的脑海中，想象着我的坐姿能像她当年让我获得审美享受一样，也让大家获得同样的审美享受。

那么，如何才能坐得规范优美呢？下面我介绍一下规范坐姿的具体要领。

首先，入座时一只脚向后撤半步，落座时要轻、缓、稳，即落座声音要轻，落下的动作要缓，坐下要稳。女士入座要娴雅，若是着裙装，应该用手将裙子稍向前拢一下，坐下后两脚并拢；落座时不要坐满整个椅面，也不要坐在椅面边上，要坐在椅面的二分之一或三分之一处；坐下后，眼睛要平视，嘴微闭，下颌微收；双肩平整放松，双臂自然弯曲，双手交叉放在腹前或双膝上；胸微挺，脊柱向上伸展，腰挺直；双腿弯曲，双膝紧靠，双脚落地并拢；身体重心垂直向下，不要偏左或偏右；起立时，一只脚先向后收半步；起身后，双脚并齐，然后用后退转身步离开座位。

以上要领可以归纳为三十字口诀：目平视、嘴微闭、肩放松、胸挺起、脊向上、腰挺直、臀中央（指臀部坐在椅子的中央）、腿弯曲、膝并拢、脚落地。

以上是基本坐姿规范要求。如图 5–8。

日常交往中，我们可以根据交往场合的不同，变换各种不同的脚位以呈现各种不同的优美坐姿。下面是变换脚位后的各种优美坐姿。

双脚前后式——左脚或右脚向后撤半步，或左脚或右脚向前伸半步，形成一前一后的交错脚位，两腿内侧紧靠，其他要求与基本坐姿的规范要求相同。如图 5–9。

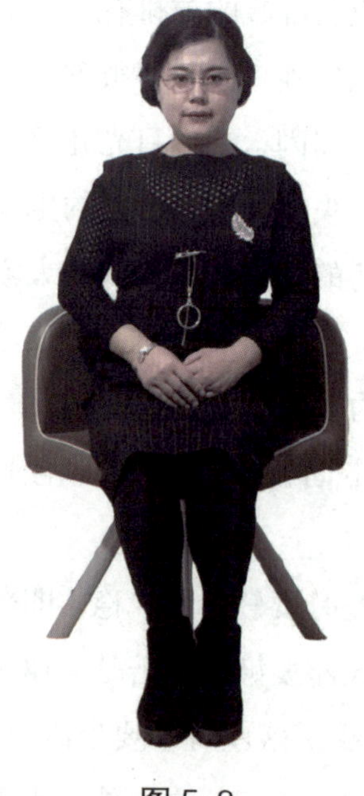
图 5–8

图 5–9

双脚尖点地式——双膝并拢，双脚向左后方向伸出，双脚尖前后点地（右脚尖在左脚尖的右前方），或双脚向右后方向伸出，双脚尖前后点地（左脚尖在右脚尖的左前方），其他要求与基本坐姿的规范要求相同 。如图 5–10。

单脚挂式——在双脚尖向左后方点地的基础上，右脚提起，挂于左脚踝关节处，或在双脚尖向右后方点地的基础上，左脚提起挂于右脚踝关节处，其他要求与基本坐姿的规范要求相同。如图 5–11。

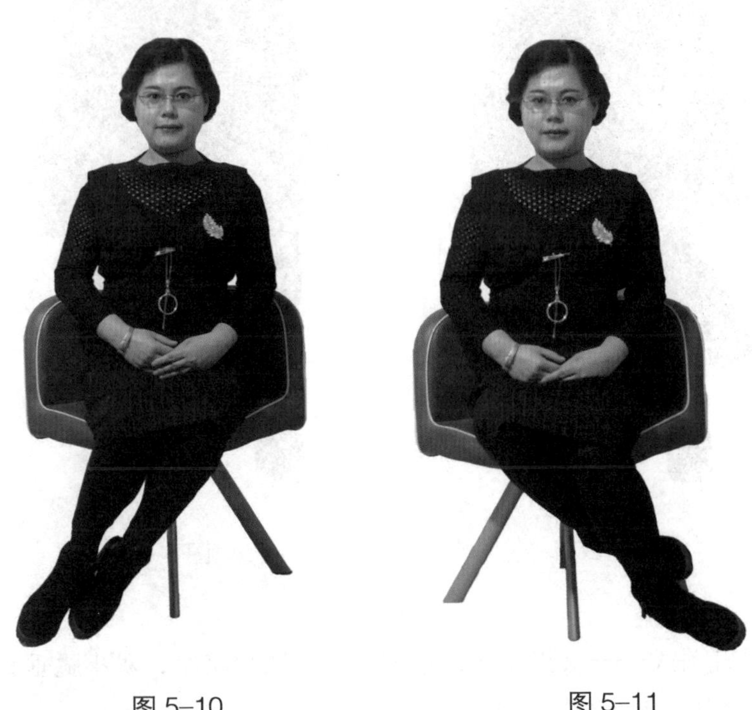

图 5–10　　　　图 5–11

双腿重叠式——左小腿直立于或斜立于地面，全脚掌落地，右大腿搭在左大腿上，右小腿向左小腿紧靠，右脚面绷直或右小腿直立于或斜立于地面 ；或右脚全脚掌落地，左大腿搭在右大腿上，左小腿向右小腿紧靠，左脚面绷直。其他要求与基本坐姿的规范要求相同。如图 5–12。

双腿平行式——双膝展开，双脚分开，比双肩略窄些，双小腿垂直于地面，其他要求与基本坐姿的规范要求相同。如图 5–13。

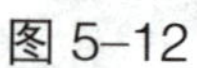

图 5–12

图 5–13

双腿开关式——双膝并拢，双脚分开，比肩略窄，双小腿垂直于地面，其他要求与基本坐姿的规范要求相同。如图 5–14。

这里需要说明一下，单脚挂式只适用于女士坐姿，双腿平行式只适用于男士坐姿。

良好的坐姿不仅要坐得端正，而且还要坐得娴雅。要达到此标准，则要进行训练。 那么，如何进行坐姿训练呢？

图 5–14

1. 坐在高背椅上，使躯干、臀部紧贴椅背，每次训练 20 分钟；2. 两人背对背，要求躯干、臀部相互紧贴，每次训练 20 分钟；3. 反复训练入座和离座的姿态，每次坚持训练 20 分钟。

以上训练时，为了减轻疲劳，可配上旋律优美的音乐。

要达到规范优美的坐立姿态，必须形成三组对抗的力量：1. 头顶向上，脚跟踩地；2. 胸肌、腹肌保持一定的紧张，即微微收腹挺胸；3. 双肩向下沉，髋部向上提。

以上三组力量互相对抗，相互制约，才能形成规范优美的坐姿。如果没有上述三种力量相互对抗，人坐在椅子上，上身就不会挺直，整个人就会显得瘫软。

训练时还要注意纠正各种不规范的坐姿。那么，有哪些不规范的坐姿需要纠正呢？

不可把双手同时放在椅子两边的扶手上，可用单肘关节支撑在扶手上；不可瘫坐、靠坐、歪坐、斜坐；不可将双膝分开太大，女士无论采用何种坐姿，都切忌两膝分开（因为双腿向两侧呈八字形分开，会像簸箕的形状，古人称之为“箕踞”，这是一种最无礼的坐姿。在先秦时代，人们所穿的裳不分裆，有些像现在的裙子，而且古人都不穿内裤，所以，如果采取“其踞”的坐姿，就会相当的不雅。现代社会，人们虽然都穿内裤，但若在公共场合，箕踞依然会被视为有失体统的不雅坐姿）。此外，不可摇腿跷脚或跷二郎腿，不可把腿搭在椅子和沙发的扶手上，更不可将脚搭在茶几上；女士坐下时如穿裙装应将裙子裹住双腿，不可露出大腿和衬裙；入、离座时不要弄响座椅和碰翻桌上的茶具，坐下后不要随便挪动椅子。

最后，介绍一下规范的走姿。

对走姿的规范要求是轻盈矫健。

如果说笔直挺拔的站姿，端正文雅的坐姿都是一种静态美，那么，轻盈矫健的走姿则是人体的一种动态美。与挺拔的站姿和文雅的坐姿相比，矫健的走姿更难把握，但却具有更高的审美价值。因为人的行走大部分是在室外进行的，人与人之间就自然构成了相互间的审美对象。与人的音容笑貌相联系，人的行走姿态也是一个人的气质、风度、个性的感性显现。有人把优美的走姿比喻为一首动人的抒情诗，一点也不过分。优美的走姿确实能使人产生一种风姿，给人一种美感，让人得到美的享受。

记得我上中学的时候，学校组织同学看一场歌舞团的演出。那场演出中，报幕员给我留下的印象远远超过了演员的表演。她从舞台侧幕出场的那几步台步走得美极了，再加上她甜美的微笑，吸引了在场的所有观众，以至于演出结束后，同学们仍然相互议论着她的优美走姿。由此可见，优美的走姿有多么大的魅力。这种魅力竟然会使报幕员给观众的印象如此深刻，令人回味无穷。

那么，规范优美的走姿有哪些要领呢？

这些要领是：头抬起，并且端正，双目向前平视，嘴微闭，下颌微收；双肩平整放松，双臂前后小幅度摆动；挺胸，上身保持正直，小腹稍稍用力使身体上提；行走时身体重心稍向前，以便有利于挺胸收腹。

规范的走姿还应该讲究步位、步幅和步韵。所谓步位是指走路时双脚落在地上的位置。标准的步位，女士两只脚踩出的脚印应大致成一条直线，而不是两条平行线；男士两只脚的内侧落地时的行走路线大约是一条直线。

步幅是指行走时两脚间的距离。标准的步幅应该是前脚脚跟与后脚脚尖之间约为一脚之长，但因性别、身高、着装不同，会有一定的差异。比如，男士的步幅要比女士步幅大些，身高者的步幅要比身材矮小者大些。女士着旗袍、筒裙和高跟鞋时步幅要小一些。

步韵是指行走的韵律，要求行走时下肢的运动和上肢的摆动与身体稳定之间要形成一种对比的和谐，使整个行走体现出一定的节奏。

以上具体的操作要领可以总结为八句口诀：头抬起，目平视，肩放松，臂自移（指双臂自然摆动），脚尖对着正前方，身体重心向前移，小腹用力向上提，走起路来神采奕。如图 5–15。

人在行走中是经常需要改变行走方向的。如果不注意改变行走方向时的姿势优雅，也会破坏行走的姿态美。下面，我介绍一下人际交往中经常用到的两种变向行走步。

一种是为客人引路时的侧行步。

为客人引路时，一定要走在客人的左前方，与客人保持三两步距离。上身稍转向右侧，面向客人，左肩、左髋朝行走的左前方，右肩、右髋朝右后方。这种姿态不仅优雅，而且也体现了对客人的尊敬和礼貌。当走在狭窄走廊或楼梯，两人相遇时，也要采用侧行步，将胸转向他人，两肩一前一后。如图 5–16。

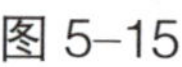

图 5–15

图 5–16

另一种是与人告辞时的后退转身步。

与人告辞时，不应转身就走，礼貌的做法是先向后退半步，再转身离去。退步的姿态要优雅，一般是双脚掌轻擦地面，而且步幅要小。转身时，要先转上身后转头，这样不仅使告别的姿态优雅，而且也体现一个人的教养。身体与头同时转或者未转身先扭头的姿势都是不美和不礼貌的。如图 5–17、图 5–18。

良好的走姿不仅要走得轻盈，还要走得矫健。要达到此标准，则要进行训练。那么，如何进行走姿训练呢？

1. 在地上画一条直线，沿直线向前走，使双脚落地时踩着直线，反复

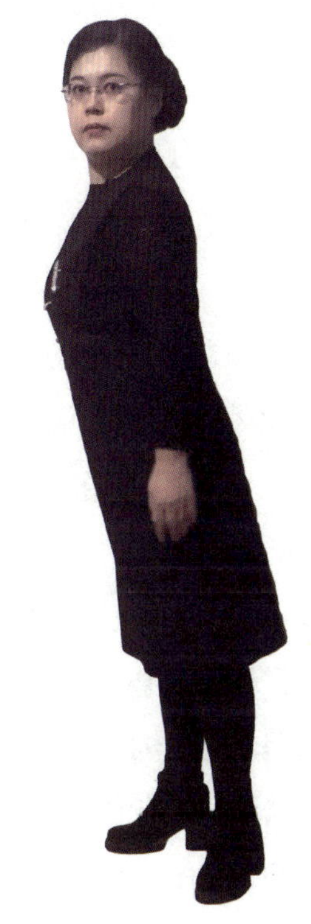

图 5–17

图 5–18

进行练习，坚持 20 分钟；2. 在地上放一根绳子拉直，然后沿绳子向前走，使两脚内侧分别紧贴绳子的两侧落地，反复练习，坚持 20 分钟；3. 配上音乐练习行走：首先双手叉腰，然后再加摆臂。先四拍一步，然后再两拍一步，最后一拍一步，各训练 20 分钟。

训练时，一定要配上节奏感强的音乐，以训练韵律感。要达到规范优美的行走姿态，必须形成两组肌肉对抗力量：1. 头顶上悬，双肩舒展放松下沉；2. 扩张胸肌，收缩腹肌，使小腹稍稍上提。

以上两组肌肉力量相互对抗，相互制约，只有这样，才能使走姿挺拔、健美。

训练时，还要注意纠正各种不规范的行走姿态。那么，都有哪些不规范的行走姿态需要纠正呢？

行走时不要低头，不要左顾右盼，不要摇头晃肩；双臂摆动的幅度不要过大，更不要左右摆臂；不要腆肚塌腰，更不要扭腰晃臀；不要向前扔小腿，不要走内八字和外八字，不要拖着双脚走路；多人一起行走时不要勾肩搭背，更不要排成横排，边走边说；若有急事超过前边的行人，不可跑步，要大步超过，并转头向对方点头致歉。此外，在他人面前，尤其在尊、长者面前不能慢慢腾腾地大摇大摆地走过，而要用“趋”的方式过去，即小步快行，因为“趋”是表示敬意的一种肢体动作。

让我们在日常生活和工作中，以笔直挺拔的站姿、端正优雅的坐姿、轻盈矫健的走姿，来塑造我们的美好形象，让与人的道德修养、文化素养、文明程度以及审美情趣密切相关的规范、优美的举止姿态，在传递自我教养和对他人尊重的同时，充分地展示我们的精神面貌和气质风度，让规范、优美的举止姿态在人体运动中呈现出动人的神韵，在顺应、满足人类尚美需求的同时，为人类社会审美文化姹紫嫣红的百花园增添一抹亮丽的色彩。

第六部分

言谈礼仪素养

西德鲁说，世界上有一种东西可以使人很快地获得伟业，并且得到世人的承认，那就是令人喜悦的讲话能力。

我们说，一席得体的言谈，可以勾勒出一个人的阅历，因为最能体现一个人的思维能力和文化底蕴的是言谈。

那么，怎样说话才能让我们的言谈发自于肺腑、传递着友爱、代表着品位、体现着教养、启迪着他人和蕴含着文化呢？人际交往中又有哪些言谈禁忌需要引起我们的注意呢？

《圣经》中记载着这样一件事。

在人类即将遭受灭顶之灾前，上帝曾告诉诺亚建造一艘方舟用来躲避这场灾难。当四十个昼夜的洪水消退后，诺亚率领他的家人乘方舟来到示拿，居住在这个平原上。他的子孙打算造一座上通天庭的通天塔，以扬名显威。上帝知道后甚为不满，但他没有直接阻止他们造塔，而是搅乱了他们的语言，使他们彼此语言不通。结果由于语言不通无法交流，致使通天塔未能建成。

我讲这个故事想说明什么呢？说明言谈在人际交往中的重要性。

如果说上述这个例子只是一个传说，还不够给力的话，那么现实生活中一些名人名言则更有力地说明了言谈在人际交往中的重要性。

古希腊名医希波克拉底说："世界上有两样东西可以治病，一是药物，另一个就是语言。"

古罗马著名政治家、哲学家、雄辩家西塞罗说："教育的最终目的就是培养有文化素养的雄辩家。"

西德鲁也说过，"世界上有一种东西可以使人很快地获得伟业，并且得到世人的承认，那就是令人喜悦的讲话能力"。

美国大资本家菲利浦 · 阿穆说，他宁愿成为一个大演说家，也不愿意成为一个大资本家。

我们都熟悉的卡耐基 32 岁时便草拟了一份生活计划，其中写道，“35 岁退休，到牛津大学接受十全教育，其中主要的是学习公开演讲”。

还有一句名言说，是人才不一定有口才，有口才必定是人才。

在西方，竞选总统要通过演讲来进行。我国《诗经》中也写道 ：“辞之辑矣，民之洽矣 ；辞之怿矣，民之莫矣。”意思是说，辞令亲热，人民团结 ；辞令动听，人民安定。

以上这些都说明了言谈在人际交往中的重要性。

一个人可以一辈子不看书、不写信、不读报，但却不能一辈子不说话。虽然人人都会说话，但说话和说话却不一样。记得有一次我去商场，看中一件衣服，便请服务员拿来让我试一试，没想到那位服务员说 ：“你太胖，这件衣服你穿不了。”我的体形确实不属于苗条类型，但是您别哪壶不开提哪壶呀！听了服务员的话，我心里很不舒服，转身离去。

几天后，我又去那家商场。路过那个柜台时，看见另一个服务员。因为太喜欢那件衣服，我便又试着让服务员拿来试穿。这位服务员说 ：“阿姨，您长得比较丰满，这件衣服只剩下小号码了，我拿另一个款式您试试，也许更适合您。”

听了这位服务员的话，我虽然仍然没有试穿那件衣服，但心里却很舒服。其实，这位服务员说的“丰满”与两天前那位服务员说的“胖”，意思基本是一样的，只有文雅与粗俗的区别，但是产生的效果却截然不同。这就叫作“话有三说，巧说为妙”。

像这种不规范的言谈，在生活中不胜枚举。我家附近有一个菜市场，我经常去那里买鸡蛋。有一次我看见一位小伙子正在问一位卖鸡蛋的大嫂 ：“你的鸡蛋是鸡场下的还是你自己下的？”当时我就想，小伙子怎么这样说话呢？小伙子说完这句话后，也马上意识到自己说走了嘴，赶紧微笑着向大嫂赔礼道歉。大嫂也很宽厚，原谅了他，否则两个人就会吵起来。

这种不规范的言谈不仅在生活中比比皆是，而且也经常出现在服务行业中。早些年，我为一家大企业做礼仪培训，他们把我安排在一家宾馆。当我去餐厅用餐的时候，旁边坐着一位老先生，聊天中得知他是华侨。我发现他快用完餐的时候，服务员小姐走过来，非常热情地询问道："先生，您还要饭吗？"结果他非常尴尬。我们说，即使不是华侨，这样的问话也是不规范、不礼貌的。规范的问话应该这么说，"先生，您还需要什么吗？""再给您加点饭可以吗？"

还有一次，我为某地一家银行做礼仪培训。临去时穿了一双新买的高跟鞋，非常紧，结果把脚弄得好痛。实在忍受不了，我就去商场准备买一双便鞋。一位顾客也在买鞋。我听服务员问顾客："您要男的还是要女的？"顾客说："我要女的。"接着服务员把鞋子拿出来一边包装一边说："我给您捆起来吧。"

听了这段对话后，我觉得好笑。因为他们都以不规范的语言对不规范的语言，互相心照不宣。我也知道他们说的是买鞋子的事，可是如果不在现场，大家听这段对话，接收的信息还是不是买鞋子的信息？"您要男的还是要女的？""我要女的。""我给您捆起来吧。"像不像人贩子在贩卖人口？这句话规范的说法应该怎样说？"您要男鞋还是要女鞋？"顾客应该回答说："我要女鞋。"然后，服务员应该说，"我给您包装好"。

言谈和形体语言一样也具有文化差异，不同国家，不同民族，由于具有不同文化，都有自己民族的口语特点。例如见面语，西方国家的人一般说"您好"。我们常说"您吃饭了吗"。按照我国的习俗，这实际上是一句表示关心、问候对方的话。可是，如果你与一个外国人，特别是与西方人交往时，见面你问他"吃了没有"，他就会以为你要请他吃饭，而你又没有请他吃饭的意思，是不是会造成交往的障碍呢？

由此我们可以看出，在人际交往的言谈中，同样能体现出一个人的道德修养、审美修养和文化修养，而这些都是交际中的言谈礼仪意识。

那么，在我们的生活、学习、工作和日常交往中，什么样的言谈才是规范的呢？我们说，礼貌文雅的言谈就是规范的言谈。具体地说，语言要礼貌，声音要甜美，吐字要清晰，语调要标准，语气要柔和，用词要准确。

下面我们就从这六个方面具体介绍一下。

要充分运用礼貌语言的魅力

提到礼貌语言，大家就会想到“谢谢”“对不起”“不客气”“没关系”等这样一些基本礼貌用语。这是一种狭义的礼貌语言。我所说的礼貌语言应该是广义的，它不仅包括十几个基本礼貌用语，而且还应该包括敬语、谦语、雅语，甚至幽默语言。

我从有关资料上看到，美国人说话少不了“请”字，日本人说话离不开“谢谢”，英国人最常用的词汇就是“对不起”。比如，他们稍有打扰别人的时候就会说“对不起，请递我一杯水”“对不起，请让开点儿，我要下车了”。甚至他们没有打扰别人的时候，也会说对不起这个，对不起那个。警察在处理违章事故时，会说“对不起，先生，您的车速超过了规定”。两车相撞，司机下车会先说“对不起”，然后再来处理问题。就不像我们有的司机下车说的第一句话就是“你瞎了”，然后对方也会回敬他“你才瞎眼了呢”。

当然，我在这里无意贬低我们的国民素质。其实，我们国家是文明古国、礼仪之邦，用来表示文明礼貌的语言还是很多的。例如，询问别人事情时，就有“请问”“敢问”“借问”。请教别人事情时，也有“请教”“讨教”“求教”“赐教”。打扰别人时就更多了，“打扰”“麻烦”“劳驾”“借光”“难为”“辛苦”“拜托”“偏劳”……遗憾的是，我们现在连十几个基本礼貌用语还都没有普及。

1997年，我回母校讲学，由于赶时间没有买到坐票。上车之后，我就想赶紧找个空位。我发现离车厢门口不远处，靠窗户坐着一位小伙子旁边有空座。可是，我却认为等我走到那个座位前时，恐怕座位早就没有了，因为我前边还有很多人都在朝这个目标“努力拼搏”。奇怪的是，当我前边的人走到那个座位前时问：“这儿有人吗？”那位小伙子都说有人，把前边的人支走了，以至于我走到那个座位前时，那个座位还空着。我抱着侥幸的心理问：“先生，您好！请问我可以坐在这儿吗？”没有想到小伙子竟然同意我坐下了。

坐下之后我就想，前边那么多人问，他都没让他们坐这个座位，为什么却同意我坐在他旁边呢？难道我有什么魅力吗？当然，我很有自知之明，知道自己没有什么魅力。可能是因为我年龄比较大，敬老尊贤吧！但转念一想，不对，在我前面有一位年龄比我还大的老大爷也问过他。那是什么原因呢？也许因为老大爷是男的，我是女的，男女异性相吸，所以他愿意让我坐到他旁边？可是也不对，在老大爷前面还有两位小姑娘问过他。何况，我这个年龄对异性已经没有什么吸引力了。那是什么魅力呢？就是语言的魅力，准确地说是礼貌语言的魅力。

我首先称呼他“先生”。“先生”这个称呼，在我国虽然没有严格的界定，但好像也有一种不成文的约定，如果称呼对方“先生”，就是高看他一眼。接着，我又用了“请问”。大家知道，在我们日常生活中，说“谢谢”“对不起”这样的基本礼貌用语比较普遍，而用“请”字这样的敬语并不普及。小伙子听我用了“请问”这样的敬语，在他的心里无形中抬高了我的身份，认为我很有教养。我比他身份高了不行啊，紧接着我又用了一句谦恭的语言说，“我可以坐在这儿吗？”又把我降到了和他同等高的身份与他交往。

就这样，在称呼语、问候语、敬语、谦语等一系列礼貌用语的强大攻势下，使得这位社会公德素养很差的小伙子——我认为他的社会公德素养确实很差，在长途火车里，他竟然不让别人坐空位。

坐下之后，我不由得想到了一个社会问题——那就是由于某些历史原因，致使我们现在连十几个基本礼貌用语都没有普及。如果普及的话，我前边的人都会像我这么说，这个座位还能轮到我坐吗？那么，为什么没有普及呢？我分析一下，不外乎三个原因：一是我们重视的程度不够；二是宣传力度不够；三是大家对礼貌语言的意义了解得不够。

说礼貌语言有什么意义？我想通过我亲身经历的另一件事说明一下。

1995 年，我应一家民办大学邀请为他们讲礼仪课。下课后我想打个电话，发现教室旁边有一个挂着“多种经营办公室”牌子的房间开着门，桌子上有一台电话机。我径直走进去对旁边一位五十岁多岁的男士说：“先生，您好！请问我可以用一下电话吗？”那位先生说：“用吧。”打完电话后，我对那位先生说了声“谢谢”。刚要离开时，就听那位先生问我：“您是哪儿的？”当他知道我是应邀来讲课的外校老师时，便问我讲什么课。我告诉他，我讲礼仪课。他问：“退休了没有？”我答：“没有呢，也快了。”他说：“您退休之后到我们这儿来好吗？我们这儿就缺少您这样的公关人才……”

回到家后，我把这件事对家里人讲了，特别告诉两个孩子，现在有的企业不景气，很多年轻人都下岗找不到工作，而我一个年过半百的老太太，就因为借电话时使用了几句礼貌语言，就有人主动邀请我到他们那里工作，这不说明了礼貌语言的魅力吗？我让两个孩子培养礼貌语言意识，养成说礼貌语言的习惯。

那么，在我们生活和工作中，如何运用礼貌语言呢？下面，我具体介绍一下礼貌语言的运用。

1．基本礼貌语言的运用

我有一个亲戚早年去了澳大利亚，并在那儿结婚生子。多年后，她带着孩子回国，给我讲了许多她与孩子之间的事情。

有一次她带孩子参加宴会，一位朋友夸她年轻漂亮。她对那位朋友说，我哪有您漂亮啊！这时，孩子推了她一下。用餐时，她打了一个饱嗝，孩子又推她一下。她不知道孩子为什么这么做。回家后，孩子对她说："妈妈，以后再有人夸奖您时，一定要说'谢谢'。如果在餐桌上打嗝，您一定要向旁边的人说一声'对不起'。"

诸如此类的事情，她和我讲了很多。她认为她与孩子之间存在代沟，实际上是东西方文化的差异。

在我国确实有这种文化传统，当受到他人赞扬、夸奖时，会不好意思地客套一番，而不会习惯说"谢谢"。说"谢谢"一词，也仅仅局限于得到他人的帮助后才使用。其实，在社交场合经常说"谢谢"和"对不起"，是会博得他人的尊敬和好感的。例如，在别人夸奖你时，应附上一声"谢谢"，以表示对他人良好用心的感激，而不是像我们习惯的那样，说些"过奖了""不敢当"之类的客套话。因为如果那样说，就等于对方的夸奖是虚伪而不真诚的，反而很不礼貌。以此类推，凡是受到他人祝贺和慰问时也都要说声"谢谢"。

当得到别人的馈赠、帮助、服务和任何恩惠时，都应向对方说一声"谢谢"，以表示领情，哪怕是很小的事情。例如，别人给您让个座位、向您敬酒、递给您餐具或者为您捡起掉在地上的东西，都要说声"谢谢"，甚至别人想给你帮忙而没帮上时，譬如，你向人家问路，别人不知道，说不上来时，您也要说一声"谢谢"。如果不说一声"谢谢"，那也是失礼的。

有时会遇到互相说"谢谢"的时候，也要互相说"谢谢"。例如，在宾馆里客人对服务员说"谢谢"，表示感谢他的服务；服务员对客人也要说"谢谢"，表示感谢客人下榻宾馆。在宴会结束告别时，客人要感谢主人的款待，主人则要感谢客人的友好光临。

在发言或演说结束的时候，也应说一声“谢谢”，意思是谢谢听众倾听自己的发言或演说。

此外，“对不起、抱歉、请原谅、不客气”，也是社交中经常用到的基本礼貌语言。这些基本礼貌语言既表示自己的歉意，也表示对别人的尊重。例如，在宴会上因吃饭或喝汽水打嗝时，要说上一句“抱歉”，否则，邻座的人会认为你不讲礼貌。打喷嚏之后，也应说一句“对不起”，以免使突如其来的噪音吓人一跳。甚至让刀叉与杯盘碰撞发出响声，都要向别人说一声“对不起”。宴会中间，如果你想去洗漱间，要向两边的人说一声“请原谅，我要离开一下”。如果想提前退席则要说，“请原谅，我有事，先走一步”。

当别人正在谈话时，一般不要随便插话，实在忍不住时应先说一句“对不起，我打断一下”。

“对不起”，有时还含有遗憾的意思。譬如，在交谈中你问起别人的父亲，对方回答说“他已经去世了”，你就应当马上说“对不起，谈起使您伤心的事了”。意思是你为此感到难过，并为自己的唐突致歉。

冒犯或打扰了别人，也必须道歉。例如，在公共汽车里不小心踩了别人的脚，要立即向对方说一句“对不起”。

另外，在接受别人谢意时，要说一句“不客气”，让人觉得这是你乐意做的，而不是别人逼迫做的。

2. 雅语的运用

什么是“雅语”？“雅语”也叫“隐语”，它是在正式的社交场合中用来代替那些粗俗语言的语言。

一般来说，家中来了客人，端茶递烟时应当说“请用茶、请吸烟”。如果还有点心，可以说“请用一些茶点”。而不要说“请喝茶、请抽烟、请吃点心”。以“用”“吸”，代替“喝”“抽”，就显得文雅一些。

在谈到别人的生理缺陷时要避讳直说，不要说“瘸子、聋子、瞎子”，而要代之以“腿脚不便”“重听”“盲人”，等等。

在谈到一些生理现象时也应避讳直说。例如，在说到有关人的死亡时要避讳直说，应该说“故去了”“不在了”“去世了”等。再如，当你急于减轻某种生理负担时，如果是走在马路上，你可以问，“请问，厕所在哪里”。可是，如果你在宴会上或是在别人家里做客，旁边又有异性和长辈在场，你这样问就不文雅了。应该说，“请问，卫生间在哪儿”，或者说“请问，洗手间在哪儿”。

当然，雅语不是固定不变的，它会随着时代的变化而变化。比如，就以上述减轻生理负担的地方来说，就有茅坑、茅房、厕所、洗手间、盥洗室等叫法。而减轻生理负担的这种生理现象也有“解手”“方便”“上一号”等叫法。

还有更高级的雅语。有一回我参加一个宴会，宴会中途一位女士站起来说，“对不起，我出去打个电话”。她旁边的一位小伙子，听说她要去打电话，赶忙站起来说，“我陪您一起去吧”。结果这位女士挺尴尬。其实，她出去方便一下，由于在宴会上不方便说，所以才用“打电话”这样的雅语代替。她旁边的小伙子由于脑海中压根儿缺少雅语意识，误以为她真的要去打电话，便提出陪她去，结果闹出了这样的笑话。

我们国家具有悠久的历史文化，说雅语应该成为每个人的良好习惯。如果职场人都养成说雅语的习惯，那么，对于形成高尚文明的社会风气和融洽和谐的人际关系将是大有裨益的。

3. 幽默语言的运用

人们在公共场合经常会看到这样的事情。有人不小心踩了别人的脚，踩人的人会说声“对不起”，被踩的人当然不高兴，不同素质的人会有不同的反应。一种是以沉默表示不高兴；一种是破口大骂；还有一种会宽容礼貌地回答，“不要紧”或“不客气”。可是，有一次在公共汽车上，我却看到了另外一种情况。我旁边一位姑娘不小心踩了一位小伙子的脚，姑娘赶紧向小伙子说“对不起”。小伙子却风趣地回答，“不客气，是我的脚放错地方了”。姑娘如释重负地笑了，旁边的人也笑了。

这个例子说明什么呢？说明了幽默语言可以成为紧张情境中的缓冲剂。因为幽默语言能在善意的微笑中披露生活中的不良现象，对于不正确的行为进行有力的反击，解除尴尬场面，化险为夷，从而协调人际关系。因此，从某种意义上来说，它也是一种礼貌语言。例如，幽默语言可以被用来含蓄地拒绝对方的要求，既传递了信息又不失礼。据说，美国前总统罗斯福当海军军官时，一位好朋友曾问及有关新建潜艇基地的情况。出于礼貌，罗斯福不好意思直接拒绝，就问，“您能保密码？”朋友回答说，“能”。罗斯福笑了笑说，“我也能”。朋友听后笑了，也就不好意思再问了。

幽默语言还可以用来礼貌地否认和回击对方的指责和攻击。例如，人们都知道美国前总统林肯的相貌很难看，他自己也清楚这一点。一次，他与道格拉斯辩论，道格拉斯指责他是两面派。林肯没有正面辩论，却微笑着回答：“现在请听众来评评看，如果我有另一副面孔的话，我还会戴这张面孔吗？”林肯的回答，实际上是利用幽默语言，巧妙地偷换概念，把对方所说的两面派的含义加以曲解，从而避开了对方的指责，达到了否认和回击对方的目的。

4. 敬语的运用

我国有一个成语典故叫“一字千金”。据说是出自《史记·吕不韦列传》。吕不韦，是我国战国时期的英雄，他曾经养了许多门客。有一天，他下令让门客编撰一部《吕氏春秋》。书成之后，公布于众。他说，“谁能在这本书里增加一个字或者减少一个字就赏赐千金”。后来，“一字千金”的成语就一直流传到现在。在现代社会，真有一个字值一千万美元，就是

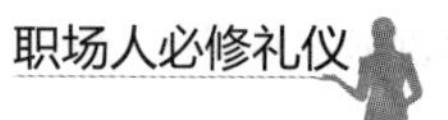

这个“请”字。

前面说过，美国人说话少不了“请”字。其实，美国人不仅说话少不了“请”字，他们在写信、打电话、发电报时，宁肯多花钱也绝不省略这个“请”字。大家知道，这个“请”字是由六个字母组成的：P、L、E、A、S、E，please，Please write back，Please write back soon，Please reply soon。请、请回信、请速回函，请速答复。所以，据美国电信总局每年统计，仅从这个“请”字上就可以多收入一千万美元。美国人宁可花钱买一个“请”字，我们既不花钱又不费力说一个“请”字，何乐而不为呢？

其实，在生活和工作中，我们用到“请”字的场合还是很多的。例如，职场中有很多人是各级领导管理人员，经常接待下属员工，接待客户投诉，接待社会上方方面面的人。当我们的接待对象敲门时，应主动说“请进”；客人进门后要说“您好，请问您找哪位”“请您稍等”“请用茶”；如果是重要的客人还要热情招待，“请吸烟”“请用水果”“请用点心”；送客人时，要说，“请走好”“请慢走”“请再来”；如果你是客人，要对主人说，“请留步”“请回吧”。而不要说，“回去吧”“别送了”。你看，一样的话，你用敬语说，不仅体现了你对客人的尊重，而且也体现了你的教养。

下面，再结合代表国家形象的窗口行业——宾馆、饭店的前台，介绍一下“请”字的运用。

一般来说，宾馆都会在门口安排门童迎接客人。当客人走近门口时，门童要说，“您好，欢迎光临，请进”，用上“请”字了；大厅里的导引员发现客人进来时，应趋步上前问候，“您好，欢迎光临！请问，您需要我帮您做点什么吗”，也用上“请”字了；当客人被引领至前台时，前台服务员应主动问候，“您好，请问，您是否有预定”“请问，您一共几位”“对不起，请出示一下您的身份证”“请您填一下住宿登记表”“这是您房间的钥匙，请拿好”。这一系列的服务都可以用上“请”字。

不仅在服务行业，在人际交往中，特别在正规的社交场合，对身份、地位、年龄较高的人或对初次交往不熟悉的人也应适当地使用敬语，这是谦恭有礼的表现。

敬语，除了我刚才讲到的“请”字外，还有常用的“您”字。

此外，在日常生活中，还有一些惯用的用法。例如，初次见面用久仰，很久不见说久违，求人原谅用包涵；询问别人的年龄用贵庚，对老年人用高寿；认人不清用眼拙，向人表歉用失敬，请人批评说指教，求人原谅用包涵；请人帮忙说劳驾，请给方便说借光；陪伴朋友用奉陪，中途先走用失陪，等待客人用恭候，迎接表歉用失迎，欢迎顾客称光顾；答人问候用托福，麻烦别人说打扰，不知适宜用冒昧；求人解答用请问，请人指点用赐教，赞人见解用高见；看望别人用拜访，宾客来到用光临；问人姓氏用贵姓，回答询问用免贵；表演技能用献丑，别人赞扬说过奖；向人祝贺说恭喜，答人道贺用同喜，请人担职用屈就；读人文章用拜读，请人改文用斧正，对方字画为墨宝；招待不周说怠慢，请人收礼用笑纳，辞谢馈赠用心领，等等。

此外，还有以下敬词：

敬：敬告、敬贺、敬请、敬佩。

贵：贵妇人、贵干、贵庚、贵姓、贵恙、贵国、贵校。

高：高见、高就、高龄、高寿、高足、高论。

恭：恭贺、恭候、恭请、恭迎、恭喜。

拜：拜读、拜辞、拜访、拜贺、拜识、拜托、拜望。

奉：奉告、奉还、奉陪、奉劝、奉送、奉赠、奉迎。

大：大驾、大名、大庆、大作、大礼。

屈：屈驾、屈就、屈居。

光：光顾、光临。

华：华诞、华堂、华翰、华宗。

叨：叨光、叨教、叨扰。

雅：雅教、雅意、雅正。

玉：玉体、玉音、玉照、玉成。

芳：芳邻、芳龄、芳名。

垂：垂爱、垂青、垂问、垂询、垂念。

惠：惠存、惠临、惠顾、惠允、惠赠。

以上敬语使用的频率都是比较高的。这里稍加说明的是，敬语中的“请”字和请求语中的“请”字在语义上略有区别。请求语中的“请”字是侧重于有求于人，而敬语中的“请”字，则是侧重于对别人的尊重和敬意，但是两者在本质上是相同的。

与敬词相对应的是谦词，谦词是向人表示谦恭和自谦的一种用词。使用谦词和使用敬词一样，都能体现一个人的文明素养，它们是统一在一个事物里的两个方面，即，对他人使用敬词时，对自己则要使用谦词。以下是一些常用的谦词：

愚：愚兄、愚见。

鄙：鄙人、鄙意、鄙见。

敝：敝人、敝姓、敝处、敝校。

敢：敢问、敢请。

拙：拙笔、拙著、拙作、拙见、拙荆、拙字。

小：小人、小子、小可、小生、晚生、晚学。

老：老朽、老夫、老汉、老拙、老粗、老脸、老身、老衲、老臣。

贫：贫僧、贫道、贫尼。

我们千万不要小瞧以“请”字为代表的敬语。在我们日常生活工作中，“请”字引航，“您”字常用，不仅是大家语言素养的需要，也是传承的需要，愿大家重视之、践行之，让社会充满爱，愿温暖绚丽的春天永驻人间！

以上我介绍了基本礼貌用语、雅语、幽默用语、敬语、谦词等礼貌用语的运用。这些礼貌用语是中华民族历代古人用智慧的汗水积累的，是几千年来祖先的文明结晶，也是中华文化的结晶，其思想内涵深刻，文化底蕴丰富，不仅传递了对他人的尊敬，同时也体现了个人的教养。这是中华民族的礼仪文化瑰宝，无论如何都不能让它们失传，要把它们收藏好，用于我们的交往实践中，并教给孩子经常运用，努力传承下去。

要充分运用声音的魅力

在日常交往中，我们对音质的好坏往往不大讲究，因而在现实言谈中人们普遍缺少甜美声音意识。可是演员就不这样了，他们都具有甜美声音的意识。比如，我们都喜欢听朗诵家朗诵。为什么呢？因为他们的声音能打动人心。除去内容精彩、诗文美妙外，其优美动听、抑扬顿挫的语音语调往往具有一种感性化的韵律，让人听后难忘，激动不已。

其实，随着社会的发展，公民文化素质不断提高，人们已不再满足于求生存、求温饱和求富足的生活层面，会追求更高层次的精神生活层面，追求审美，追求和谐，希望在接收信息的同时也能获得一定的审美享受。因此，人们对声音的审美水准也越来越高。不仅对舞台上表演者说话的声音有审美需求，对现实生活中的交往对象、服务对象的声音也有一定的审美需要。

当然，现实生活中的人们不可能也没有必要像朗诵家在舞台上朗诵那样给声音化妆，使声音变化出许多色彩来。但是，作为能够给人以听觉上审美享受的甜美声音，却不能不引起我们的重视。因此，在日常生活和交往中，特别是接待我们的服务对象时，要求我们要充分地运用声音的魅力，说话的声音要甜美、圆润、浑厚、悦耳。

有人可能会有想法，我的嗓音不好，达不到这个要求。我否定这种说法。大家都知道一些著名的歌唱家唱起歌来声音像银铃般好听。可是，他们当中有许多人平常说话的声音跟一般人差不多。那么，为什么他们说话的声音一般，唱起歌来声音却像银铃般好听呢？这主要是因为他们经过专业训练，在唱歌的时候运用了“共鸣音”，对声音进行了美化。

其实，说话和唱歌都是相通的。有一位演说家说过，没有发出来的声音是不会响彻会场每个角落的。这种发出来的声音就叫作“共鸣音”。

共鸣音要靠共鸣腔发出。人体发音的共鸣腔大体有两个，分为上部共鸣腔和下部共鸣腔。上部共鸣腔包括软腭以上的鼻腔、额窦、蝶窦等，主要用于发高音的共鸣。当我们歌唱发高音或说话用高音说“丽”“绿”“林”等音时，额头内部会出现一种上提下放的感觉，这其实就是上部共鸣腔的一种发音状态。我们按照这种状态去练习发声，用心体会在鼻子顶端与上额相交处的震颤感，就会逐步体会到上部共鸣腔的共鸣技巧。

下部共鸣腔包括软腭以下的口腔、咽腔、喉腔、胸腔等，主要用于发低音的共鸣。当我们用叹气的方法发“喽”音时，用手轻按上胸部，会感到胸部在轻轻地震动，这其实就是下部共鸣腔的一种发音状态。我们按照这种状态去练习发音，就会逐步体会到下部共鸣腔的共鸣技巧。

这里需要说明的是，以上两个共鸣腔虽然根据发音的高低各有侧重，但在实际发音时，两个共鸣腔其实都是要参与进去的，从而构成了甜美、圆润、浑厚、悦耳的各种共鸣音。

我们千万不要小瞧共鸣音的运用，认为这都是演员的事，而我们又不是演员，说话的声音好不好听无所谓。其实，我们每个人都是演员，只不过我们不是舞台上的演员，而是现实社会大舞台上的演员。因为在“人人都是服务对象，人人又都为他人服务”的现代社会里，每个人无论做什么工作，都有自己的服务对象。我们的服务对象就是我们的观众，而我们说话时甜美、圆润、浑厚、悦耳的声音能给我们的服务对象和交往对象带来一种美的享受，进而会把他们带进一种美的境界。

愿我们甜美、圆润、浑厚、悦耳的声音如绕梁之音不绝于耳，经常萦绕于我们的交往对象和服务对象心头，进而带给他们一种悦耳赏心的审美享受。

要充分运用言谈吐字的魅力

充分运用言谈吐字的魅力，是要求我们在日常生活和工作中，特别是在接待我们的服务对象时，要吐字清晰、字正腔圆、口齿伶俐。

也许有人又有想法了。我天生一副大舌头，吐字不清晰。我还否定这个说法。我们知道，古希腊的德穆斯芬，近代的丘吉尔和田中角荣，他们都是从口吃者成为演说家的。问题的关键在于掌握锻炼口齿伶俐的技术，学会“五音四呼”，正确地运用发音吐字器官发音吐字。

什么是“五音四呼”呢？五音，就是用唇、舌、齿、牙、喉咬准声母。不同的声母注意用不同的发音器官来表达。如“沧桑百年”四个字，沧和桑的声母都是齿音，百的声母是唇音，年的声母是舌音。四呼，就是用开口呼、合口呼、撮口呼、齐齿呼吐出韵母。如“沧桑百年”四个字的韵母都是开口呼。按照这种方法练习，对言谈中的吐字清晰是大有裨益的。

我们也千万不要小瞧清晰吐字的运用。被西方社会誉为三大武器之一的舌头，是每个人嘴里都拥有的一份固定资产。老天爷在赐给我们这份固定资产时是公平的，可是，它到了每个人嘴里，有的价值连城，有的却一文不值。希望我们都要珍惜这份固定资产，不仅不要浪费资源，而且还要做到“资源共享”，以平仄相间、抑扬顿挫、和谐美妙的韵律和舌灿莲花的清晰吐字产生出优美的言谈效果，从而给我们的交往对象和服务对象带来悦耳、悦心，悦意、悦神的无比快感。

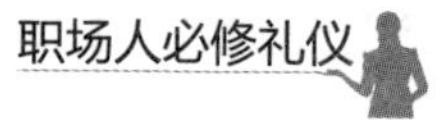

要充分运用普通话的魅力

充分运用普通话的魅力，是要求我们在日常生活和工作中，特别是在与我们的服务对象交往时，说话的语音语调规范、优美，要说普通话。

提起说普通话，我就想起我们国家从 20 世纪 50 年代就开始普及普通话。记得那时我正在山东省济南市皇亭小学读书。当时，学校为了推广普通话，经常举办普通话比赛。可是半个多世纪过去了，普通话还不能说是完全普及了。这里面原因很多，但我分析，主要原因不外乎我们重视的程度不够，宣传的力度不够，大家对说普通话的意义了解得不够。

说普通话有什么意义？我简单归纳为两点：一是有助于准确地表达一个人的思想情感和才华。

记得有人曾经说过这样一句话，“世界上最遥远的距离不是天涯海角，也不是生离死别，而是你说方言，我什么也听不懂”。

一个人即使满腹经纶，才华横溢，甚至有一肚子的生动故事和幽默笑话，可是他不会说普通话，说的是方言。是吴方言、湘方言、赣方言、粤方言；是闽南话、闽北话、客家话、潮汕话。他只能在方言区域内获得成功，而在语音语调的规范优美化方面却难登大雅之堂。例如，有一次我到大连某地讲学，中间休息时有一位学生与我聊天。记得她说“几眼、几眼”，我怎么也听不懂，以为她说的是脚上长的“鸡眼”呢。这时她真“急眼”了，拿起一本书，一页一页地翻。我这才明白她说的是几页书的“几页”。

这还是北方方言呢！一般来说，北方方言比南方方言好懂一些。可是，如果过了山海关往南走，有些话就更不好懂了。

2003 年春季，我在贵州讲学期间，当地旅游局局长接待两位省局领导，请我一起去吃饭。我说，“我就不去了吧”。他说，“去嘛！去吹牛”。这句话有点把我弄蒙了！心想，什么意思啊？难道我到这儿讲学是吹牛吗？我心里着实有些不爽。后来我才知道“吹牛”是当地的方言“聊天”的意思。同样是聊天，在四川成都叫“摆龙门阵”，在我的故乡山东叫“拉瓜”，我的第二故乡辽宁锦州叫“唠嗑”，北京却叫“侃大山”。

我们说，一个人的精力是有限的，而方言则是无限的。一个人不可能以有限的精力去应对无限的方言，于是就难免会出现交往障碍或交际失误，甚至会出现各种尴尬的事情。我曾经看过这样一个资料。有一位记者去南方某市采访当地的领导时问：“你们这儿经济腾飞靠的是什么？”那位领导说：“一靠‘警察’，二靠‘妓女’”。记者一听，问：“怎么一靠‘警察’，二靠‘妓女’啊？”陪同人员一听就知道记者没有听懂领导的方言，赶紧解释道：“错了，错了，领导说的一靠‘警察’是一靠政策，二靠‘妓女’是二靠机遇。”你看不会说普通话是不是很麻烦？

说普通话的第二点意义是能够美化一个人的容貌，提升交际形象。

我是山东人，丈夫是辽宁人。中国有句俗话叫作“嫁鸡随鸡，嫁狗随狗”，我丈夫是属鸡的，我就追随着他这只“鸡”来到了他的家乡——辽宁锦州。当时锦州电台有个节目主持人叫燕南，曾被评为锦州市十佳节目主持人。我知道她，但是没见过面。有一次，燕南突然给我打来电话说：“请问您是曲军教授吗？”我说：“是的。请问您是哪位？”她说她是经济台的燕南。我说：“久闻大名！不知道我能帮您做点什么？”她说：“曲教授，我想请您在电台讲一讲礼仪，不知道您有没有时间？”我说：“可以，都需要讲哪些内容？”我们在电话里聊了几分钟，我脑海里就勾画出一个非常美丽的少女形象。为什么我会以为她很美呢？就是因为她在电话里一口纯正流利的普通话美化了她的容貌，提高了她的形象。

有很多人，也包括我自己，总是埋怨父母没有赐给我们美丽的容貌。我说，咱们不要再埋怨自己的父母了，其实，一个人的容貌生成什么样是父母的事，长成什么样则是我们自己的事。林肯说过，一个男人 30 岁丑，还可以埋怨父母；40 岁以后还丑，就不能再埋怨父母了。为什么呢？因为一个人的美不仅包括他的容貌，还包括他的举止、言谈、气质、风度、情趣、格调、道德和智慧。也就是说，一个人的美不仅包括先天的自然美，也包括后天的社会美，应该是一种综合美。

其实，女人也是一样。俗话讲，“女大十八变，越变越好看”。女人可以生得不美，却可以长得漂亮。也就是说，我们不能改变先天的容貌，却完全可以改变后天说话的语音、语调和自身的气质、风度。

大家千万不要以为说不说普通话无所谓。未来社会是一个审美的社会，一切都要以美为出发点，一切都要符合美的标准，这是社会发展的必然趋势。普通话是我们国家所有语言中最清晰、最美好、最动听的语言，可以升华出感染任何交往对象和服务对象的魅力，同时也能体现出一个人的文化素养和受教养程度以及一个企业的精神面貌和管理水平。

当然，我们也不要以为普通话很难学而产生畏难情绪。世界上没有做不到的事，只有想不到的事。一个人只要设定一个目标，执着地、坚持不懈地去追求、去做，他就一定能做成他想要做的事情，关键在于他想不想做。

凯恩斯说，观念可以改变历史的轨迹。按此说法，想法也可以改变一个人的命运。有什么样的想法就有什么样的活法，有什么样的选择就会有什么样的结果。一个执着追求的人，整个世界都会为他让路。一个全心全意梦想着什么的人，整个宇宙都会协助他达成心愿。愿我们都来学说普通话，让说普通话成为我们民族文化和个人素质中一道亮丽的风景线！

要充分运用语气的魅力

充分运用语气的魅力，是要求我们在日常生活和社会交往中，特别是在接待我们的服务对象时，说话的语气要委婉、柔和，不要使用否定语、命令语、烦躁语、斗气语。

言谈的语气虽然是一种副语言，但它也可以传递信息、表达情感。尤其对于服务行业，特别是窗口服务行业尤为重要。有一次，我到一家银行取钱。服务员非常热情地说："阿姨，请您到那边取一张凭条填写一下。"我到柜台那边一看，有一个木制的滚子，上边卷了好多纸条。我抽了一条，突然发出一个声音："您好，欢迎光临。"因为没有任何思想准备，我被突如其来的声音吓了一跳。但是我没吱声，到一旁填凭条。就在这时，一位老大爷也来取钱，服务员也热情地说："老大爷，请您到那边抽张凭条填写一下。"老大爷也来抽凭条，突然又出来一个声音："您好，欢迎光临。"老大爷被突如其来的声音吓了一跳，脱口而出："什么玩意儿，吓我一跳……"同时顺嘴扔出一句"国骂"。

看到这个场面，我有一些想法。当前在市场经济体制下，一些领导具有了一定的礼仪意识，花钱买了这种机械设备发出问候语，向储户传递友善的信息，这非常好。但是，与此同时，他们却忽略了一个问题，就是这种机器发出的声音，只能传递友善信息，却不能表达真挚的情感。因为它们没有血，没有肉，没有思维，没有情感，更没有柔和的语气。服务员都是活生生的人，为什么不通过对他们的培训，让他们用柔和的语气说，"您好，欢迎光临！请问您办理什么业务"。既传递了友善的信息，又表达了真挚的情感呢？

我们不仅要注意说话语气柔和，还要注意不使用否定语。无论我们的服务对象问什么问题，都不能随便说出我们一生中最常说的三个字——不知道。即使他问的问题不在你的业务范围内，你也要委婉地迂回一下说，"对不起，我马上帮您查一下"。当然，你承诺服务对象的事一定要帮他查一下。

此外，也不能用烦躁语。比如，你正忙着接待一位服务对象，另一位服务对象急着问你问题，你千万不要流露出烦躁的情绪说，"急什么，没看我正忙着吗？等一会儿"。这不仅会失礼于那位服务对象，也会失礼于

在场的所有人。

更不能用命令语。比如，客人入住酒店时都要出示身份证，“把身份证拿出来！”“出示你的身份证！”用这种命令甚至吆喝的语气会使客人反感，产生逆反心理。应该用柔和的语气说：“对不起。请出示一下您的身份证可以吗？”

最切忌的就是不能用斗气语与客户争吵：“小样，谁怕谁呀！你找去吧，爱找谁找谁！找我们一把手我也不怕。你有能耐找市长去。”这样的话会把客人气个半死，以后他不仅不会再光顾，还会告诉他周围的人不要来受这份窝囊气。就因为你说话的语气不好，使整个单位的形象受到了破坏。

我们千万不要小瞧语气的运用。委婉柔和的语气能传递我们的真诚，表达我们的爱心。愿我们在日常工作和生活中，用委婉柔和的语气来表达我们对生活的爱心、对工作的爱心、对交往对象的爱心。人人都献出一点爱心，世界就会变成美好的人间！

要充分运用用词准确的魅力

充分运用用词准确的魅力，是要求我们在日常生活和工作中，特别是与服务对象交谈时，用词一定要准确，不能用模糊语言，使表述含糊其词、模棱两可。

记得有一次我去北京讲学，应邀观看一场中央乐团的精彩演出。散场的时候，我听到旁边的两位小伙子的一段对话。高个小伙子说：“听听吧，人家唱得多那个。”矮个小伙子说：“可不，真让人那个。”高个小伙子说：“唱得我都有点那个了。”矮个小伙子说：“我也有点那个了。”

仅从这段对话中能听明白两个小伙子说的是什么意思吗？很模糊。其实，只要我们稍加留意，像上述这种情况在我们身边还是不少见的。比如，有的人在讲述一件事情的时候，一着急怎么也找不到确切的词语，就会说："哎呀，我也说不好，就是那样式的。"在评价一个人的时候，有时候找不到确切、准确的词语，也会说："就是这样式的。"那样式的，这样式的，到底是哪样式的？表达不清楚，让人犯糊涂。

言谈和写文章一样，同样要求用词要准确。我们从言谈礼仪的角度讲，"礼"是我们内心对交往对象、服务对象的尊敬，"仪"则是一种良好的语言表达形式。如果我们不讲究语言的准确性而随便乱说，必定会给人言不成、行无信的不良印象。

像上述例子中的两位小伙子，看了那场演出都深有感受，就是不知道用什么语言来表达，所以才用"那个、那个"的词汇。这种不准确的语言，使言谈显得非常俗气。如果我们掌握了一定的词汇，善于表达，就不会出现这种笑话。

比如，在赞美一个事物的时候，同样一个"好"字，对于食物为"可口"，对于人品为"正直"，对于容貌为"漂亮"，对于故事为"感人"，对于演出为"精彩"，对于艺术为"高超"。只有根据不同的对象运用不同的词语，才能使言谈内容给人以清晰的美感。如果在形容上述事物的时候，你都笼统地用一个"好"字，说这个人人品怎么样啊？"好"。这个故事怎么样啊？"好"。这场演出怎么样啊？"好"。如果你的交往对象是我，我就会觉得你不是文学底蕴浅薄，就是在敷衍我，对我缺少应有的尊重。这样做，无疑会失礼于你的交往对象，造成交往和服务障碍，从而会影响交往和服务质量。

所以，我们千万不要小瞧用词准确的重要性。我们说，文字的张力要比画面的张力大得多。让我们把事物本质的、客观的东西用准确的词语淋漓尽致地表达出来，这不仅是对交往对象的一种尊重，也是对自我修养的一种尊重。并且，在尊重之余也充分地展示我们的思维能力和文化底蕴。

那么，怎样进行言谈训练呢？

1. 反复听演员道白与播音员播音；2. 反复练习朗读一些诗歌、散文和剧本片段；3. 反复练习用共鸣腔发音，训练声音圆润；4. 反复练习各种绕口令，训练吐字清晰；5. 请人指点或用录音机将自己的声音录下来，再放给自己听，反复进行比较和分析，改掉自己语音语调中不规范的部分，研究怎样使自己的语音语调变得更优美动听。

以上，我们从六个方面介绍了言谈规范要求，这是“有所为”的方面。做人做事是要“有所为”和“有所不为”的。所以，下面我来介绍一下“有所不为”的方面——言谈禁忌。

言谈内容禁忌

孔子曾经说，“不知言，无以知人也”（《论语·尧曰》）。既然通过一个人的言谈，便可以了解这个人，所以我们在言谈时就要把握好言谈内容的分寸，特别要把握好不该谈的内容。那么，哪些内容不该谈呢？

1. 不要谈论格调不高、情趣不雅的内容

比如，一些绯闻艳事，一些张家长、李家短的是非事，一些黄色段子和低级趣味的事。我们说，一个从不在背后议论他人是非的人，即便是素不相识的人最终也会走近你，把自己心里的话讲给你。道理很简单，因为谁都愿意跟让自己放心的人在一起。而且，不议论他人也等于抬高了自己，为自己的做人加分，从而会让人们高看你一眼。

2. 涉及个人隐私的内容不要谈、不要问

年龄、收入、婚姻、履历、健康等。有些人在日常交往中，总是哪壶不开提哪壶。比如，某人孩子的脚有点跛，他就对某人说，“我看你孩子

的脚最近跛得越来越厉害了”。大龄青年还没结婚，他见面就问，“你怎么还不结婚？”夫妻结婚后多年未生育，他就问，“你怎么还没有孩子？”两口子吵架闹离婚，他赶紧跑去问，“过得好好的怎么要离婚？”快退休的人，他见面就问，“您也快退了吧？”总之，对方不爱听什么，他就问什么；对方怕听什么，他就偏问什么，非得把对方问得不舒服才行。

2000年，我到深圳大学任教。每年假期都要回家乡探亲，经常遇到一个头痛的问题，就是一些亲朋好友见面总要问我，“听说深圳工资高，你在那儿每月挣多少钱”。个人收入属于隐私内容，尤其是市场经济，人们往往把个人的收入和能力联系在一起。你要说少了，他们会以为你的能力小；你说多了又怕他们心理不平衡。所以，我最怕别人问我这个问题。可是我越怕，他们越问，后来我只好迂回地回答说：“深圳遍地都是黄金，捡得我腰都直不起来了，你们也赶快去捡吧！”他们听我这样说以后，也就不好意思再追问了。

3. 有关国家和企业机密方面的内容不能谈、不能问

这个问题就不仅是言谈礼仪的问题了，更是职业道德问题。

言谈语言禁忌

言谈语言禁忌是指要切忌不说行话、粗话、脏话、口头语。

《弟子规》中说，“奸巧语，秽污词。市井气，切戒之”。古代圣贤早就告诫人们要戒绝奸巧之语、污秽之词和市井之气，这些语言与君子的儒雅之风是背道而驰的。可是，目前社会上却流行着许多行话、粗话、脏话。我从报纸上曾经看到过一篇批评说行话的文章。有一位老大娘要搭乘三轮车，问三轮车师傅到妇婴医院多少钱。三轮车师傅回答说两毛。老大娘听说两毛，一边上车一边说，“怪不得我儿子让我上街搭三轮车，太便

宜了，才两毛钱”。三轮车师傅一听，就知道老大娘没听懂他的行话，赶忙说：“老太太，我说的两毛可是两块啊。”老大娘一听就着急了，忙说：“两块钱，你为什么说两毛？我可是冲着两毛钱坐的！”师傅说：“两角钱我可不拉您，下来吧。”老大娘说：“我既然上来了，就不能下去了。”三轮车师傅见她不下来，就与她争执起来。这时，围过来一些看热闹的人，大家都帮着老大娘说三轮车师傅：“一个老人，你跟她说什么行话呀！”三轮车师傅见自己今天遇着硬茬了，只好硬着头皮把老大娘拉到妇婴医院。

其实，现在不仅一些行话充斥于人际交往中，像一些粗话、俗话、脏话也日益增多而成为口头语。什么老板、老板娘、哥们儿、姐们儿、靓仔、靓女、小妞、老娘、姑奶奶、老公、该死的、挨千刀的、狗日的等。

如果说这些口头语还不具备普遍性，那么，最具普遍性的一句口头语就是我们的“国骂”。

有这样一个视频教育短片，讲述三位外国人来到中国乘车的故事。

车上一共坐了五个人，其中有三位外国人，一女二男。另外，还有一位中国女翻译和一位中国男司机。行驶途中，一位行人违反交通规则横穿马路，司机为了躲他，在急刹车的同时，随口扔出了一句“傻 ×”。外国小姐赶忙问女翻译：“小姐，刚才司机先生说的话是什么意思？我们到中国后，到处听到这句话，你能教教我们吗？”女翻译一时不知如何回答。司机就问女翻译：“他们说什么？你怎么不接话呢？”女翻译生气地说：“还不是怪你，她问你刚才说的那句话是什么意思，我怎么回答？”司机毫不犹豫地说：“你就告诉她是‘好极了’‘棒极了’的意思。”女翻译一时也是急不择言，不假思索地说：“这句话是‘好极了、棒极了’的意思。”外国小姐一听忙说：“多么美好的语言啊！”于是，她在那儿一句一句地学着说。

到达目的地，三位外国人下了车，看到旁边有一位老大爷卖烤地瓜，那位外国小姐就走上前去买了几个烤地瓜。她买完之后就吃起来。这时，卖烤地瓜的师傅就问：“小姐，味道怎么样？”外国小姐把大拇手指一伸说："傻 ×。"卖烤地瓜的师傅听到她说这话，一下子就惊呆了，但稍微沉思后，似乎悟到了什么，忙说："小姐，您真没白来中国。"

看完这个故事，大家千万不要一笑了之。女人是人类的母亲，母亲这个称呼是女人最高的荣誉，是世界上最伟大的称呼。但是，我们却把自己的生命之门当作发泄个人愤怒的口头语，整天开口闭口地说，能对得起自己吗？

人类社会已经进入 21 世纪。现在是什么时代？是文明时代，是审美时代。中国有一句古话，也是我们中国传统文化的精髓叫作"天人合一"。即，人要与自然和谐相处、人要与社会和谐相处、人要与人和谐相处。可是，我们却整天开口闭口地有意识无意识地随时、随地、随口、随意地扔出这句"国骂"。我们的文明在哪里？我们的和谐在哪里？我们的美又在哪里？

言谈方式禁忌

言谈方式禁忌，是指言谈要禁止盘问式的提问、刨根问底式的追问、转移话题的质问、不信任的反问与简单直接的拒绝。

1. 禁止盘问式的提问

在人际交往中，有的人往往喜欢打探别人的隐私。打探别人的隐私，本来在言谈中就是大忌，可又偏偏不注意言谈的方式，经常用盘问的方式，使对方很反感。

我在深职院任教期间，有一次应海航集团的邀请为其做礼仪培训。回来后，有一位外聘老师就来问我："听说您去海南讲学了？"我说："是啊！"她问："您什么时候去的？"我说："上星期。"她问："什么时候回来的？"我说："前天。"她问："一共去了几天？"我说："一个星期。"她又问："怎么去的？"我说："坐飞机去的。"她问："学校给报销机票吧？"

我说："海航免票。"在这样一问一答中，我越来越觉得她像法官审问犯人似的，开始有点反感了。后来，她又问我通过什么途径去的，我才明白她盘问我的目的是她也想去海南讲学，想搜集点信息。对此，我很理解。可是，理解之余我却感到这种盘问式的问话方式太直白。谈话不在于说什么，而在于怎么说。用这种直白的盘问方式会引起交往对象的反感，不仅达不到交谈目的，而且还会降低个人的素质，从而影响个人的交际形象。

2. 禁止刨根问底式的追问

有一次，我陪一位朋友看楼盘。售楼小姐问我："请问，您在哪儿工作？"我说："我已经退休了。"她问："您在哪儿退休的？"我说："学校。"其实，我这两个回答，售楼小姐就应该明白，我不愿意告诉她更多的信息，因为又不是我买楼。再说，我们就是随便看看，只是一般的交往，没有必要告诉她那么多的个人信息。可是，这位售楼小姐却又刨根问底地追问"什么学校"，非把我逼到死胡同里，让我无路可走举手投降。用这种言谈方式为客户服务，势必会引起客户反感，从而影响服务质量。

3. 禁止转移话题的质问

《雍正王朝》热播期间，有一次返校，我们几位同事凑到一起谈论起这部电视剧。我们聊得兴致正浓，有一位同事凑过来，突然来了一句"哎，听说今年大白菜挺便宜的，才 5 毛钱一斤，你们买没买？"我们谈意正浓的话题，被突如其来的质问赶跑了。你看看我，我看看你，谁也没吱声，十分扫兴。所以，谈话一定要察言观色。当大家谈兴正浓时，不能冒昧地随便插话、质问而转移话题，以免失礼于在场的人。

4. 禁止不信任地反问

有一些人在与人交谈时，总喜欢采取反问的言谈方式，比如，"真的吗？”“这是真的吗？”“果然是真的吗？”“这真的是真的吗？”“我怎么不知道啊？”等等。这样的反问几乎成了口头语，随时、随地、随意地滥用，让人感到他对你说的话不相信或怀疑，从而会伤害你的自尊心。

5. 禁止拒绝别人时简单地说“不”

在人际交往中，我们在拒绝他人的邀请或请求时，千万不能伤害对方，要委婉地拒绝。例如，“这项任务，我恐怕难以胜任，我给您推荐一个比我更合适的人选，您看他行不行？”这么说体现了你对对方的尊重和为对方着想。或者，“我对这件事非常有兴趣，但是，最近手头有太多的事情要做，等做完了手头的事情我再联系您，您看行不行？”让对方知道你不是不想做，而是出于无奈无法做。再如，有人求你帮忙办事，欲拒绝时可说，“你很优秀，但这件事已经有人选了，而且这件事也不太适合你”。先用赞美开头，让对方的心理防御能力降低，然后用正当理由拒绝。总之，在拒绝别人的请求时，要尊重对方，不要使其自尊心受到伤害。

言谈音量禁忌

我国著名学者梁实秋先生曾经说过这样一句话，“一个人大声说话是本能，小声说话是文明”。西方的一位礼仪专家在为一位外国首领设计形象时也说过类似的话，“声音低些，再低些”。由此可见，谈话音量对于一个人的文明形象是多么的重要。

在日常交往中，说话声音适当地放低可以体现出一个人的修养。我自己就有这样的深切体会。我退休后，在所居住的小区业主委员会做公益工作。组织小区的文化娱乐比赛活动时，小区物业服务中心向我推荐一些业主参加。当介绍其中一位业主时，工作人员无意识地说这位业主说话嗓门大。就这个嗓门大的介绍，让我想象着这位业主一定是修养有所欠缺的家庭妇女。没有想到见面后，这位业主却是有一定素质和修养的职业女性。

此事不由得让我感慨不已。生活中，人们往往把大嗓门说话与缺乏修养等同起来。可以设想，如果一个相貌抢眼的女孩，在公共场合说起话来大嗓门、高音调，一定会令她身边的男孩望而却步的。同样，一个企业的员工如果在职场上、工作岗位上用大嗓门、高声调说话，那么，我们从这个细节上就可以看出该企业的管理水平和企业文化的层次不会太高。

著名的蒙牛乳业集团创始人牛根生先生，在他的企业里就提倡每位员工在工作岗位上都低声说话。他说，中国有一句古话叫作“君子量大，小人气大”。大家都愿意当君子，唯恐高声调、大嗓门说话被当成小人。由此可见，与人交谈不要高声调、大嗓门，不仅是个人交际形象的需要，也是企业文化和环境文明的需要，更是社会和谐的需要。

言谈速度禁忌

言谈速度禁忌是指言谈速度不要过急或过缓。《弟子规》中说，“凡道字，重且舒。勿急疾，勿模糊”。这两句话的意思是，说话要从容、镇定，不仅发音吐字要有力、舒缓，而且切忌过急和模糊，让人无法与之沟通。

言谈速度如果过快，会使交往对方听不清你说话的意思，从而影响沟通效果。我有一个亲戚，听他说话时，简直就像听机关枪扫射一样，“嘟嘟嘟嘟”令人应接不暇，觉得神经都处于紧张状态，紧张之余不免感到对方欠缺成熟和稳重。反之，言谈速度过于缓慢，会使对方着急，感到与你沟通太费劲、太困难。我就曾遇到过这样的人，说话那个慢呀，半天挤不出一个字。把我急得干脆跟他开玩笑说，跟你说话太累，不跟你说了。因此，言谈速度一定要适中，不能太快或太慢，以免影响个人的交际形象，同时，也确保言谈内容清晰、准确和顺畅。

言谈举止禁忌

言谈重要的是内容，但是对于言谈时的态度也是不能忽视的。《荀子·大略》中论述道："言语之美、穆穆皇皇。"即言谈之美在于谦恭、和气、文雅。并且规定，"不失足于人，不失色于人，不失言于人"。即，不在行为上失礼，不在态度上失礼，不在言语上失礼。由此可见，言谈态度在人际交往中的重要性。言谈态度实际上又与言谈举止有密切联系。因为一个人的言谈态度除通过他的语气、语言来表达外，还能通过他的举止、行为来体现。因此，言谈中一些不规范的举止一定要改正。

例如，与人交谈时不要左顾右盼、目光游移不定、心不在焉；不要总是打哈欠或一个劲儿地揉眼睛，甚至打瞌睡、伸懒腰；不要不停地看手表、问时间，等等，以免给人一种不尊重人、不真诚、消极随便的印象，而失礼于交际对象。

又如，与人交谈时，不要不断地把玩手指、把玩物品、或整理头发、摆弄衣服，以免有掩饰自己卑微慌乱态度的嫌疑。从而使对方不信任自己，低估自己的能力，影响个人的交际形象。

再如，与人交谈时，不要有一些张狂的举止，如摇头晃脑、瞪眼盯人、白眼瞥人、大笑狂笑、指手画脚、手舞足蹈等。这些张狂的举止容易给人一种傲慢的印象，伤害对方的自尊心，从而影响交往效果。

还如，与人交谈时不要一边交谈，一边咀嚼食物；一边交谈，一边看电视或阅读报纸；一边交谈，一边打电话；一边交谈，一边锻炼身体等。这些有不值得为对方排除一切干扰嫌疑的目中无人的举止，会给人一种冷漠的印象，伤害人的自尊心，同样失礼于交往对象。

最后，还要注意与人交谈时不要有一些不文雅的举止。例如，擦眼屎、挖耳朵、掏鼻孔、打喷嚏、打哈欠、打瞌睡、打饱嗝、伸懒腰、吃东西、剔牙齿、挠痒痒、剪指甲、换袜子、擦皮鞋，等等。这些不文雅的举止不仅传递了不尊敬对方的信息，在污染环境的同时也污染了个人的交际形象。

以上，我们从“有所为”的六个方面和“有所不为”的六个方面介绍了言谈礼仪。大家千万不要小瞧言谈礼仪的运用。声调传递感觉，语言表达力量，措辞决定命运。一席得体的言谈可以勾勒出一个卓越的整体，因为最能体现一个人的素质和文化底蕴的是言谈。让发自于肺腑，传递友爱，彰显品位，体现教养，蕴含文化的礼貌语言、甜美声音、清晰吐字、标准普通话、柔和语气、准确用词，在塑造一个人的美好形象中，充分地发挥它们举足轻重的作用，让礼貌、文雅的言谈成为礼仪文化大花园中一支光彩夺目、永不凋谢的奇葩。

第七部分

着装礼仪素养

莎士比亚说过，服装往往可以体现人格，一个人的衣着就是其自身修养的最形象的说明。

中国民间也有这样的谚语，“人靠衣服，马靠鞍”“佛要金装，人要衣装”。

在人际交往中为什么要树立着装的礼仪意识？怎样才能把对美的感受、对美的热爱、对美的追求、对美的创造以及对他人和对自己的尊重，通过着装打扮，淋漓尽致地表现出来呢？

我曾经经历过这样两件事情。

在20世纪80年代初期，辽宁省召开全省食品工作会议暨辽宁省食品协会成立大会，出席人员是全省十几个城市的商业局局长和卫生局局长。当时，组委会给了相关专业的高校一个代表名额，这个名额有幸落到了我的头上。

会议地点在沈阳的辽宁大厦。我家在本溪市，离沈阳很近，于是我就借开会的机会，提前一天回家看看。临走时，家人非要给我带点东西。因要去开会携带不方便，我执意不肯拿。于是，妹妹就顺手拿了一个洗得很干净的帆布口袋，把东西塞进里面扔到车上。

当我提着帆布口袋（可以看作服饰的一部分）来到辽宁大厦门口时，却被门卫拦住了。门卫再三盘问我，一边盘问一边盯着帆布口袋。这时，我感觉像被什么东西刺了一下似的，忽然意识到，出入这种场合的人是不应该拎着这种帆布口袋的。虽然后来门卫放行，但这件事却成为我一生中最尴尬的事情，使我至今难忘。

另一件事情是我参加一位年轻同事的婚礼。婚礼上伴娘穿一身鲜艳的红色套裙，非常漂亮。当时，在场的人都以为她是新娘，不约而同地都将目光集中到她的身上，她感到很尴尬，忽然意识到自己这身打扮太招摇了，好像在这种场合下，只有新娘才能穿得如此鲜艳，否则就会喧宾夺主了。

这两件事情都是我亲身经历的，虽然表面殊异，但它们却有着内在的联系。那就是为什么在提倡艰苦朴素的年代，衣着寒酸反而会遭人白眼？在提倡个性的年代，伴娘的衣着鲜艳又会遭人讪笑和非议呢？答案很简单，其根由只有一个，就是“只重衣衫不重人”的传统观念在人们心目中根深蒂固，以至于历经世事沧桑，时代更换，也难以撼动它。

为什么会有这样的传统观念呢？因为着装能够传递信息。

我当了多年的教师，也经常看到这样一些着装传递信息的现象。例如，有的学生穿着休闲背心、裤衩，甚至有的还穿着拖鞋来教室上课。他们的着装打扮向老师传递了什么信息呢？无非是传递了他们不尊重为他们传道授业解惑的老师，亵渎了传授知识的神圣场所，缺少自尊自爱。

着装除了能传递信息外，还能表达情感。

我曾经看过这样一则报道。国内有一家效益非常好的大型企业厂长，有一天，他在车间参加生产劳动，一家跨国公司副总裁不期而至。为了表示欢迎，连黏满油污的工作服也没来得及更换，便驱车赶往机场迎接。可是，这位跨国公司副总裁却满脸不高兴，并对有关人员表达了这样的意见，“一位连自己的着装都管理不好的厂长，怎么能管理好一家大企业呢？”其实，这位副总裁是在找这位厂长的茬儿，因为他从这位厂长的着装中，感到自己没有受到应有的尊重。由此可见，着装在传递情感和态度方面是多么的重要。

那么，为什么会出现以上这些现象呢？究其原因，主要还是人们缺少对着装礼仪的了解。先贤孔子曾经说过：“见人不可以不饰。不饰无貌，无貌不敬，不敬无礼，无礼不立”（《大戴礼·劝学》）。孔子在这里所说的饰，应该是广义的，也包括着装打扮，而且孔子在这里主要是指着装打扮。孔子一个最得意的弟子子贡，有一次去吊丧，由于走得太急，事先忘了修饰仪容，到大门口时，守门人认不出他，以为是一个不修边幅的陌生人，便不让他进去。这时他方才意识到自己的衣着有失体统，便跑到附近的一个马棚里修整容貌，然后再到门口，请求通报。守门人此时终于认出了他，这才让他进门。

还有，我国著名科学家钱学森家里的炊事员对钱老的儿子钱永刚曾经说过这样的话，“你看你父亲每次下来吃饭都穿得整整齐齐，从来不穿拖鞋、背心。这是他看得起咱、尊重咱”。从此以后，钱永刚也像父亲一样，穿戴整齐，尊重他人。由此可见，在与人交往时，注重着装打扮，是可以表达对他人尊重的。

上述例子中，无论是圣人的教导，还是古人的故事，以及名人的身教，都说明了着装是一种多功能的社会现象折射，它不仅具有大家所知道的防护性和装饰性，而且还具有为大多数人忽略的礼仪性。

在这方面，大文豪莎士比亚曾经说过，“服装往往可以表现人格”“一个人的衣着就是其自身修养的最形象的说明”。著名的意大利影星索菲亚·罗兰也说过，“你的服装往往表明你是哪类人，它们代表着你的个性。一个和你会面的人，往往会自觉不自觉地根据你的衣着来判断你的为人”。我国民间也有这样的谚语，“人靠衣服，马靠鞍”“佛要金装，人要衣装”“三分长相，七分打扮”。还有人说，“服饰左右着你的成就”，又说，“对于一个企业家来说，西装就等于您的名片，等于贵公司的徽章”，等等。

着装何以有这么大的作用呢？这是因为从本质上讲，着装是着装者基于自身的文化教养、阅历、经验，对于构成服饰的颜色、图案、面料、款式等诸种元素在穿着上的不同理解而进行的不同规则的组合，然后形成了着装的外观，进而给他人一种感受。也就是说，人们可以通过着装传递自己的信息和情感，这是一种不用语言便能向外界表达你的个性的方法。

因此，服饰是一个人最显眼的文化标志。完全可以这样说，人的优美品性，虽然不能完全直接显示在着装上，但在整洁、端庄、朴实、大方的着装上，却折射出一个人的礼仪素养。换句话说，一个注重着装的人，一定会给他人留下良好的第一印象。因为他通过着装传递了对他人的尊重，表达了自己爱美、敬人的情感。

这就是说，我们穿在身上的衣服，是我们的性格、教养、生活方式以及人生态度的体现。如果说，一个注重衣着打扮的人，向人传递了他有精力、有财力、有时间来修饰自己，过得从容，活得精致的话，那么，一个衣着优雅得体，修饰精致的人，除此之外，还传递了自身的气质、风度和高品位的审美格调。如果一个女人无论在任何场合都衣着优雅、妆容精致，就表示她没有被生活打败，活出了自己的韵味，同时也体现了她丰富的阅历、强大的内心和高雅的审美品位。

着装也有文化差异。不同国家、不同民族，由于存在着不同的文化，都有着自己的民族服装。例如，伊朗人的大袍、印度人的纱丽、东南亚人的沙龙、日本人的和服、中国人的旗袍以及中国傣族人的裹裙，等等。

由此，我们也可以看出，在人际交往的着装中，同样蕴含了一个人的道德修养、审美修养和文化修养，而这些都是交际中着装的礼仪意识。

那么，在人际交往中什么样的着装才是规范的呢？

和谐得体的着装是规范的着装。下面，我从“有所为”和“有所不为”两个方面来谈一谈着装规范。

从“有所为”方面，我把着装规范归纳为“四个四原则”。

“四个四原则”分别指“四适应原则”“四符合原则”“四协调原则”“四要原则”。

四适应原则

“四适应原则”是指着装要适应民族文化、要适应时代特征、要适应

所处环境、要适应季节变化。

1. 着装要适应民族文化

服装是一种文化，因此，必定要受到民族文化的影响。说起我国的民族服装，可以说是独具风采的。例如，我国的旗袍在世界上就是独一无二的。做工精细、面料考究、多姿多彩的旗袍，典雅、端庄、持重、大方，被尊为中国的国粹。它承载了中国的传统服饰文化，体现了民族风韵，蕴含着个人修养，传承着中国女性的端庄与美丽，演化为天地间一道绚丽的彩虹，美得不可方物。

旗袍的美，在于它的束腰，把纤腰笼于缎中，让臀部紧裹于袍下，让女性体态的曲线美充分地显示出来。与西方各民族服装比较起来，突出了含蓄、保守、中庸的特点。这种特点，主要在于它的高领、盘扣、开衩的独特设计。

旗袍的开衩，除了便于行走外，还让女人的肢体美或隐或现、朦胧含蓄，最大限度地张扬女性身体的美感，在顺应了人们尚美需求的同时，也突出了中庸与含蓄的中华民族传统文化的审美观念。旗袍之所以采用这种把身体包裹得紧紧的高领、盘扣、开衩的独特设计，主要是由我国的传统民族文化决定的，因为中国的传统服装适应了等级森严的需求。因此，我们的着装，特别是正式场合下的着装就要适当地保守一些、含蓄一些、中庸一些。如果在正式场合，穿着欧美式的“前袒后露”的女式大礼服，就会与中国的民族文化格格不入，你自己也会因为这种格格不入而陷入尴尬境地。

在这方面，我是有一些体会的。

我出生于山东，小学六年级时离开济南来到东北。山东是孔子的故乡，孔子一向提倡保守、中庸的着装风格。可能是从小受到这种传统观念的影响，我崇尚这样的一种着装原则——既不土气，也不洋气；既不愚昧无知，也不过分花哨；既不一塌糊涂，又不奢侈腐化。这实际上就是一种中庸的着装原则，使得自己无论出入任何场合，既不给人一种招摇刺眼的感觉，也不给人一种不屑一顾的感觉。

在这种着装原则指导下，我的着装基本上得到了周围同事的肯定。我想，主要是由于这种着装风格顺应了我们民族含蓄、中庸的审美观念，他们才肯于在心理上接受的。

2. 着装要适应时代特征

服装是一种文化，必定要受到时代文化的影响，不同时代都有不同的服装。例如，我国秦汉时期最流行的是峨冠博带，清代最有代表性的是瓦盆鞋，民国时期人们都穿长袍马褂，新中国成立后流行双排扣的列宁服，“文革”期间不论男女老少，则清一色的灰制服、蓝制服、黄军装。而现在，这些都“故人已乘黄鹤去”了，随着改革开放的深入发展，我们的服装也发生了显著的变化，率先打破了千人一面的统一规范，向着多样化、个性化的方向发展。可是，无论怎么多样化、个性化，都应与时代前进的步伐大体上保持一致。如果你背离时代的审美，身着另一种复古或超前的奇装异服，就会有悖于时代的审美，被认为是“离经叛道”而有伤大雅。比如，一个人甩着宽大的衣袖，脚上蹬着瓦盆鞋，穿戴着凤冠霞帔出现在交际场合，如果不是为了拍电影的需要，人们不认为他是疯子才怪呢，更不用说得到他人的信任了。

我在深圳工作期间，还真发现有类似上述情况的一家餐馆。他们的服务员站在门外招揽顾客，全都穿着“文革”时期的黄军装，头戴黄军帽，肩上挎个黄背包，胳膊上都戴个红袖标，胸前都佩戴着毛主席像章，女服务员都扎着两条小辫子。乍一看到这种情景，久违了的“红卫兵”三个字突然出现在我的脑海中。我好奇地走近，看看他们戴的红袖标上写的是什么，原来是“为人民服务”五个字。这身着装，除了红袖标上的“红卫兵”

三个字被“为人民服务”五个字代替外，都与当年的红卫兵一样，让人感觉怪怪的。当然，老板也可能有自己独特的经营理念，出于生意的需要，人们也见怪不怪。但是，如果穿着这身“文革”时代的装束去参加交际活动，就会引来人们惊奇的目光，与时代的发展就不那么和谐了。

3. 着装要适应所处环境

人的一生所处的场合不外乎公务场合、社交场合和休闲场合。与之相对应，人们的活动地点也不外乎工作场所、公共场所和家庭居所。当一个人出现在不同地点、不同场合时，其穿着一定要与所处的环境相适应，否则就会影响自己的形象。

例如，大家都知道西装庄重，可是，如果你穿一身西装去保龄球馆打保龄球，还能显示出西装的庄重吗？恐怕不但不能显示出西装的庄重，而且还会使你受到约束。

红色，在我国很受人们的喜爱，代表喜庆、吉祥。但是，如果你穿一件红色衣服或系一条红色领带，甚至还涂着红嘴唇参加追悼会，还会受人欢迎吗？恐怕不仅不会受人欢迎，而且因对逝者和家属的不敬会引起非议。

再如，演员在舞台上演出时穿袒胸露背、灯笼袖的大裙子，看起来很美。可是，如果她穿着这身行头去商店购物就会显得不那么和谐了。

又如，西装除了庄重外还给人以潇洒之感。可是，如果穿一身名牌西服去菜市场买菜，当菜贩子抬高菜价时，你还潇洒得起来吗？

因此，着装一定要与自己所在场合相适应，否则，不仅有损于自己的形象，还会破坏和谐氛围，遭到不容与排斥。

在这方面我也深有体会。我在东北工作期间，工作场合一年四季都离不开裙装，这当然与我讲礼仪课有关。后来，我到深圳工作，仍然保持这种着装习惯。周围要好的同事对我说，他们也知道我这身打扮好看，但穿脱不太方便，冬天还要套薄毛裤太麻烦。所以，她们宁可穿简单、随便的衣服，也不愿着裙装。听了这些话，我也没往心里去。有一次，新年聚餐，一位青年教师端着酒杯一边向我敬酒一边对我说："曲老师，您是计划经济下的最后一位淑女。"

这话说得有点儿模糊，但我联想到以前那位好朋友对我说的话，突然顿悟了——那就是我的着装风格与周围的环境不和谐了。同事们的着装真的都很简单，不知是与深圳的快节奏高效率生活有关，还是广东人就是这种着装风格？总之，他们很少着裙装，一般都穿 T 恤衫、牛仔裤。

其实，深圳大学的教师，绝大部分都是从内地过来的。可是，他们却对我这个比他们后入职的教师的着装看不顺眼了，这说明他们的着装已经适应了当地的生活环境，而我的着装却与当地的环境格格不入，这就不能不让他们对此有一些善意的微词。

那么，各种场合的着装有哪些规范要求呢？

概括地说，公务场合应当保守、庄重；社交场合应该个性、时尚；休闲场合应该舒适、自然。

具体地讲，公务场合包括工作场合和一些庄严、隆重的外事、会议、谈判、庆典、盛大宴会等公务活动场合，着装一般为深色西服套装（女士为西服套裙）、深色中山套装和深色制服套装。这不仅会显得正规、严肃，表示对客人的尊敬，而且，也是企业形象设计中视觉识别的一项重要内容，以增强员工对职业的责任感和自豪感，衬托环境，烘托气氛，表现了一种企业文化，反映了企业的精神风貌和管理水平。公务场合不能穿新潮浪漫的时装，以免有"招摇"之嫌。当然更不能穿便装，以免太随便。

社交场合包括各种聚会、拜会、舞会、宴会和音乐会等一些场合，着装一般应该选择时装和民族服装。如旗袍、唐装或者是礼服、中山套装、西服套装和西服套裙等。不能穿工作制服、行业服装。因为社交是件放松心情，愉悦彼此的事情，不要用行业工作服的色彩来破坏大家的情绪。

休闲场合包括居家休息、健身运动、观光旅游和游览购物等一些公共场合，着装应为休闲装、运动装、牛仔装，而不能穿西服套装、中山装、制服等，以免受其约束或给人以郑重其事之感，与环境显得不协调。

4. 着装要适应季节的变化

大自然总是不以人们的意志为转移，春花飘香，夏木繁荫，秋霜高洁，冬雪舞絮。因此，作为具有防护功能的服装，一定要与四季的节气相适应。春季、秋季的气候不冷不热，着装的余地可大一些。但是，冬夏两季的着装一定要有季节意识。例如，夏季有人出于经济考虑，穿一些透气性能差的，便宜面料制成的服装或者出于美观穿一些褶皱过多、色彩浓重的服装，不仅使人炙热难忍，而且汗流满面，容易影响女士面部的化妆效果，从而形成残妆，影响交际形象，同时也失礼于在场的交际者。因此，夏季着装一定要选择透气性能较好的纯棉、真丝、纯麻或棉麻混纺的面料，颜色以不易吸热的浅色为主，款式宜简单，褶皱花边不宜过多。

反之，冬季的着装则要考虑保暖。但随着改革开放的深入，当今社会人们的着装观念发生了很大的变化，冬季着裙装的人越来越多，色彩也越来越丰富，与大自然交相辉映、五彩斑斓。但是，与此同时一定要以保暖为前提，千万不能为避免“臃肿不堪”，宁要风度，不要温度。只为形体美观而使着装太单薄，从而冻得嘴唇发紫，小脸铁青，且不说让身体大受苦头，就是那原本美丽的尊容也会冻得大打折扣，从而影响自己的交际形象。

四符合原则

“四符合原则”是指着装要符合性别、符合年龄、符合身份、符合职业。

1. 着装要符合性别

着装要符合性别，是指男女由于性别不同，应该有不同的着装，这也是对大自然造物的一种适应。可是，近些年来由于受到国际服装新潮流的影响，服装的性别差异有所变化，许多服装不分男女，更有一部分人崇尚女装男穿，男装女穿，而且已经成为一种时尚。然而，在职场及各种正式场合，是绝对不能追随这种潮流与时尚的。我们必须明白，这种时尚并非服装的主流文化，其尝试者也大多为艺术界人士，而着装场合也大多为非正式场合。事实上，即使在着装高度自由的西方国家，正式场合仍然须遵守着装规范。例如，男士不得在工作时着花衬衫，女士应着裙装。迄今为止，服装的“性别中性化”的倾向，仍旧未被社会的主流文化接受，因而登不了大雅之堂。

2. 着装要符合年龄

着装要符合年龄，是指不同的年龄对着装有不同的要求，着装时千万不能忽略了自己的年龄。如果不分老少，什么衣服都可以套，那么试想，一个上了年纪的老女人，上身穿一件袒胸露背的上衣，下身穿一件超短裙，出现在人们视线中，那情景将会是多么的“目不忍睹”啊！

一般来说，老年人的着装风格应该庄重大气，追求着装的舒适、便捷、雍容和高贵；中年人的着装风格应该稳重端庄，追求着装的文化和品位；年轻人的着装风格应该活泼靓丽，追求着装的美观、大方。

3. 着装要符合身份

着装要符合身份，是指不同的身份对着装打扮有不同的要求，着装时不能忘记自己的身份。当然，我们这里说的着装是广义的，它不仅包括服装，也包括饰物。例如，一位男士领导者，身上佩戴了许多钥匙、小刀之类的挂件，就会影响自己的形象。一位企业老板，穿上千元甚至上万元的名牌服装，看起来很和谐，因为这是他身份的象征。可是，如果一位还未走出校门的学生，穿价格不菲的高档服装，恐怕就不那么和谐了。

4. 着装要符合岗位

着装要符合岗位，是指不同的工作岗位对着装也有不同的要求，着装时要考虑自己的岗位。比如，从事演艺职业的人由于工作需要，在舞台上可以穿得很前卫，可以穿袒胸露背的衣服，可以用珠光宝气的大耳环、项链装扮自己。但是，对于宾馆、饭店的服务人员来说，就不能在岗位上如此装扮自己，要求一律穿岗位工作服，不能佩戴饰物。因为如果你把自己打扮得如此艳丽、高贵，就会喧宾夺主，同时也会让客人感到你不可能为宾客提供很好的服务。

再比如，教师在教室上课时，也不能佩戴很多饰物。说到教师职业，我就想到自己对教师修饰打扮的一点体会。我是教师，同时也是女人，同大多数女人一样热爱美、追求美，喜欢佩戴戒指、项链、手镯之类的饰物。可是，一想到自己的职业，我就会忍痛割爱。尤其是在课堂上，我从来没佩带过首饰，直到我退休之后，才把这些首饰拿出来戴上，以释放自己压抑已久的爱美天性。有人会说，难道教师就不能爱美吗？不是说教师不能爱美，而是在课堂上如果打扮得过分标新立异，就会分散学生的注意力，影响学生的听课效果。因此，作为学生学习榜样的教师，着装应该保守、含蓄、中庸、大方一些。

四协调原则

服装让女人美丽，是烘托女人气质的重要部分。服装的美不在于本身，而在于相互碰撞出火花的协调搭配。

四协调原则，是指着装要与肤色协调，要与身材协调，要与体形协调，要与整体协调。

1．着装要与肤色协调

着装要与肤色协调，实际上是指着装的颜色与肤色协调。

生活中有很多人对着装颜色的选择概念和方法不太明确，常常在模棱两可的情况下，一味地购买自己喜欢的颜色，以至于无法穿出美观的效果。要知道，自己喜欢的颜色不一定是适合自己的颜色。那么，如何选择适合自己的颜色呢？最简单的方法就是将面料贴近脸庞，在镜前与自己的肤色比较一下，能使自己的面部呈现出明朗、有光彩的气色，就是适合自己的颜色。反之，如果使脸色看起来灰暗无光，就表示该种颜色不适合自己。

一般来说，白皙的皮肤对服装颜色的选择余地较大，色彩不论明暗、深浅都可以，尤其是黑色衣服，会使白皙的皮肤显得更白。例如，俄国大文学家列夫·托尔斯泰为他的著名小说《安娜·卡列尼娜》中的主人公安娜·卡列尼娜设计的一身黑色天鹅绒长裙，把她那洁白如玉的皮肤衬托得更加美丽，使得小说发表后，圣彼得堡的妇女们都争相仿效。但是，对于皮肤颜色较深的人来说，则不宜选用黑、紫、褐、红等深颜色，这样会使皮肤显得更黑。也不宜选择浅色，这样会形成明显的反差。宜选择中性色彩的服饰，这样可以在整体审美上收到良好的效果。

2．着装要与身材协调

着装要与自己的身材协调，主要是指着装的款式与身材协调。

人的身材有高矮之别，上下身的比例也往往是不一样的。有的人上身长一些，有的人下身长一些。因此，在选择着装的款式上应有所区别。一般来说，上身长、下身短的人不能着长上衣、短下衣，而应着短上衣、长下衣；下身长、上身短的人不能着短上衣、长下衣，而应着长上衣、短下衣以弥补身材比例的缺陷。例如，曾经有一段时间，社会上流行一种长上衣、超短裙的服装，很漂亮，很时尚。但是，如果是上身长下身短的人就不能追求这种时尚，否则就会显得不协调。

我自己就有这种切身的体会。我在深圳职业技术学院任教期间，在商场看中一套蓝色套裙，非常漂亮。由于喜欢，竟然没有考虑是否适合我的身材就把它买下来。后来，在学校举办的院文艺社团成立大会上，我穿着这身套裙代表受聘指导教师上台讲话，心想一定会很漂亮，可是当会后看到我在台上讲话的照片时，漂亮的套裙穿在我身上是那么的不协调，有点像小人国里走出来的一样。因为这身套裙的款式是长上衣和至膝盖的半短裙，而我的腿比较短，穿着这身套裙就与身材极不协调。

当然，对于身材比例不协调的人，我们也大可不必为自己的身材发愁，完全可以通过着装的款式来掩饰自己身材的不足，进而达到协调的着装效果。比如，像小腿短的人就不要穿小腿全露的裙装，可以穿长筒裙来掩饰自己不协调的身材，同样会取得很好的效果。

3. 着装要与体形协调

着装要与体形协调，主要是指着装的颜色、图案与体形协调。

人的体形有胖瘦之别，在着装上，什么样的体形选择什么样的衣服，是应该遵循一定的审美原则的。在这方面，鲁迅曾经说过，“人瘦不能穿黑衣裳，人胖不能穿白衣裳。脚长的女子一定要穿黑鞋，脚短的一定要穿白鞋子。方格子衣裳胖人不能穿，但比横格子还要好些。横格子的衣服胖人穿上，就把胖人往两边裂，显得更横宽了。胖人要穿竖条子的，竖条子把人显得长，横格子把人显得宽……”这是鲁迅在接见女作家萧红时，看到她的着装说的一段话。鲁迅虽然不是服装专家，但他说的这段话确实很有道理。

服装的颜色、图案在光的作用下，往往会让人在视觉上产生一种错觉，这对弥补和遮掩体形的某些不足是值得利用的。例如，浅颜色、大花、横格子图案可以给人以分散感，起到使面积扩展的作用；深颜色、小花、竖格子图案则给人以集中感，起到使面积收缩的作用，给人以苗条之感。因此，瘦体形者宜着浅色、大花、横格子图案衣服，以给人丰满感，不宜着深色、小花、竖格子图案的衣服，以免显得更瘦；胖体形者则不宜着浅色、大花、横格子图案衣服，以免使体形显得更胖，宜着深色、小花、竖格子图案衣服，使体形显得瘦一些。

4. 着装要整体协调

着装要整体协调，是指着装要与全身整体的穿戴打扮相协调，要符合和谐统一的审美原则。具体则是指在着装的颜色、图案、面料、款式的搭配中，讲究上衣与下衣的搭配，衬衣与外衣的搭配，衣服与鞋子、帽子、围巾、领带、袜子、背包、纽扣的搭配。比如说，你穿一套西服，却穿一双布鞋；或者你穿一身休闲服，却穿一双皮鞋；甚至你上身穿一件红色衣服，下身却穿一条绿色裤子；全身穿一套深色西服，脚上却穿白色袜子和白色皮鞋（在此顺便提一下，袜子的选择原则是不要去配鞋子，而要去配裤子）。这些不伦不类的搭配都会让人感到不协调。不协调则不顺眼，不顺眼则不尊敬。

那么，在具体搭配时应当怎样操作呢？

服装的搭配是很有学问的。在搭配中，服装颜色的搭配尤为重要。俗话说，先看颜色后看花。又说，没有不美的颜色，只有不美的搭配。说的都是色彩对服装搭配的重要性。一般来讲，相同颜色的搭配简单易行。使用较多的则是不同颜色进行的组合搭配。

下面，我介绍几种不同颜色进行搭配的方法。

①用亮度不同的同一种颜色搭配。

同一种颜色可以按深浅不同进行搭配，造成一种和谐的美感。搭配时，注意深浅颜色的衔接要有个过渡，并且要过渡自然。

②用相近的颜色进行搭配。

所谓相近的颜色，是指色系相近的颜色。如黄色与橙色，灰色与蓝色等。搭配时，应在纯度和亮度上有所不同。可一种颜色深一些，另一种颜色浅一些。比如，上衣浅一些，下衣深一些；内衣浅一些，外衣深一些。或者相反。

③对比颜色搭配。

一般来讲，两种对比很强的颜色不宜搭配（黑与白例外）。但如果搭配时在纯度和亮度上有所不同，还是可以搭配出既鲜艳而又不刺眼的效果。

④呼应搭配。

呼应搭配方法是指整套服装的颜色应上下呼应或内外呼应。例如，上身着蓝底白花外衣，下身可着蓝色裙子，内衣采用白色搭配。这样蓝白呼应，使人感到协调。

其次，服装的整体协调还要考虑上、下衣和内、外衣的图案、面料、款式的协调。实现这些协调可采取平衡、对比、对称、比例、和谐、节奏等法则。例如，上身着小花图案的衣服，裙子也要采用小花图案；上衣是毛料面料，下衣最好也是毛料的；上衣如果是西服，下衣也要是西裤。如果上身着西服款式的上衣，而下衣着萝卜裤或运动裤，就显得不那么协调了，从而破坏了服装整体的审美效果。

四个要原则

“四个要原则”是指着装要整齐、洁净、遵守惯例和有品位。

1. 着装要整齐

整齐是着装礼仪的基本要求，也是着装美的基础。整齐的着装既是尊重他人，也是尊重自己。

具体地说，穿着的衣服要平整，不能又皱又折像个叫花子似的。戴的帽子要端正，不能歪戴、斜戴，给人流里流气的印象。这里顺便提一下，帽子要戴端正，是因为帽子戴在头上不同的部位，会给人不同的感受。一般来讲，帽子戴得稍向后方，会让人感到俊俏，但欠庄重。戴在前方，帽檐向下，会让人感到压抑、阴郁。戴在中间，显得正派。所以，帽子一定要戴端正，以体现着装的整齐性。穿制服和中山装时要扣上领勾和所有纽扣，不能敞领和敞怀像个二流子似的。衣袖、裤脚的长度要适中，不要过长，拖泥带水让人感到不利落。比如，我们有些人，尤其是一些男士，穿裤子时，皮带总是不愿意系紧，以至于裤脚拖落着地，脚踝上面裤褶扎堆，给人一种拖泥带水不利落的印象。当然，也不要卷起衣袖、裤腿，给人一种粗俗的感觉。穿短袖衬衫则要将前后摆放入裤内，显得潇洒、精神。佩戴的首饰要简洁大方，不能眼花缭乱，杂乱无章等。

2. 着装要洁净

洁净是着装美的基本条件，也是对着装礼仪的基本要求。着装如果离开洁净，其礼仪性便无从谈起。洁净是指穿戴的衣服不能有污物、油渍和灰尘。如果一个人穿的衣服上有油污，衣领上“雪花飘飘”都是头皮屑，皮鞋上蒙有厚厚的灰尘，甚至眼镜都是“雾里看花”，那么无论他的衣服和鞋子的颜色多么好看，款式多么新颖，做工多么精细，品质多么高档，都会失去服饰的美感，在社交场合会被认为是失礼。

有一次，我为外地一家宾馆培训。培训前，宾馆老总陪我参观宾馆各个部门，所到之处看到员工都穿着整齐统一的工装很美观。可是，当走到餐饮部员工跟前时，却发现个别员工的衣服上有油污，衣领上有头皮屑。这一下子把原来在我视觉中产生的美感全破坏了。不仅美感破坏了，连他们餐饮部的卫生安全系数也在我心目中大打折扣，以至于当天晚上，老总为我接风时，我总担心饭菜不干净。如果我是宾客，无疑不会再来就餐。

3. 着装要遵守惯例

着装要遵守惯例，是指着装应遵循各类服装约定俗成的穿着规矩，不能随心所欲，为所欲为。例如，西装的坎肩，不许单件穿，要与西服配套一起穿；西服里面套羊毛衫时，领带要放在羊毛衫内，并且领带尖不要露在羊毛衫外；从室外进入室内参加活动，应脱下大衣、手套、帽子，放下公文包。脱掉的衣帽不要乱放，宜送到存放处或主人允许存放的地方；女士的纱手套、帽子、披肩、短外套作为礼服的一部分，可以允许在室内穿戴，等等。

4. 着装要有品位

着装要有品位，是指通过着装的艺术性和文化性体现出着装者的内在气质。

孔子在《论语 · 子罕》中说："衣敝缊袍，与衣狐貉者立而不耻者，其由也与？"意思是说，穿着破旧的袍子，与穿着狐貉皮衣的人站在一起而不以为耻辱的，恐怕要数子路了。子路这样做，正是体现出他内在朴实气质的文化自信和自尊。

当前，社会上有许多年轻人从头到脚穿名牌服装，尽管他们的西服是"皮尔 · 卡丹"，领带是"金利来"，皮鞋是"老人头""查理王"，皮夹克是"凯撒"，可仍然给人不上档次的感觉。为什么呢？因为他们缺少的正是与这种名牌服装相对应的气质。当然，我并不是反对穿名牌服装。俗话讲，"一分钱一分货"，但是，你必须使外在的品牌服装与内在的气质相协调，否则，穿在身上就体现不出服装的价值。

我长这么大，没有穿过高档名牌服装，因为我是工薪阶层，我要考虑我的经济条件。如果买一件高档衣服，我一个月的工资恐怕还不够。更主要的是，我觉得我不具备那种气质。我穿的衣服很少有两百元以上的，一般都在一百元左右，大多数在一百元以内。但是有一点，无论什么衣服买回来后，我都要按照我的审美标准修改一下。或改衣长，或改袖长，或改肥瘦，或改衣领。经过我修改后的衣服穿上以后，或多或少都能获得别人赞许。

我从自己着装中总结出，着装美并不在于服装价值，而在于着装的和谐搭配和着装的品位。现在有很多人，在着装上都愿意追赶时髦。其实，时髦的东西不一定都是美的，因为世界上没有完全相同的两片树叶。同样，也不会有肤色、体形、身材、高矮完全相同的两个人。一件衣服穿到此人身上很好看，穿到彼人身上就不一定有相同的效果。因此，我们一定要根据自己的肤色、身材、体形和整体效果来选择、搭配服饰。只有这样，才能穿出自己的个性，穿出自己的品位，穿出自己的特色，穿出自己的风度。

我们在了解了着装规范要求后，下面着重介绍一下在正规场合下，作为正装的服装——西装的穿着规范要求。

西装是正规场合下穿着的一种服装，潇洒是一大特点。但是，潇洒并不意味着西装的随意性。恰恰相反，其穿着是十分讲究的。因为与其他服装相比，西装的礼仪性更强一些。换句话说，穿西装更能体现出一个人的身份。因此，在穿西装时，要遵循一定的原则。

穿西装应遵循哪些原则呢？我把它归纳为“六个三原则”。

1. 三色原则

三色原则，是指正规场合穿西装时，全身的颜色不得超过三种（指三大色系）。一般来讲，上下身西服为一种颜色，衬衣为一种颜色（应着白色或单色），领带为一种颜色。如果选带条纹领带，其中有一种颜色应该

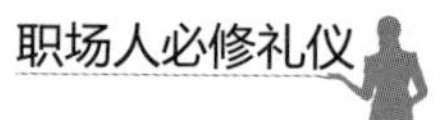

与西服或衬衣相同。

服装是一种形式美。构成服装美的因素不外乎颜色，面料、图案、款式四种要素。一个人会不会穿衣服，实际上就是会不会选择、搭配色彩、面料、图案和款式。在搭配中，服装颜色的搭配尤为重要，因为颜色是最大众化的审美形式。俗话说，“先看颜色，后看花”，又说，“没有不美的色彩，只有不美的搭配”。三色原则就是指构成服装美四个要素之一的颜色而言。

记得有一次，我在一个宴会上看见一位男士穿一件黑黄格子西服上衣和蓝色的西服裤子，里面配一件白、绿两种颜色组成的花衬衣，脖子上系了一条带条纹的领带，远远看去像圣诞树一样五彩斑斓、光彩耀眼。我好奇地数了一下，他全身的颜色已经超过了六种。这位男士不明白，一个人的着装美，不在于颜色的堆积，而在于颜色的和谐搭配。因此，看一个人的审美素质如何，只要数一数他身上的颜色就可想而知了。

2. 三个一厘米原则

三个一厘米原则，是指正规场合穿西装时，衬衣领应高于西装领一厘米左右，衬衣袖应露出西装袖口一厘米左右。这样，可以用白色衬衣衬托出西装的美观，而且，还可以避免过早地弄脏西装领口、袖口。还有一个“一厘米”是指西装裤带扣正好在髋骨上一厘米为好，以免使西装立裆的长度过长，影响美观。

3. 三个一律原则

三个一律原则，是指正规场合穿西装时，身上有三个部位要保持一个颜色，即皮带、鞋子、公文包（手袋）。一般来说要求为黑色，以显示西装的庄重和严肃。

4. 三个一类原则

三个一类原则，是指正规场合穿西装时，与西装配套的大衣和帽子不仅颜色要与西装一致，而且面料要与西装同类。

5. 三个切忌原则

三个切忌原则，是指穿西装不符合礼仪的地方。一忌西装袖口的商标没拆掉，这在国际交往中会被人耻笑。因为西装买来后，袖口的商标就完成了它的使命；二忌穿白色袜子，以免给人轻浮的印象，有失西装的庄重之感。当然，穿白色西装时可以破例；三忌穿便鞋，便鞋会与所着西装不和谐，使着装打扮不伦不类，从而影响个人的交际形象。

6. 三项注意原则

第一项注意，西装的衣袋要保持扁平。因为西装的上下衣袋只作装饰用，不可用来装东西，不然会使西装变形，影响美观和笔挺。

第二项注意，穿西装在隆重的场合必须系扣。如果坐下时，可以解开西服纽扣，站起来时必须再系好。平时场合，对于单排两个扣的西装，一般情况下可以只系上面一个，也可以两个都不系，显得潇洒，但不可只系下面的扣。这叫作系上是正规，系下是土气，不系是潇洒。对于双排扣的西装，则不宜敞怀穿。

第三项注意，西装作为一种礼仪性服装，其防护、御寒性就显得不太重要。因此，穿西装时，里面不要穿太多的内衣，最多里边可以穿一件紧身的薄羊毛衫、裤，以免臃肿而影响西装的笔挺。

穿西装一般要佩戴领带，特别在正式场合必须佩戴。由于领带处于西装翻领下 V 字区最显眼处，是人们视线最为集中的地方，对西装的美观起着重要的点缀作用，可以说是西装的灵魂。因此，领带的选择、结扎和佩戴规则格外重要。

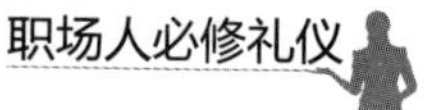

1. 领带的选择

领带的面料大部分是丝绸的，但也有化纤织物或毛织品。

领带的颜色多以黑色、红色为主。图案多是斜纹、纵文、横纹的条纹，其中以斜条纹图案较为广泛。这种斜纹领带可分英式、美式两种，区别在于斜条纹的走向正好相反。英式从右上斜到左下，美式从左上斜到右下，衣着打扮讲究的人很注意这一点。着英、法式西服应配英式领带，着美、意式西服应配美式领带，不宜相互错用。

领带的花色要与肤色相协调。肤色黑的人，不宜系色彩鲜艳的领带；肤色白的人，选择领带颜色的余地较大。

领带的花色要与着装的颜色相协调。若着花色衬衣，就宜选素色领带，要避免花哨的衬衣与花色醒目的领带相配。

领带的花色要与年龄相协调。年轻人可选择花色活泼、色彩对比强烈一些的，如黑红相间的斜条纹领带或花领带；年龄大的人，宜选择庄重大方的斜条纹领带。

领带的花色要与体形相协调。身材瘦小的人，宜选择宽条纹和淡色彩的领带；体胖的人宜选择黑色、深绿色、蓝色等花色或细条纹领带。

领带的花色要与环境相协调。在宴会等公众场合，可佩戴花色鲜艳的领带；参加吊唁活动，宜系黑色领带。

2. 领带的扎法

扎领带时，应将手洗干净，要先打领带，后整理头发，以免染上油污。领带要按规定结扎。常见的领带结扎方法如图 7–1 。

下面，我们用文字详细说明如下：

如图 7–1 中图 1 所示，将领带围绕衬衣领放好，宽头在左，窄头在右，宽头下垂的部分要长于窄头，正面向下。

如 图 7–1 中图 2 所示，将宽头放在窄头上面，然后由前往后再向左缠绕窄头。

如图 7–1 中图 3、图 4 所示，宽头由下往上穿过凹口，然后向右。

如图 7–1 中图 5 所示，宽头向左缠绕，正面仍向外。

如图 7–1 中图 6 所示，宽头顺左上方，通过里侧凹口穿出口。

如图 7–1 中图 7 所示，将宽头再穿过露在前方的宽头套扣，垂向下方。

如图 7–1 中图 8 示，将垂向下方的宽头拉直，再拉直，直到套扣贴紧颈部。

此外，现在使用领带夹的人也越来越多。使用领带夹时要注意位置不能太靠上，以夹在从上往下数，衬衫的第 4 粒纽扣处为宜。

系领带时必须要遵循一定的规则。领带佩戴规则，我们可以归纳为“三个三规则”。

领带佩戴的“三个三规则”，是指“三要规则”、“三不要规则”和“三忌规则”。

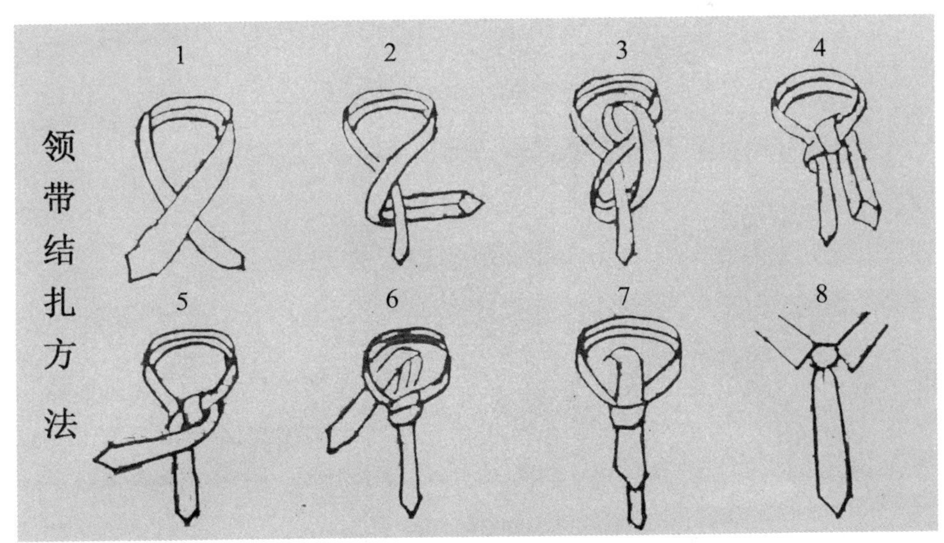

图 7–1

1．三要规则

①领带的颜色要深（深蓝、深灰、深紫等）；②领带的面料要真（真丝、纯毛等）；③指领带的图案要简（几何图形）。

2．三不要规则

①领带结不要打得松松垮垮；②领带系好后，下端正好在皮带扣上面，不要遮住皮带扣；③在西服上衣内若穿鸡心领羊毛衫或西服坎肩时，一般不要用领带夹。

3．三忌规则

①忌穿夹克衫扎领带。严格讲，夹克衫属于休闲装，登不了正式场合；②忌穿短袖衫扎领带。严格地说短袖衫也属于休闲装；③忌穿没有领座的软领衬衣扎领带。领带必须扎在有领座的硬领衬衣上。

西装除了在正式场合下穿的正装西装外，还有一种可以在休闲场合下穿的西装，这种西装叫休闲西装。休闲西装适合于各种非正规场合，例如各种社交应酬等，其上下衣的颜色可以不同，颜色的深浅和图案也不受限制，格子的、条纹的都可以，而且可以选择任何面料。另外，休闲西装也不像正装西装那样必须为套装，也可以是单件西服，其纽扣既可以是单排扣，也可以是双排扣。

着装打扮从广义上讲，还应该包括饰物佩戴。因为在人际交往中，饰物也是一种交际符号。从服饰礼仪的角度看，这种符号也可以准确地展示一个人的知识、教养、阅历和审美素质。所以，下面我还要介绍一下饰物的佩戴原则。

概括地说，饰物的佩戴要遵守“六个和谐统一原则”。

“六个和谐统一原则”分别是：佩戴饰物要与身份和谐统一；要与着

装和谐统一；要与脸形和手形和谐统一；要与年龄和谐统一；要与习俗和谐统一；要与整体和谐统一。

1. 佩戴饰物要与身份和谐统一

佩戴饰物要与身份和谐统一，主要是指饰物的质料，要与一个人的社会角色、身份地位相和谐。比如，一位电影明星佩戴一枚巨型钻戒，人们会看着很和谐，因为这是明星角色和财富的象征。如果一位工作不久的年轻人佩戴这样的钻戒，肯定会引起他人的非议，认为他是一个纨绔子弟。

2. 佩戴饰物要与着装和谐统一

佩戴饰物要与着装和谐统一，主要是指饰物的颜色要与服装的颜色和谐统一。一般来说，服装的颜色鲜艳，饰物的装饰效果较差；服装的颜色素雅，饰物装饰的效果就强。因此，穿鲜艳衣服时最好不要佩戴饰物，以免使人感到眼花缭乱。穿素色衣服时，最好在胸前佩戴一枚胸针，以起到画龙点睛的作用。

3. 佩戴饰物要与脸形、手形和谐统一

佩戴饰物要与脸形、手形和谐统一，主要是指饰物的款式要与脸形、手形和谐统一。例如，耳环的款式要与脸形反其道而用之，圆形脸佩戴圆形耳环就会使脸显得更圆。长方形脸如果佩戴“I”字形耳环和垂珠式耳环则会使脸显得更长。再如，戒指的款式要与手形相协调。如果纤细的手指佩戴一枚硕大的戒指，而粗大的手指佩戴了一枚精巧的戒指都会显得不和谐。

4. 佩戴饰物要与年龄和谐统一

佩戴饰物要与年龄和谐统一，主要是指饰物的质地和款式，要与年龄相和谐。例如，一位年龄大的女士，如果佩戴一枚不锈钢的戒指或者佩戴

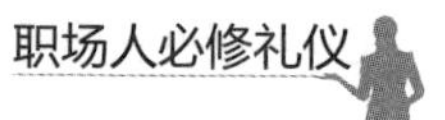

了一枚大而晃动型的耳环，都会显得不雅，而有失庄重。

5. 佩戴饰物要与习俗和谐统一

佩戴饰物要与习俗和谐统一，是指要与社会上约定俗成的惯例和谐统一。例如，戒指一般不能戴在右手上，以免影响劳作，同时也避免损坏饰物；戒指戴在食指表示求婚；戴在中指表示正在恋爱；戴在无名指上表示新婚或已经结婚；戴在小指则表示独身；拇指上不戴戒指；结婚戒指一般不能用合金的，必须是纯金或纯银的，以表示爱情的纯真。

佩戴手镯不宜同时佩戴手表。双手臂同时佩戴手镯或左手臂佩戴手镯表示已婚，右手臂佩戴手镯则表示未婚。

此外，饰物佩戴种类不要超过三种。比如，可佩戴耳环、项链、戒指，每种不要超过两件。饰物如果佩戴过多，会显得俗气，就像男人身上佩戴过多的挂件一样，有失身份。

6. 佩戴饰物要与整体和谐统一

佩戴饰物要与整体和谐统一，是指全身佩带的饰物的质料、款式、颜色要和谐统一。比如，一位女士佩戴一枚白色的铂金耳环，黑宝石项链和一枚黄金戒指，不仅在质料上不和谐，而且在颜色上也是不搭配的。

以上都是着装“有所为”的常识，也就是要怎么样。接下来，是着装“有所不为”的常识，即着装禁忌。

着装禁忌是指正规场合，包括公务场合、社交场合中着装不符合礼仪的地方，我把它归纳为“12 个不要”。

1. 在家中或在旅馆房间内接待客人时，不要穿内衣、睡衣、短裤或赤脚，以免过于随便而失礼。

2. 在室内不要戴墨镜。即使在室外的正式场合也不应戴墨镜，以免使自己神秘莫测，让对方难识“庐山真面目”。如有眼疾，应向在场的人说明并表示歉意。

3. 西装不要一次穿太久，以免超过其疲劳期限，使其变形失色。西装一次穿着的时间最好不超过一个星期。

4. 身上不要佩戴过多的挂件。道理很简单，一个人腰上挂东西的件数与他的身份、地位正好成反比。一般来说，有身份的人是不会佩戴许多挂件的。

5. 女士着裙装时，袜口不要露在裙摆下。也就是说，不能在裙子和袜子之间露出一截小腿，以免给人一种缺少审美素养的感觉。

6. 女士着装不要露出胸罩带和衬裙边。因为这些都属于个人隐私的一部分，是不能登大雅之堂的。

7. 女士不要穿黑色皮裙，以免给人不良的感觉。

8. 女士着裙装时不要光腿或光脚。因为按照我们的传统习惯，人的皮肤除了面部（包括脖颈儿）、手部（包括手臂）可以暴露外，其他部分是不可以在正规场合中暴露的。

9. 女士不要穿网眼袜，以免给人不良感觉。

10. 不要穿残破的袜子，以免自残形象。

11. 着正装西装时，不要穿凉鞋、布鞋、旅游鞋，因为这些都属于休闲装，与西装搭配是不和谐的。

12. 女士着西装套裙时，其裙子的长度不能过短。

以上有关着装方面的知识，主要是为了指导我们的着装实践。

让我们在今后生活和工作中，按照规范着装的要求去打扮自己，要穿得得体、端庄、和谐和大方。要穿出品位、个性、气质和风度。把我们对美的感受、追求、热爱、创造以及对他人的尊敬和对自己的尊重，通过和谐得体的着装淋漓尽致地表现出来。让和谐得体的着装这朵中华民族服饰文化百花园中芳香而瑰丽的奇葩，成为中华礼仪文化五彩斑斓殿堂中的重要组成部分，光彩绚丽，永放光华。

第八部分

化妆礼仪素养

孔子说，人不可以不饰。不饰无貌，无貌不敬，不敬无礼，无礼不立。

人际交往中的化妆修饰是传递信息和表达情感的一种符号。如果化妆修饰不当，则会影响我们的交际形象。

那么，如何通过适度的化妆修饰来表达我们的审美理想与追求，展现我们的修养、教养和素养呢？这些都是现代人需要掌握的礼仪素养内容。

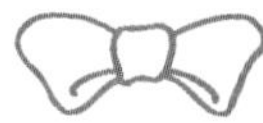

我曾经有过这样一个经历。

有一次，我乘坐公共汽车（当时的公共汽车还是两节车厢用帆布接在一起的）。上车后，我在两节车厢连接处的座位坐下来，对面一个女孩化的妆把我吓了一跳。她的两条眉毛描得漆黑，上下齐刷刷的，一点茸毛感也没有，冷不丁地看去，就像两条大黑虫子卧在眼睛上面。眼线画得也特别浓，黑不黑、蓝不蓝的眼影，涂满了整个上眼睑。脸上抹得白白净净，脖子却黑里透黄，中间有一条明显的界线。

看了这个女孩的化妆后，我有一种难以形容的感觉，心想，她怎么这么不会修饰自己呢？可是她见我看她，还以为我在欣赏她，美滋滋的，还认为她这样很美。

这位女孩的化妆向我传递了什么信息呢？传递了她的文化素养肯定不会太高。因为化妆修饰也是一种符号，在人际交往中，同样可以传递信息。

化妆修饰还能表达情感。我不知道大家是否有这样的习惯，当你要去会见一个重要的客人时，是不是都要修饰一下？男士起码要整理一下头发，刮刮胡子；女士则要化妆打扮一下。其实，这种化妆修饰实际上就是在向对方表达一种情感——我很在乎你，我很尊重你。如果你要会见的人，对于你来说无关紧要，你不在乎他，你就不会精心修饰打扮自己了。

化妆修饰同样也存在文化差异。因为化妆本身就是一种文化，自然要受到民族文化的影响。例如，中国人大多是黄皮肤、黑头发、眼窝较平。西方人大多是白皮肤、黄头发、眼窝凹陷。这样一来，我们与西方人在化妆修饰上就应该有所不同。

可是，有些人却不顾我们民族中庸、保守、含蓄的审美观念，将眉毛画成欧式眉。西方人的欧式眉之所以美，是因为他们的眼窝凹陷，才衬托出了欧式眉的风采。中国人的眼窝一般都比较平，上面画个欧式眉就显得有点不和谐了。

还有，现在社会上流行染发，将东方人的黑发染成西方人的黄发。当然，我不是反对大家染发，如果有的人肤色较白，染成黄头发可能会更好看，染一染也未尝不可，爱美之心人皆有之嘛！问题是我们不能不顾自己的自然条件，盲目追求这种潮流。例如，有一些人不分男女，将自己的头发染成五颜六色。记得有一回我去西安旅游，在古城墙上游览时，遇到两男一女三个青年。其中，女孩的头发染成红色；两个男孩中，一个头发染成黄色，另一个头发染成一缕红、一缕绿、一缕黄三种颜色，猛地一看，整个一个“鹦鹉”。我从他们身边走过去，禁不住回头又看了他们两眼，心想，难道在他们的审美观念中，这就是美吗？

从上述例子中，我们不难看出，在人际交往的化妆修饰中同样蕴含着一个人的道德修养、审美修养和文化修养。这些都是交际中化妆修饰的礼仪意识。

那么，在人际交往中，什么样的化妆是规范的呢？我们说，清淡雅致的化妆是规范的化妆。如何才能化出清淡雅致的面妆？这就要求我们了解“四个化妆常识”、明确“四个化妆意义”、遵循“四个化妆原则”、注意“四个化妆问题”，掌握“十六个化妆技巧”。以下我分别介绍。

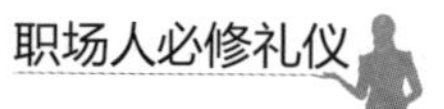

四个化妆常识

了解“四个化妆常识”，是指要了解化妆品、了解化妆工具、了解面部皮肤性质和了解面部五官比例及脸形分类。

1. 化妆品

人们为了保持清洁、美化容貌，用擦抹、撒布等方法使用于身体上的物品，称为化妆品。化妆品可分为清洁类化妆品、护肤类化妆品和修饰类化妆品。

清洁类化妆品主要用于清洁皮肤。常用的清洁类化妆品有洗面奶、香皂、清洁霜等。

护肤类化妆品是保护、营养皮肤，防止皮肤衰老，按剂型可分为冷霜、乳液、膏霜、化妆水等。

修饰类化妆品是起修饰作用的化妆品，如粉底霜（能使面部增白）、眉笔（能使眉毛变黑）、眼影（能使眼部变得凹陷）、鼻影（能使鼻梁显高）、眼线笔（增加眼睛的神采）、唇膏（能增加唇部的光彩）、唇线笔（能够画出理想的唇形）、睫毛液（能拉长睫毛）、腮红（能丰富面部的色彩）、香粉（增白皮肤和起到定妆的作用）。

2. 化妆工具

化妆工具是用来修饰、化妆面部容貌的工具，其品种繁多，常用的化妆工具有：面巾纸——用于擦去面部油脂污物和用于擦手和净手；眉梳——用于梳拢眉毛，使眉毛倒向正确方向；修眉夹——用于修剪眉形；眉刷——用于描眉后刷眉毛，使描后的眉毛趋向自然；面部化妆刷——用于打腮红；唇膏刷——用于涂唇膏；粉扑——用于往面部涂粉。此外，还有化妆盒，海绵棒等化妆工具。

3．面部皮肤分类

大家知道，枯萎的树枝上是开不出美丽花朵的。健康的面部皮肤是仪容的重要组成部分。面部皮肤和一个人的面部容貌，就好像底片与照片一样，没有好底片是洗不出好照片的。同样，没有健康的面部皮肤，也修饰不出姣好的面容。所以，保养好皮肤，对于面部化妆修饰是非常重要的。

要保养好皮肤，首先要了解自己的皮肤类型和不同类型皮肤的性质。因为不同类型的皮肤，除了有其共同的保养方法外，还有其适合自己类型特点的不同保养方法。一般来说，皮肤可以分为五种类型：油性皮肤、干性皮肤、中性皮肤、混合性皮肤和过敏性皮肤。

油性皮肤毛孔比较大，纹理比较粗，皮脂分泌比较多，因而皮肤表面总是油汪汪的，不易产生皱纹。但由于皮脂过剩，易使污垢附着在皮肤上面，因而易生粉刺和痤疮。

干性皮肤毛孔较小，纹理较细，皮脂分泌较少，皮肤较干燥，缺少弹性和光泽，易生细碎皱纹。

混合性皮肤呈 T 形皮脂带，即额头、鼻翼、下巴部位皮脂分泌较多。这些部位属油性皮肤，而两面颊等其他部位为干性或中性皮肤。

中性皮肤既不干燥又不多油，皮脂分泌适中，皮肤润泽、光滑、不易衰老，是皮肤中最理想的一种。

敏感性皮肤表皮较薄，易露血丝，肤色较白，对光照和某些化妆品易有过敏反应而出现红肿、痛痒、斑疹等现象。

检查自己的皮肤属于哪种类型，除了可直接用观察方法，根据上述皮肤特点来判断外，还可以通过下面的方法鉴别：洗净脸后，一般皮肤都会有绷紧感，20 分钟后消除皮肤绷紧感的为油性皮肤；30 分钟后消除皮肤绷紧感的为中性皮肤；40 分钟后消除皮肤绷紧感的为干性皮肤。

此外，还可以用纸巾检查法鉴别皮肤类型。

晚上将脸洗净，不涂任何化妆品。第二天起床后，用三块干净的面巾纸分别放在额头、鼻翼两侧、面颊轻擦。如果三块面巾纸上油污较多，为油性皮肤；如果三块面巾纸上油污不太多，为中性皮肤；如果三块面巾纸上基本没有油污，为干性皮肤；如果轻擦面颊的面巾纸油污不太多或基本上没有油污，而擦额头、鼻翼两侧的面巾纸油污较多，则为混合性皮肤；敏感性皮肤则要根据其皮肤性质、特点，通过观察的方法鉴别。

这里要说明的是，一个人的皮肤类型不是一成不变的，可随着年龄的增长而发生变化。一般来说，年轻时呈油性皮肤，随着年龄的增长，皮脂分泌会逐渐减少而变成中性或干性皮肤。此外，皮肤的类型还可以随着季节的变化而变化。一般来说，夏季皮肤偏油，冬季皮肤则偏干。

了解面部皮肤分类，对皮肤的养护很重要，有助于选用适合自己面部皮肤的润肤霜。例如，油性皮肤要用水质的润肤霜，不要用油类的。干性皮肤要用含油脂较大的润肤霜；中性皮肤可根据季节的变化情况选择。如有的人面部皮肤夏季是中性，到冬季则变成干性的。因此，夏季用水质润肤霜，冬季则用油质润肤霜；混合性皮肤，则可按油性皮肤选用润肤霜；敏感性皮肤选用润肤霜时一定要试，先局部使用，再扩大面积。注意无论何种类型皮肤，选用润肤霜都不要更换太勤，一般使用半年以上再换为宜。

另外，不同类型皮肤的洗脸次数应有所不同。油性皮肤要增加洗脸次数，起码出汗后就要洗脸。干性皮肤每天要减少洗脸次数（早晚各洗一次即可）。混合性皮肤的洗脸次数，可按油性皮肤处理。

4. 五官比例和脸形分类

面部是一个人的仪容之首，是一个不能忽视的地方。因此，要想化妆修饰容貌，使容貌由丑变美，就要了解面部的五官比例和脸形分类的有关常识。

一般来说，人的面部五官比例可分为“三厅五眼”。

三庭，从额头发际线至眉毛为一庭，从眉毛至鼻尖为一庭，从鼻尖至下颌为一庭，每庭的长度应该相等。

五眼，两眼之间的距离为一眼，两个眼睛的长度分别为一眼，从两眼的外眼角至两侧发际线分别为一眼，每眼的距离应该相等。

人的面部长度，为三庭的长度。人的面部宽度，为五眼的宽度（立体看）。合乎上述比例的，可谓五官端正。不合乎上述比例的，可以通过化妆来修饰五官比例，使其尽量达到五官端正。

此外，脸形分类对于化妆也很重要。

人的脸形千姿百态、各种各样，大致可分为椭圆形脸、圆形脸、正方形脸、长方形脸、三角形脸、倒三角形脸、棱形脸。在进行面部化妆时，不同脸形的化妆，如果采取千篇一律的方法，就不能取得和谐、统一的审美效果。因此，要根据自己的脸形进行眉、眼、唇、面部的描画，以取得整体和谐的化妆效果。至于怎么根据脸形化妆，在化妆技巧部分，我们会详细介绍。

在了解了与化妆有关的基本常识后，我们还要明确“四个化妆意义”。

四个化妆意义

人们无论做什么事情都应该不仅知其然，还要知其所以然。明确“四个化妆意义”，就是让大家明确化妆在人际交往中的重要性，从而培养化妆意识，在人际交往中注重化妆修饰。

大家知道，容貌是上天的恩赐。容貌对于人的美，特别是对于女性的美具有重要的意义。女性的芳容像美丽的花朵一样，点缀着美好的生活。一个人若天生丽质，无疑是人生一大快事。但是，现实生活中天生丽质者毕竟是少数，绝大多数人相貌平平。可是，大家不要忘了，人的美，“三分靠长相，七分靠打扮”。可见，化妆修饰对于容貌美的重要性。

自古以来，面部作为仪容形象的焦点，就一直受到人们的重视。《韩非子·显学》篇中写道，“故善毛嫱、西施之美，无益吾面；用脂泽粉黛，则倍其初”。意思是说，羡慕毛嫱、西施的容貌，对于自己的容貌没有什么益处，不如用胭脂粉黛修饰自己，使自己的容貌比原来的面容更加好看。

当前，随着人们生活水平和文化水平的不断提高，化妆修饰已经进入了人们的日常生活，并越来越被人们重视。人们通过化妆修饰美化容貌，使之精神振奋，心情愉悦，在学习和工作中充满活力，增强抵御外界压力的能力，从而缓解精神和身体疲劳，有助于身心健康。对于女士，尤其是对于年纪大或有缺陷的女士，化妆修饰的作用就更为突出，它可以掩盖容貌的某些不足，显示自己的活力，并做到自爱、自尊和自信。

据历史记载，中国历史上唯一的女皇武则天就十分注意化妆修饰。因而，她六十几岁的时候，看上去依然容光焕发、风韵犹存，非常年轻，根本不像一个老人。

出生于20世纪20年代的著名影星秦怡和被称为铁娘子的英国前首相撒切尔夫人，可谓“全老”，但仍“风韵犹存”“气质高雅”，这除了她们的自身条件外，无疑也得益于她们的修饰化妆。

此外，化妆修饰也是社交场合讲究礼仪的需要。孔子说，“见人不可以不饰。不饰无貌，无貌不敬，不敬无礼，无礼不立”（《大戴礼·劝学》）。化妆修饰可以表现出一个人对生活的热爱，对自己、对他人的尊重，反映出一个人的文化素养、审美情趣和受教育的程度。

由此可见，化装修饰对于美化一个人的容貌，掩盖面部的缺陷与不足，提高活力，获得自尊、自爱和自信，体现对他人的尊重，反映一个人受教育的程度等方面是何等的重要。

那么，如何化妆才能既体现出对他人的尊重，又能使自己的容貌更加好看呢？

四个化妆原则

人们无论是做人和做事都是有原则的，化妆也不例外。所以，在介绍如何化妆之前，我要先介绍一下化妆要遵循的四个原则。

化妆要遵循的四个原则：科学原则、清淡雅致原则、扬长避短原则、和谐统一原则。

1. 遵循科学原则

①清洁面部时，水的温度要讲究科学，要求水温最好在30℃左右，不宜过冷或过热。冷水会使毛孔收缩，不利于促进新陈代谢物的排泄，久而久之会使皮肤变黑变粗。热水虽然会使毛孔扩张，促进代谢物的排泄，溶解皮脂，使皮肤清洁，但同时也会溶解皮肤上应有的脂肪类物质，日久天长会引起面部肌肉松弛，使皮肤老化。所以，洗涤时最好用30℃的温水，易光洁皮肤，洗后舒服。

②调解面部皮肤酸碱度。由于清洁剂中含有不同的碱性物质，所以要用化妆水调解皮肤的酸碱度，收缩毛孔使皮肤恢复弹性。

③抹洗面奶、化妆水、精华液、眼霜、乳液、营养霜、隔离霜、粉底霜等的手法要讲究科学。前六项应自下而上，从里向外画圈涂抹或拍打。后几项则不应自下而上画圈，而应自上而下拍打。

皮肤的构造分为表皮、真皮、皮下组织三大部分。与化妆有关的是表皮层，表皮层最上面一层是角质层，角质层的细胞犹如鱼鳞一样由上而下鳞叠，中间有一些间隙。我们知道，去鱼鳞时，刀口要从鱼尾向鱼头的方向移动，这样才能将鱼鳞从根部去掉，相反方向则不行。如果顺手从上而下涂抹清洁类和营养类化妆品，那么，这些化妆品只能停留在皮肤表面，而不能渗透到细胞表皮之下。这样，就达不到清洁或营养皮肤的作用。因为这类化妆品，要让皮肤充分吸收才能达到应有的作用。

涂抹隔离霜、粉底霜、腮红和粉底时却恰恰相反。这类化妆品只要附在皮肤表面就行，如果将其渗透到鳞状细胞下面，则可造成污染，甚至生成粉刺。因此，此类化妆品不可画圈似的自下而上地涂抹，只需在皮肤表面涂抹、拍打即可。

2. 清淡雅致原则

要化生活淡妆，轻描淡写、自然贴切、似画非画、若有若无、不留任何化妆痕迹。如果有人夸你说，“您今天的妆画得太美了”，那就说明你的生活淡妆化失败了。

3. 扬长避短原则

强调和突出自身所具有的自然美的部分，使其更美；掩盖和减弱容貌的缺陷，使其不引人注意。比如，某女士的前额很漂亮，就不适宜留刘海，以免遮盖漂亮的额头；某人鼻梁稍矮，则可以在鼻梁两侧涂抹一点棕褐色的鼻影，在鼻梁处涂点白色，以抬高鼻梁，遮盖鼻梁矮的缺陷。

4. 和谐统一原则

化妆要讲究整体和谐统一的审美效果；要考虑个体的差异，如性别、年龄、职业、肤色、脸形、口形等；要考虑服饰特征，如服装的色彩、款式、面料等；要考虑时空因素，如白天、夜晚与环境等。从整体美出发，因人、因地、因时、因衣进行适时化妆，以期取得和谐统一的审美效果。关于这方面的详细内容，在后面具体的化妆技巧中，我再一一介绍。

四个化妆问题

1. 修饰避人

切忌在公开场合众目睽睽之下，肆无忌惮、旁若无人地修饰化妆，以免失礼。如果真有必要化妆或进行修饰的话，要到盥洗室去做。特别要注意不可在异性面前化妆，这一点对于女性尤为重要。俗话讲“女为悦己者容”，如果在男士面前化妆，容易使对方产生误会，认为你有意接近他。即使是自己的恋爱对象，也要尽量避开，因为被你最亲近的人看着你是怎样变漂亮的，毕竟不是一件舒服、惬意的事情。因此，这段距离还是需要保持的。

2. 生活妆不要画得太浓

外出旅游或者参加体育锻炼时，更要注意这一点，不然出汗后就会面目皆非了。

3. 不要借用他人的化妆品

借用他人的化妆品既不卫生，也不礼貌。

4. 不要主动为他人化妆或改妆

尤其是刚结识的陌生人。

十六个化妆步骤

我们在了解了与化妆有关的四个化妆常识、四个化妆意义、四个化妆原则和四个化妆注意问题之后，最后全部要落实到十六个化妆步骤上。

这十六个化妆步骤分别是：净面—抹化妆水—抹精华素—抹眼霜—抹乳液—抹营养霜—抹防晒霜—抹隔离霜—抹粉底霜—设计眉形、描眉—涂眼影、画眼线—涂鼻影—涂睫毛油—涂腮红—画唇形、涂唇膏—定妆、检查。

1. 净面

马雅可夫斯基曾经说过，世界上没有比结实的肌肉和光鲜的皮肤更美丽的衣裳。因此，洁净的皮肤对于一个人的仪容是非常重要的。

净面是保持面部皮肤清洁卫生的关键，可以将附着在面部的灰尘、细菌以及体内排出的废物等污物除去。因为这些污物不仅影响皮肤的新陈代谢，易生皮肤病，而且还会加速皮肤老化。因此，无论我们化妆与否，都要重视面部皮肤的清洁，掌握规范的净面方法。

规范的净面方法是用手指抹少许洗面奶，直接涂在下颌、面颊、鼻梁、额部。然后，用中指和无名指自下而上、从里向外画圈涂抹，再用温水冲洗面部。如用香皂洗脸，先把香皂在手上搓起泡沫，而不可直接涂在脸上。

2. 抹化妆水

抹化妆水是为了调整皮肤的酸碱度，补充皮肤水分。抹时，将其倒在手心少许，然后用手指点在下颌、面颊、鼻梁、额部，用中指和无名指自下而上拍打均匀。

3. 抹精华素

抹精华素是为了营养皮肤。抹时，用手指蘸少许点在下颌、面颊、鼻梁、额部，然后用中指和无名指自下而上，从里往外画圈涂抹。

4. 抹眼霜

抹眼霜是为了护理、营养眼部皮肤。抹时，用手指蘸少许点在上下眼睑，然后用中指和无名指自下而上、从里向外画圈涂抹或拍打。

5. 抹乳液

抹乳液是为了补充皮肤水分，滋养皮肤。抹时，用手指蘸少许乳液，分别点在下颌、面颊、鼻梁、额部，然后用中指和无名指自下而上、从里向外画圈涂抹。

6. 抹营养霜

抹营养霜是为了滋润、营养皮肤，防止面部皮肤干燥、粗糙。涂抹时，用手指抹少许营养霜直接涂在下颌、面颊、鼻梁、额部，然后用中指和无名指自下而上、从里向外画圈涂抹，以便皮肤充分吸收。

7. 抹防晒霜

抹防晒霜是为了防止日光直接照射在面部皮肤上，以免引起皮肤黑色素增多，在面部形成色素沉着。涂抹时，用手指抹少许防晒霜，先后抹在额部、鼻梁、面颊、下颌，然后用中指和无名指自上而下拍打。

8. 抹隔离霜

抹隔离霜是为了防止外界灰尘、污物等污染皮肤。抹时，用手指将隔离霜点在额部、鼻梁、面颊、下颌，然后用中指和无名指自上而下轻轻拍打，直至均匀。

9. 抹粉底霜

抹粉底霜是用手指将粉底霜点在额部、鼻梁、面颊、下颌等处，然后用中指和无名指由上而下轻轻拍打，直至均匀。抹时注意，切勿涂白眉毛，不要涂太多，要抹均匀。俗话说“一白遮十丑”，粉底霜有增白作用，特别是对于上了年纪的女士，使用粉底霜可使发黄、发暗的肤色得到改善，使之变得有活力。另外，粉底霜还可以掩盖雀斑和褐斑以及粉刺的疤痕。

实施以上九个环节（除去抹眼霜）时，不要忽略了颈部。接近颈部的地方要注意渐渐淡化，万万不可反差太大。若面部白白干净，而颈部却黑里透黄，就不太雅观了。同时，除了抹眼霜外，这八个环节中，都不要涂在上下眼睑处。

10．设计眉形、描眉

眉毛对整个容貌起着很重要的作用。从美学角度看，眉毛好比眼睛的眼眶，能对整个面部起到衬托作用，从而美化容貌。因此，眉毛是面部化妆修饰的重要部位。

在现实生活中，每个人的眉毛各有特点。常见的眉形有一字眉、柳叶眉、剑眉等美观的眉形。也有眉毛过长或过短的，眉间距太大或太小的，眉毛上吊或下坠的一些不美观的眉形。

生活中，人们为了美化容貌，也可以通过描眉来改变自己不太理想的眉形。

确切地讲，好眉形不是靠描画，而是靠平时修理。修眉就是拔去眉边过宽的眉毛。对于过散的眉毛，则靠平日早晚拨拢顺集。修眉要按照姣好的眉形修理。要修理成姣好的眉形，首先要了解眉毛的结构。

眉毛的结构分为眉头、眉梢、眉峰和眉腰。眉的内端叫眉头，眉的外端叫眉梢，眉的弧线最高处叫眉峰，眉的中间部位叫眉腰。眉毛是由上列眉和下列眉组成的。上列眉自上而下生长，下列眉自下而上生长，上下列眉中间眉毛颜色最深。

姣好的眉形设计，应该是按照眉头在内眼角上方，眉峰在距内眼角三分之二处，正视前方时瞳孔的外侧。眉梢应在鼻翼至外眼角的延长线上。按此设计眉形，多余的部分用修眉夹摘去，然后用棕色眉笔打底，再用黑色眉笔顺着眉毛的生长方向，描出适合自己的眉形。

画眉时要注意，眉头要重而宽，眉梢轻而窄，逐渐过渡。画时，不要上下太整齐，要顺着眉毛的生长方向画，这样画出的眉毛比较真实、自然，有茸毛感。然后用眉刷把眉毛刷顺，使眉毛均匀自然。好的眉形要靠平时多加修饰，若嫌自己眉毛长得不好看，采取全部拔光再画一条的做法，那无疑会失去自然的美感，其结果只会适得其反。

这里值得提出的是，有的人眉毛稀少、色淡，可采取去美容院文眉的方法。但文眉的技术一定要过硬，否则，文出的眉就会失去自然美。

此外，由于人的脸型各种各样，所以设计眉形时还要根据不同的脸型来设计。

一般来讲，椭圆形脸可选任意眉形；圆形脸不要画圆弧眉，要画带眉峰的眉，修眉时要提高眉峰和眉梢，这样可以使脸形显得长一些；正方形脸可以画平眉或圆弧眉，不要画带眉峰的眉，以减少棱角；长方形脸可画平眉，并把眉毛适当拉长、画粗些，以使脸形稍加改变；三角形脸，应画高而长的平眉，这样可以加宽脸的上部比例；倒三角形脸，可画低而短的平眉，使脸的下部加宽；棱形脸的眉形设计同三角形脸。

眉形的选择也要遵循和谐统一的审美原则，要适合自己的性别、年龄。男性的眉毛一般稍粗，女性的眉毛要与脸型相配，即脸型大的眉毛可稍粗，脸型小的眉毛宜稍细。年轻人，画得可稍重一些；年纪大的人，画得可稍淡一些。

11. 涂眼影、画眼线

眼睛是心灵的窗口，它不仅能表达情感，而且也是容貌美的重要因素。天生有一双美丽、动人的大眼睛，确实令人羡慕。但是通过涂眼影、画眼线等后天的化妆修饰，同样可以把不太美观的眼睛变得美丽动人。

涂眼影能够丰富面部色彩，修饰眼睛、眼形。眼影有好多种颜色，可归纳为两种色调，即明色调和暗色调。明色调是一种“突出色”，使用效果是突出、宽阔。比如，眼窝塌陷就要用明色调，可使塌陷处显得突出，使眼窝显得平一些。白色、米色、淡黄色、淡粉色等都属于明色调。

暗色调是一种“收敛色”，能达到凹陷、窄小的效果。比如，眼睛较鼓或肿眼泡则用暗色调，可以使凸出部位收敛，使眼睛显得有深度。棕色、暗褐色、深灰色、深蓝色等都属于暗色调。

眼影色的明暗度搭配，会强调眼睛的立体感。黄种人的眼影宜选择黄褐色或浅褐色。涂眼影时，应用小毛刷或海绵棒醮着眼影膏涂在眉毛和眼睛之间用手触摸下凹之处。双眼皮处可涂深一点的颜色，这样有深浅层次，以显示出立体感。内眼角处可涂深色，与鼻侧影自然融合，能使鼻梁挺直。最后用白色的或比肤色浅的眼影膏涂在眉梢下方，可突出眉骨。

眼睛除了通过涂眼影修饰外，还可用画眼线的方法修饰。画眼线可以突出眼睛的轮廓，增加眼睛的神采和亮度。画时，应先画上眼线。画上眼线时把镜子放低，眼睛向下看，从靠近鼻子的一端画起，紧贴眼睑边缘画；画下眼线时把镜子抬高，眼睛向上看，沿着下眼睫毛根部细细地画。画时注意要从内眼角开始向外眼角处画。

画眼线时注意，靠内眼角处轻点，靠外眼角处重点，无论是上眼线或下眼线都不要画得过粗。尤其是下眼线因没有睫毛遮盖，更不能画得很浓很满，最好是在眼尾轻轻描一下即可。一般来说，上眼线可以比下眼线略粗、略深些。

此外，还可以文眼线修饰眼睛。文眼线时要特别注意安全和卫生，要请技术高明的专业化妆师完成。

从我们传统的审美观念看，双眼皮要比单眼皮理想，大眼睛要比小眼睛理想……可是现实生活中，理想的眼形毕竟不多，而不理想的眼形却各种各样。但是，无论何种眼形，都可以根据和谐统一的审美原则，利用眼线加以修饰，最后使之较为理想。

比如，眼睛较小，画眼线时就可以将眼线适度加宽；如果眼睛太大，眼线则要画得细一点，最好不画下眼线，眼线颜色不要过黑，以增加大眼睛的柔和感；如果眼睛太圆，要加长眼线，把外眼角处的上下眼线适当拉长；如果眼睛太长，要画短、宽眼线，内外眼角不要画满；如果吊眼角，画眼线时从内眼角的起笔处要提高，在外眼角处把眼线画平；如果外眼角下垂，上眼线从内眼角下边起笔，画到外眼角处，眼线略加宽，不要过长，让其有上翘的感觉。下眼线可从中间部位开始，画至外眼角与上眼线自然会合。

12. 涂鼻影

人人都希望有一个高而挺的鼻子，因为鼻子位于面部中央，突出醒目。鼻子的高低以及与面部其他器官协调与否，直接影响到一个人的容貌。涂鼻影可以突出鼻子的轮廓或调整不够理想的鼻形。它的原理是，用暗色加深鼻梁两侧的凹陷处，用明色涂在鼻梁上，明暗对比的加深，可以使鼻梁显得高而挺。

具体操作过程是，首先根据和谐统一的审美原则，选择与肤色相协调、同时考虑与眼影色衔接自然的黄褐色、深棕色，红棕色、褐色等暗色调的颜色，用手指点在内眼角外侧凹陷处，然后向眉头、上眼睑、鼻翼处晕染。晕染时要注意鼻影侧面效果，界线不能太明显，不能有画成一条线的感觉。选择白色鼻影用指尖点在鼻梁中间，上下涂抹均匀，但不能涂得太白。对于高鼻梁、窄鼻梁、深眼窝的人也可以不画鼻侧影。

理想的鼻形应该是鼻梁高而挺，鼻子长短适中，鼻翼大小适度。但是，生活中鼻形不理想的人还是居多。对于不理想的鼻形，我们也可以根据和谐对称的审美原则，通过涂鼻影加以修饰调整。例如，鼻子太短可以修饰眉头使其向上，并从眉头开始涂鼻侧影，从额头开始涂鼻梁中间的白色，或鼻侧影向鼻尖伸展，加长鼻侧影，都会有增长鼻子的感觉；如果鼻子过长，可以修饰眉头，使其向下或鼻侧影涂在内眼角外侧和上眼睑部位之间的凹陷处，不要向下延续到鼻翼，就会有缩短鼻子的感觉；如果鼻梁不正，可把鼻梁部偏过来的一侧影色和鼻翼处侧过来的一侧影色加重一些即可；如果鼻翼宽大，想使宽大的鼻翼显小些，可将鼻侧影色延续到鼻翼并在鼻翼两侧涂深棕影色。涂时，注意不要把鼻梁涂得过细；如果鼻翼窄小，可把鼻翼涂上与肤色较近的浅颜色；如果鼻梁较矮如塌鼻梁，鼻侧影靠近内眼角处颜色可略深些，并在鼻梁上涂明亮的白色，有增高鼻梁的感觉；如果鼻梁太高，鼻侧颜色可以淡一些，鼻尖、鼻中隔部位可涂上深一点的颜色，以起到收敛的作用，有降低鼻梁的感觉。此外，鼻子的化妆修饰还要根据不同的脸形进行，比如，长形脸，鼻侧影要涂短一些，以使脸形显圆、显短。圆形脸或方形脸，鼻侧影要涂长一些，以使脸形显得长一些。

13. 上睫毛油

睫毛的长、短、疏、密，对眼睛的美丽有着很大的影响。涂睫毛油可以使眼睫毛上翘，给人一种睫毛拉长的感觉，从而增加眼睛的美丽。涂睫毛油前，首先用睫毛夹夹卷睫毛。夹卷睫毛时，要使睫毛夹和眼睛的曲面贴合，将睫毛夹夹在睫毛根部，轻轻夹紧 5–6 秒钟，根据所需的睫毛卷翘度，可以夹卷第二遍、第三遍。刷染睫毛油时要先染上睫毛，手持睫毛刷，由睫毛根部向梢部轻轻滚刷，待上睫毛干后，再刷染下睫毛。刷染下睫毛时要先刷睫毛梢，再从睫毛根部向梢部轻轻滚刷，一般可涂刷两遍。

14. 涂腮红

俄国美学家车尔尼雪夫斯基曾经说，健康在人的心目中永远不会失去它的价值，红润的脸色和饱满的精神对任何人都是有魅力的。

的确是这样，皮肤色泽红润、光滑，丰满而富于弹性，没有皱纹，是健康而富有青春活力的表现，自然也会给人带来美感。所以，健康者由于面色红润，可不涂腮红。但是，面色苍白者为了弥补面部血色的不足，就要适当涂一点腮红。

涂抹腮红的范围要规范，不能太靠近鼻梁，也不能超过鼻尖以下。一般是上至鬓角下至鼻尖，右起瞳孔正视前方时的下方，左至耳根，或左起瞳孔正视前方时的下方，右至耳根。中心部位要涂在笑肌上，即笑的时候面颊部高起来的地方。具体操作是，手持腮红刷，醮上腮红，从笑肌最高部位涂起。圆形脸要竖着涂腮红，可以自笑肌最高处竖着向下刷，不要向两边延伸，让腮红恰好涂在面部中央；方形脸也要竖着抹，宜从面颊中央开始刷腮红；三角形脸则要斜着涂，从面颊两旁的颧骨往发际线和离眼睛一指宽的地方斜涂；长方形脸要横着涂，其他脸形则采用三角形脸涂法。

腮红的颜色种类很多，有大红色、粉红色、棕红色、玫瑰红色、淡紫色，等等。选择腮红颜色要遵循和谐统一的审美原则。

首先，要与个人的肤色协调。比如，较白的肤色宜选用粉红色或玫瑰红色，较深的肤色宜选用棕红色或暗红色。有人无法判断自己的面部肤色适合涂什么颜色时，可在正式涂腮红前，用腮红刷蘸上欲选用的腮红粉在手背试涂，感到颜色协调合适后，这种颜色就是适合于你肤色的腮红色。

其次，腮红还要与环境协调。例如，婚礼妆宜选用大红色腮红，显得喜气洋洋，生气勃勃，热情奔放。

再次，使用腮红要考虑到面部皮肤的性质。油性皮肤宜选用干腮红粉，干性皮肤宜选用油质状腮红粉，中性皮肤可以两者兼用。

最后要提及一点，涂完腮红后，可在耳垂部分略涂点红色，使之与面部色彩和谐。注意耳垂上的红色，要比面颊的红色稍浅一些。

15. 画唇形、涂唇膏

嘴是面部最灵活的部位，它在说话、欢笑、歌唱时，最为引人注目。嘴唇的颜色能反映一个人的健康状况。光滑红润的嘴唇，会给人一种青春美感；青紫或苍白的嘴唇，则会给人一种病态和衰老的感觉。

丰润柔美的朱唇，能使女性更具迷人的风采。自古以来，我国妇女都十分注重嘴唇的美。人们常以“朱唇”“丹唇”“樱桃小口”来比喻古代美人的嘴。例如，南唐后主李煜在《一斛珠》中就这样描写过古代美人的嘴：“晚妆初过，沈檀轻注些儿个。向人微露丁香颗，一曲清歌，暂引樱桃破。”意思是说，刚刚梳妆打扮过，用唇膏淡淡地抹一抹，向人露出香味迷人、整齐洁白的牙齿，张开樱桃小口，一展婉转歌喉高歌一曲。这里用“樱桃”来形容女孩之口娇小美丽。

随着时代的发展，人们的审美观念逐渐发生了变化。衡量嘴唇美，就不只局限于“樱桃小口”，而是从健美的角度，要求唇形与脸形协调，唇色与肤色协调。如果有一个协调、适度的唇形和协调、红润的唇色，那么，无疑是人生一大快事。但是，现实生活中，人的唇形千姿百态、各种各样。例如，常见的不理想唇形有：厚嘴唇、薄嘴唇、瘪上唇、嘴角上翘唇和嘴角下垂唇，等等。这些不理想的唇形，需要根据和谐统一的审美原则加以修饰，然后再涂上唇膏，才能变得柔美。

那么，如何修饰唇形呢？修饰唇形，首先必须了解嘴唇的结构。嘴唇的结构分为唇峰、唇谷、唇线、唇角、人中和下唇沟。

修饰唇形时，要用唇线笔按照嘴唇的结构画出理想的唇形。唇线的颜色要略深于口红颜色。画的唇线要力求自然。比如，口形小、嘴唇薄的人画唇形时，宜将唇线向外扩大一点，沿唇外缘画唇线，唇线要有较大的弧度；口形大、唇厚的人画唇形时，宜将嘴唇轮廓线向内缩小，沿唇内缘画唇线；平直的嘴唇画唇形时，上唇要画出唇峰，下唇唇线呈满弓形；瘪上唇画唇形时，将上唇唇线适当向外扩展，下唇唇线则画于原来唇线的内侧，这样可以用适度缩小下唇厚度、增加上唇厚度来改变唇形；嘴角下垂的人画唇形时，宜将嘴角画得上翘些，以改变嘴角下垂的不足。

唇形修饰好后，就要涂唇膏。唇膏也叫口红，它可以使嘴唇着色，增加光彩。唇膏的种类很多，如大红、棕红、紫红、粉红、桃红、玫瑰红、橙红、变色红、本色红等，此外还有珠光口红。

涂唇膏时，将嘴稍稍张开，从两边嘴角向中间涂。先涂唇的外轮廓，然后再向内涂。一般将唇膏涂在上嘴唇，然后上下嘴唇一抿即可。如不慎将口红涂出唇外，可用面巾纸擦拭后再补画。

各种不同的唇形在涂唇膏时要遵循扬长避短的化妆原则。例如，薄嘴唇的人要涂得稍厚、稍圆；嘴唇厚的人要将嘴唇中间涂得浓一些，边缘淡一些，再用粉底把嘴唇轮廓遮盖起来；瘪上唇的人，上唇要涂明亮色，下唇唇膏色要略暗一些；嘴大的人宜涂较暗色的口红，可以使大嘴显小；嘴小的人宜用明亮色的口红，以使嘴唇显得丰满。

选择唇膏颜色时，要遵循和谐统一的原则。例如，唇膏的颜色要与肤色相协调，肤色白皙的人可用浅色唇膏，肤色偏黄的人要涂棕红色或橘红色的唇膏，肤色深暗的人宜用中性颜色的唇膏。

唇膏的颜色要与年龄相协调。年轻女孩宜选浅亮色唇膏，显得娇艳而活泼；中老年妇女宜用偏暗颜色，再加一层白色唇膏，使色彩自然，显得庄重大方。

唇膏的颜色要与着装搭配相协调。一般是衣服色深，唇膏颜色宜深；衣服色浅，唇膏颜色宜浅；着西装时，唇膏颜色宜淡；着华丽的时装时，唇膏的颜色宜浓。这样色调协调，才能增加美感。

唇膏的颜色要与化妆风格相协调。一般生活淡妆，唇膏要以偏暗色为宜，最好选用接近嘴唇颜色的天然淡红色。同时，要与腮红颜色协调，与眼影颜色协调，最好选用与上述两者同一色系的颜色。

唇膏的颜色还要与环境协调。比如，白天宜淡，晚间宜浓，平时略施薄彩，新婚适度浓艳。

最后，唇膏的颜色选择，还要遵循扬长避短的化妆原则。唇形美的可用艳丽颜色的唇膏，唇形不理想的应尽量避免用鲜艳颜色的唇膏，而要选用色彩较沉稳的唇膏。

16．定妆、检查

定妆是指化妆后，为了使化妆品在面部附着的时间长一些，用香粉在面部涂一下。具体操作方法是用粉扑蘸少量香粉，由上而下均匀地轻轻地点抹在面部，注意不要来回使劲涂擦。香粉的作用是使各种化妆品在面部不易脱落，从而起到定妆作用，所以香粉又称定妆粉。定妆的时候注意不要忽略了脖子。

定完妆后要进行检查。检查主要是为了避免留有任何化妆痕迹，可按以下内容进行。

发际和眉毛上是否沾着粉底霜，如看见头发、眉毛上沾有粉底霜，则用湿纱布、眉刷擦掉；双眉是否对称，眉毛的形状是否由于过于生硬而破坏了自然的茸毛感；眼睛的化妆效果如何，半闭上眼睛是否有化妆痕迹；笑的时候口形是否好看，口红是否规整，牙齿上是否沾上了口红。如沾上了口红，可用纱布擦去，并擦拭嘴唇内侧；睫毛油效果如何，涂得是否均匀，看看上面是否沾着粉底霜；面部总体上是否有活力，是不是由于香粉扑得太多而白乎乎的；笑笑看，要是皱纹太明显，那就是香粉太多了。如果那样的话，可以用乳液将手润湿，从上而下轻轻一按即改过来；脸色是否自然、健康，胭脂的量是否合适，离镜子远点观察，脸上是不是像罩上了一层东西，脖子和脸上的颜色是否一致。如果不一致，可以在脖子上加点粉底霜。化妆不仅从正面看要协调，从侧面看上去也要协调。侧脸检查一下，看看眉毛、眼线和口红的轮廓是否匀称协调。

以上是化妆技巧的操作规范。有人会想，化妆的步骤太多、太麻烦、太浪费时间了。对于这个问题应该怎么看？

从礼仪素养的角度看，以上化妆步骤必须要熟悉掌握。因为这些化妆步骤强调的不仅是单纯的化妆技巧，而是从审美的角度切入，侧重于提高我们的审美素养。从这个角度看，我们就不能把化妆仅仅看作是一种技巧，而应该看作是一种审美素养的修炼与提高。

当然，我们具备了这种审美素养之后，在人际交往中为了方便工作，节省时间，可以简化化妆步骤，根据自己的具体情况灵活地进行。但是，切不可以也不应该素面朝天。记得改革开放初期，有一个妇女代表团去外国参观。当时，人们都没有化妆意识，一个个素面朝天。外国人对此颇有微词，认为中国人的脸上都没有光彩，有点不可思议。

希望通过学习礼仪，能够帮助大家树立起化妆的礼仪意识。当一个人化妆后，就如同穿上一件漂亮的衣服，使人更美。当我们挤出一点时间化妆时，其实是在送给自己一份赏心悦目的礼物，让我们在人际交往中，特别是在国际交往中，都能以清淡、雅致、适度的化妆修饰来表示对他人的尊重和对自己的尊重。同时，展示我们应有的精神风貌和独有的风采。

化妆修饰还应该包括头发和手两个部分。

头发的修饰规范，我们把它归纳为“五个了解”“五个注意”“五个协调原则”。

五个了解，是指了解头发的构造、性质；了解头发的清洁方法；了解头发的梳理方法；了解护发、美发化妆品；了解护发、美发意义。

1. 了解头发的构造、性质

头发可以分为发干、发根和毛囊。露在皮肤上面的那段毛发为发干，埋在皮肤内的一段毛发为发根，发根下部膨大的部分为毛囊。毛囊的底端连着毛细血管，毛发所需的营养就是靠毛细血管输送的。所以要保证毛发健美，必须保持毛细血管里血液充沛，循环畅通，以供给头发充足的营养。

头发按皮脂分泌量可以分为油性头发、干性头发和中性头发。油性头发皮脂分泌较多，所以油渍较大，易黏附各种灰尘污物，易生头皮屑，故要经常洗涤；干性头发因皮脂分泌较少，故头发干枯、蓬松，不易梳理柔顺，定型后易变形；中性头发柔软、光滑，是比较理想的发质，易梳理成型且不易变形。

2. 了解头发的清洁方法

头发由于经常暴露在外，沾满了灰尘，加上头发皮脂分泌物不断积累，头屑不断出现，头皮上堆积了污垢和油脂，会使生长头发和供给头发营养的毛囊细胞功能受到破坏，影响头发的生长，导致头发脱落。所以，要经常洗涤，保持头发的清洁。

一般来讲，油性头发因油脂分泌多，三天左右洗一次。干性头发因油脂分泌少，可以一周洗一次。中性头发四五天洗一次为宜。

洗头时，最好用洗发香波，不要用碱性大的肥皂，更不可用碱水。否则，易使头皮油脂脱去过多，头皮变干燥，使头发变脆、变黄、变焦，易脱落。

洗头时，洗发香波不可用得过多。不要用力抓挠头皮，要用手指揉搓头皮，再轻轻均匀地搓揉头发，两三分钟后便可清洗。

洗头时，最好用40℃的温水，太热太冷的水都不宜。水温高，易使头发受损，变得松脆易折；水温低，不利于去除头发上的油脂污垢。洗发后用毛巾擦干头发，等待自然晾干。

3. 了解头发的梳理方法

梳理头发不仅可以理顺头发，还可以使头发得到运动，受到一定的拉力，刺激头部末梢神经，促进血液循环和皮脂分泌，有利于头发生长。

梳理头发时，宜用疏齿的梳子。许多人梳头，一直沿用传统的从上往下梳的方法，这样做其实对头发有害。科学的方法是将头顶和后面的头发向上梳，两边的头发由发根到发梢，向左右两边梳。使头发与头皮垂直，以避免损坏毛囊细胞。

梳头时，要轻梳慢理，长发应先从发梢梳起，逐渐向上，一梳一梳地梳到发根。不要用力拉伸，以免使头发断裂、脱落。如果养成早晚梳理头发的习惯，坚持每日早晚梳理较长一些时间，这样持之以恒，对头发会大有益处的。

4. 了解护发、美发化妆品

头发的保养，离不开护发、美发化妆品。目前，随着科技发展和人民生活水平的提高，护发、美发化妆品的种类越来越多。这些化妆品能清洁、修饰、美化头发，保护和辅助营养头发，使头发健康秀美。

普通常用的护发、美发化妆品包括香波、发乳、发油、发胶、染发水、冷烫剂，等等。

香波用于洗头，起到清洁头发的作用，有液状、膏状、乳状、粉状等类型。它不仅可以净发，还可以消除头皮屑和调理头发；发乳是洗发后用的护发化妆品，它起到保养头发，保护头发光泽、防止断裂的作用；发油是洗发后用的护发化妆品，能使毛发柔软，保持头发光泽，但营养作用不如发乳；发胶是美发化妆品，用来固定发型的，以使发型不受风吹震动影响；染发水是美发化妆品，能使头发着色，变白发为各种颜色的头发；冷烫剂是美发化妆品，能使头发卷曲，使用方便，烫发效果较好。

5. 了解护发、美发的意义

头发和皮肤一样，对人体有保护功能，能挡风、保暖和保护人的大脑，减轻外界对大脑的各种强烈刺激。由于它要经受大自然的风吹日晒和灰尘的侵袭，所以与皮肤一样，应该得到科学的养护。

此外，头发是人体唯一的自然饰物，是构成仪容的重要部分。柔美的秀发，大方的发型，对于人的美，特别是对于女性的美尤为重要。一位女士如果没有头发，便会失去女人的魅力。好的发型，必须以好的头发作为基础。头发是有生命的，经不起强烈的刺激。如果受到强烈的外界刺激，就会出现焦枯、开叉、脱落、变色等病态现象。所以，无论从哪个角度讲，护发、美发都应该引起每个人重视。

了解了护发、美发的五个常识后，下面我介绍护发美发中需要注意的五个问题。

1. 强烈的阳光下，头发易受紫外线的伤害而变焦枯、干燥，因此，应戴上凉帽，防止阳光过度照射。

2. 游泳池中的水含有大量的氯，海水中含有大量的矿物质，这些都能腐蚀头发，使头发受损，变焦、变黄。因此，游泳时应戴泳帽保护头发。游泳后应立即用清水洗涤头发。

3. 烫发使用的药水中含有较强的碱性化学物质对头发有害，可以使头发的角质蛋白质发生变性，丝状强度降低，还会使脂酸皂化，失去头发上的油脂，因而使头发失去光泽，并且变得焦枯、变脆、稀疏，严重时还会导致脱发。因此，烫发要适时有度，不可过频。

4. 染发剂中含有对人体有害的物质，可使头发变脆、变稀疏，甚至诱发癌变。因此，染发应慎重，尽量少染，最好不染。

5. 吹风用的吹风机热度较高，易烘焦头发，最好不用或少用。如果必须使用，不可吹得过于干燥，以免使头发干枯而不易梳理成型。操作时，风筒不可离头发过近。

好的头发还必须配上好的发型才能使容貌增分。

发型是一门多姿多彩的造型艺术，是自然美与修饰美的有机结合。

它可以体现人的审美需求和生活情趣，也反映出人们的生活水平及时代的精神风貌，具有装饰和美化的积极作用。一个人如果只有美丽的容貌，而没有相称的发型，那么，他的美就会受到影响。反之，一头柔美秀丽的头发，选择合适的发型，给人一种利落、庄重、文雅、洒脱、干练的感觉，会为美丽的容貌增添魅力。所以，漂亮的发型是仪容中不可忽视的因素之一。

要想有一个漂亮的发型，选择发型时就需遵循美发中的五个协调原则。

五个协调原则，是指发型要与发质协调、发型要与头型协调、发型要与脸形协调、发型要与体形协调、发型要与年龄协调。只有这样才能突出个体的特点，取得整体和谐统一的审美效果。

1. 发型要与发质协调

发型要根据不同的发质来设计。柔软的头发适宜留成短发，头发向后梳，将耳朵留在外面；粗硬的头发易用油质烫发剂烫一下，使头发不那么粗硬，以便好做型。在发型设计上可采用向内、向外卷的简单发型；直而垂的头发宜梳成直发，如欲烫发，可烫成大花，发型设计要尽量简单；自然卷发可留长发，以显示出自然卷曲的美，自然卷发长到一定长度，某些地方会有一些翘、不顺溜，可在洗后用吹风机吹干，用梳子梳顺，用手指轻压，就能定型。

2. 发型要与头型协调

发型要与头型协调，是指可以用发型弥补头型的不足。例如，头部比较大，就不要再选择顶部轮廓蓬松高耸的发式，这样会使头部显得更大，比例更不协调；左右宽的头，两侧头发要平伏，而不要蓬松；前后长的头，两侧头发则要蓬松一些，这样会使头部显得协调。

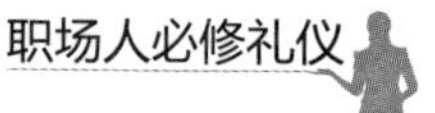

3. 发型要与脸形协调

发型对于人的容貌具有很强的修饰作用，因此发型要与脸形协调。

一般来说，椭圆形脸是标准的脸形，任何发型都是合适的；圆形脸的人不要分发线，宜将头顶部的头发挽高，使脸部显长，面颊两边的头发应贴脸，适当遮住两颊，以使脸颊宽度减少；正方形脸的人宜将头发线侧分，并使分线向头顶斜伸，将两边的头发披在两面颊，以减少脸部的宽度，也可在头后颈部挽个发髻，显得优雅大方；长方形脸的人宜将头发侧分，将前发剪成“刘海”，可减少脸的长度，让头发向面颊两旁分散，或将两侧的头发弯曲，发梢外翻，以增加脸形的宽度，使脸部显得丰满；三角形脸的人宜将头发侧分，增加额头两侧头发的厚度，以发梢微微遮盖过宽大的下颌部；倒三角形脸的人宜将头发往上梳，使顶部头发蓬松，面颊两侧的头发尽量梳得蓬松一些，以增加面颊两旁头发的丰满度；棱形脸的人颧骨过宽，前额和下巴都窄，这种脸形最好是用“刘海”遮住前额，增加额头两侧头发的厚度，用面颊两侧头发遮住面颊过宽的部位；宽形脸的人不要分发线，不要梳过于蓬松的发型，以免使脸显得臃肿，可将头发贴伏两侧遮住面颊，以减少脸宽。

总之，使发型与脸形协调的方法是，对着镜子挑、推、别、压两侧及顶部的头发，使头发变得蓬松或者扁平，直到与脸形协调，看着顺眼为止。

4. 发型要与体形协调

人体各部位长得均匀匀称，看起来顺眼就是美。正常人体的各个部位是有固定比例的。一般来说，人的头部和身体应为1:7。肩的宽度略等于臀部的宽度，躯干部位应短于下肢部位。人不论个子高矮，符合这个比例的，体形就美。可是，现实生活中，人的体形由于受到各种因素影响，比如先天遗传、后天营养、锻炼等，体形自然就各不相同，有了胖瘦高矮之分。我们选择发型时就要考虑体形上的某些不足，根据自己的体形特征来选择。

比如，肩宽臀窄，那就应当选择头发下部略显蓬松的发式，如留披肩发或长马尾等，以发盖肩，分散肩部宽大的视觉；如果上身比下身长或上下身等长，选择的发型应略长些，以掩盖其弊端，用长发遮盖上身；若颈部细长，发型、发式应采用长发式，发边不要紧贴颈部，让头发蓬松地分散在颈部两侧，以增加颈部的丰满感。注意不要采用短发式，以免显得脖颈更长；颈部粗短者，可选择短发使颈部充分暴露，也可留中长发式，让发边贴在颈部的两侧，以分散颈部粗壮的视觉；如果比例虽然协调，但身材却比较矮小或矮胖者，则不适合长发型和蓬松的发型，发式宜留得短些，亮出颈部，以突显身体高度，使其显得精神；如果身体瘦长，则适合留长发，不宜梳短发，也不宜盘高发，可将头发卷曲成大波浪，这样，对身材有一定的协调作用。

5. 发型要与年龄协调

发型与年龄协调，是指不同年龄段应该有不同的发型。比如，年轻人可根据个体的特点梳理成各种时尚发型，而年长者的发型则宜庄重、大方。老年女性适宜梳短发，可视自己的发质、脸形等特点，将头发烫成大波浪花或小碎花，留短鬓角，露出耳朵，头发向后梳，顶部蓬松高大给人以精神、利落、干练的感觉。或像 20 世纪 30 年代中国妇女的流行发式那样，在颈后盘低发髻，给人以高雅、端庄之感。

化妆修饰还应该包括手的修饰。

在日常生活中，大多数人只注重面部的化妆修饰，往往忽略手的化妆修饰。很多人面部皮肤白白净净，光华细嫩，两只手的皮肤却很粗糙，与面部皮肤形成很大的反差。在一些发达国家就不是这样。我们从日、韩影视剧中常常看到，妇女在厨房做饭时都会戴上胶皮手套保护双手。就连孩子从小也都有对手的皮肤保养意识，大人会要求孩子每次洗完手抹上护肤霜，这种对手的养护意识其实就是手的化妆修饰意识。因为从绘画的角度看，手相当于人的第二张脸。手和脸可以说是人体皮肤经常暴露在外的器官。从这个意义上说，手和脸一样，都是人体美容和健肤的必要部分，属于仪容范畴。

有人说，双手是人的第二张名片。手的一举一动及其外貌特征，都能体现出一个人的精神面貌与修养，在一个人的整体形象中占有重要地位。双手的美化对于形体美，特别是对于女性的形体美具有重要的意义。因此，我们应该重视手的健美。

理想的双手应该洁白、细腻、柔软、健美。要使双手洁白、细腻、柔软、健美，就要遵循四个原则。这四个原则分别是洁净原则、养护原则、协调原则和运动原则。

1. 洁净原则

双手是劳动的主要器官，经常暴露在外，由于风吹、日晒或各种化学物质的腐蚀，会变得粗糙而失去美观。要使双手保持细腻、柔软、健美，就必须加强双手的保养。双手的保养，确切地讲应该是双手的皮肤保养。如何保养双手的皮肤，使它洁白如玉呢？必须要勤洗手。洗手时，不仅要洗手心、手背，还要将双手五指相互重叠，清洗各指缝。每次洗手后都要擦护肤霜，滋润皮肤，或在手上擦护肤霜之前，涂鲜柠檬汁按摩。

2. 养护原则

一双光洁、细腻的手，会给人以美感。如何保持双手光滑细腻呢？除了保持双手的清洁、滋润外，可用“除茧油”每周按摩一次。按摩前，先用热水和清洁剂洗手。按摩时，要顺着手指方向，着重按摩皮层较厚的指关节处。之后，用温水将“除茧油”漂洗掉，擦干双手，涂上护肤霜。坚持经常做，双手就会光滑细腻。在干粗活时，尽可能戴上手套保护双手。对于已经变粗糙的手，可以用以下方法使它光滑柔嫩：手背相互揉搓，使其干燥后放入较热的水中浸泡一会儿，然后用手轻搓，再用清洁类化妆品清洁洗涤。将手擦干后，涂上凡士林按摩。反复几次后，双手皮肤将变得柔嫩光滑。

3. 协调原则

协调原则是指双手的修饰而言。双手的修饰，确切地讲，主要是指甲的修饰。指甲也是一种外露的器官，过长的指甲不仅不卫生，也有失雅观。修剪指甲，一是为去除指甲内的污垢，保持清洁卫生；二是为了美化手指和手形，增加双手的美感。因此，指甲需要经常修剪。修剪指甲时，要根据自己的手形和指甲的不同，确定修剪方法和指甲造型，使指甲形和手形协调。例如，纤细的手，尖的手指，两边要少剪；短小的手，圆的手指，两边要多剪；扁手指，要剪成圆形。这样可以弥补手形、指形的不足。剪指甲前应先用温水洗手，修剪时，先剪指甲两边，再剪指甲中间部分。剪后，用锉刀将指甲边缘锉圆滑。

4. 运动原则

一双健美、柔嫩、洁白的双手是女人的身份证明书。双手的美丽是通过优美的手势体现的。优美的手势关键在于双手的柔软和健美。如何使双手柔软而健美呢？这就需要平时经常坚持手部的运动。例如，握手、举手——先握紧拳头，然后用力松开，尽量展开五指，高举双手过头；垂腕放松双手——先把双手放在与手腕持平的位置，然后放松双手腕，让双手自然垂下来；还可以模仿弹钢琴的动作——将双手放在桌面上，柔软地下压，然后每次抬起一个手指，尽量高举；也可以从拇指开始，依次伸直一个手指，张开其中一条指缝，其余手指并拢；还可以将拇指分别与其他四指指尖相接，围成一个圆圈，然后其他四指张开伸直。以上运动可两只手一起做，也可以一只手一只手地做，每种运动做六次。经常坚持上述手部运动，就可以使双手柔软、健美。

以上，我们从了解四个面部化妆常识、明确四个面部化妆意义、遵循四个面部化妆原则、注意四个面部化妆问题、掌握十六个面部化妆技巧，共五个方面，介绍了面部的化妆修饰规范；从了解五个美发常识、注意五个美发问题、遵循五个美发协调原则，共三个方面，介绍了头发的化妆修饰规范；从遵循手的四个养护的角度，共四个方面，介绍了手的化妆修饰规范。

让我们以洁净、红润、光泽、富有活力的面容，端庄、文雅、美观、大方的发型，洁白、细腻、健美、柔软的双手，美化我们的仪容，寄托我们的审美理想与追求，传递我们的修养、素养与教养，体现我们中华民族的文明程度。让化妆修饰礼仪文化为礼仪文化百花园增添一抹亮丽的色彩，愉悦着人们的视觉，快乐着大家的心情，美化着我们的环境。

第九部分

交际礼节规则

别林斯基说，习俗是一种神圣的、不可侵犯的除环境和文化的进步之外，不屈服于任何权力的东西。礼节、礼俗和民族禁忌，积淀着一个民族最深层的审美追求和行为规范，代表的是传承几千年的传统生活方式，是民族力量和民族情怀的反映，是博大、悠久礼仪文化的一个重要组成部分。

那么，在人际交往中，如何在对个人行为的约束中，把应该体现的相互尊重，通过礼节、礼俗和民族禁忌充分地表达出来，从而避免跨文化交流带来的障碍，使交往顺利，沟通融洽，合作成功呢？

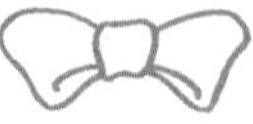

曾经有一段时间，在我国的一些高等院校掀起了一股“修身、齐家、治国、平天下”的热潮。据说，这股热潮最初是由一所高等院校期末表彰大会引起的。

某所大学在学年表彰大会颁奖时，一个女学生走上台，用一只手接过领导双手递过来的奖品，既没有行礼也没有说声“谢谢”，扭头就走下台。有关领导看到这种情况后，向院党委做了汇报。院领导联想到大学生在日常生活中，不注意自己的言谈举止、不讲礼貌礼节的现象，认为如果再不对学生加强礼貌教育，就会影响到学生的健康成长。于是，通过院学生会向全院发出了“修身”的倡议书。这个倡议书发出后，很快得到了全院学生的积极响应，并迅速遍及全国高等院校，最后演变成“修身、齐家、治国、平天下”的热潮。

这是在校学生的情况。我们再看看从学校毕业后，走向社会的青年不讲礼貌、礼节的现象更是令人震惊。

我曾经给一个县级企业讲过礼仪。讲课前，老总对我说：“曲教授，您给我们讲一讲上下级的礼节吧。我们这里大部分都是年轻人，许多人不懂礼貌、礼节，进领导办公室连门也不敲。进来之后，他们就往办公桌上一坐，搂着你的脖子称呼着大哥，跟你汇报工作。”

上述两个例子，说明了什么呢？说明了由于历史的原因，已经给我们带来了起码道德规范上的混乱。现在到了该向大家猛击一掌、大喝一声的时候了！几千年的礼仪之邦的美誉，不能就此断送在我们这一代人手里。继承礼仪之邦的传统文化，发扬礼仪之邦的传统美德，为中华礼仪文化传香火于天下，将是我们每个人不可推卸的责任和义务。

礼节也有文化差异，不同国家、不同民族，由于存在着不同的文化，相同礼节的表现形式也是不同的。例如，同样是见面礼节，东南亚一带许多国家是“双手合十”，日本却是“鞠躬”，到了我国就是“握手”，新中国成立前是“作揖”。有一段时间，上海流行甲肝以及“非典”期间，有人撰文，主张我们见面不要握手了，改为作揖吧，这样可以减少疾病的传播。可是，我们有谁看到大家见面作揖了？为什么没有人响应呢？因为社会在进步，历史不能倒退，况且通过握手，皮肤和皮肤的接触还可以交流情感，这也是一种社会文明嘛！

在西方，人们见面的礼节是拥抱。例如，有一位西方妇女来中国参加世界妇女代表会议，一直感到很郁闷。记者采访她，问她为什么。她说，中国人表达感情的方式太含蓄了，我要拥抱又找不着拥抱对象，感情得不到释放。后来，可盼到他们国家来了一位小伙子，两个人紧紧地拥抱在一起，郁闷的情感终于释放出去了。

在西方，还有一些国家异性见面时，男士要吻女士的手，施行吻手礼。如果我们脑海中缺少这些礼节的文化差异意识，在对外交往时就会造成交往的障碍，影响交往的顺利进行。

由此我们可以看出，在人际交往的礼节中，同样可以体现出一个人的道德修养、审美修养和文化修养。我们在拥有礼节意识之后就会想，在人际交往中我们如何来实施礼节呢？

关于礼节方面的内容非常丰富。下面，我将日常交往中经常实施的一

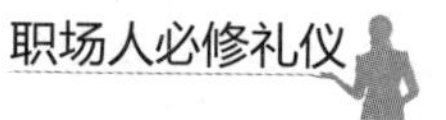

些礼节规则分别进行介绍。

交际礼节之致意

致意，是指交往双方在不方便说话或者不需要说话的场合，向对方表示敬意的一种礼节。一般来说，我们可以把它概括为“四个五”规则。

“四个五”规则，是指致意礼节的五种施礼方式、五种施礼场合、五种施礼次序和五种施礼禁忌。

1. 致意礼节的五种施礼方式

①举手致意；②点头致意；③脱帽致意；④注目致意；⑤欠身致意。

举手致意的规范做法：右手向前上方举起，掌心朝向对方，除拇指外，其他四指并拢，手在空中轻轻地左右摆动，同时要面带微笑。

点头致意的规范做法：头部向下微微一点，上身稍稍向前倾，同时要面带微笑。如果在行走中施礼，要稍稍停下或放慢脚步。

脱帽致意规范做法：用右手脱下帽子，将其置于与上腹部平行的位置，上身稍向前倾，同时要面带微笑或者轻轻掀一下帽子，不必完全脱下。

注目致意的规范做法：身体站直，双臂自然下垂，双目正视施礼对象，表情自然，面带微笑。

欠身致意的规范做法：身体微微向前倾，大约在15°，目视对方，面带微笑。

大家可能注意到了，以上五种施礼方式都有一个共同的内容，就是面带微笑。在与人致意时，面带微笑只可作为各种致意方式的辅助内容，而不宜单独作为一种施礼方式向人致意。

小时候，大人带我们出去玩，遇见熟人时，会要求我们与人说话，我们总会腼腆地向他人笑一下。这时，大人会说：“这孩子，见了人也不会说句话。”这说明大人对我们用微笑向人致意是不够满意的。

当然，特殊情况下用微笑表示致意也不是不可以，不过作为一种交往礼节，其“礼”的含量还不够。同时，没有语言和其他肢体语言配合的微笑，也容易给交往对方造成误会，尤其是异性之间。记得我有一位亲戚曾经给我讲过她处对象的事情。当时由于她与一位男同学相遇时，没有说话，只是礼节性地微笑一下，结果那位男同学从此以后就对她紧追不舍，于是才有了后来这段婚姻。

鉴于以上原因，所以我们不提倡将微笑单独作为一种礼节方式向人致意，而要配合一定的语言或肢体语言向人施礼。

2．致意礼节的五种施礼场合

①远距离遇见相识的人或远距离送别客人时，要对其致意。记得有一次一位熟人远远地看见我，当时各自都忙着去办事情，即使彼此不致意也都无可挑剔。可是他却远远地向我招手致意，当时给我的感觉非常好，使原本同事间的一般关系，无形中增添了一层感情。

远距离致意礼节还有一层含义，是指我们送别客人，看着客人或客人乘坐的汽车、火车远去时，此时用语言已经无法传递我们的感情，只有用招手致意或注目致意的礼节来传递我们的依依不舍之情。

②与一面之交的人相遇时，或遇见多人而无法一一问候时，要实施致意礼节。

有一次参加一位朋友的婚礼。在电梯上，一位漂亮的女士面带微笑点头向我致意。我虽然不认识她，但出于礼貌接受了她的致意。与其寒暄后才知道她曾经听过我的诗朗诵，也算见过我一面。其实，类似这种情况，她不向我致意也不算失礼，因为我并不认识她。可是，她却用自己良好的礼仪素养在我的心目中树立了她不仅外表美，内心也美的形象。

③在一天之内或短时间内，多次与相识者相遇时要致意。如果一天之

内或短时间内，多次与相识者相遇，每次都问候对方，就会给人以矫情之感。此时，就可以施行致意礼节，向对方表示友好。

④在各种会场、影剧院等一些不许大声喧哗的公共场所相遇时要致意。如果此时见面相互寒暄，则会影响公共秩序。因此，只能用无声的致意礼节向对方表示友好的敬意。此时若站立，可向对方招手致意或点头致意；若坐姿，可向对方欠身致意。

⑤参加升国旗、奏国歌等庄严场合时，要致意。此时，施礼对象虽然由人转换为物，但致意的含义没有变。这时，一般要实施脱帽致意或注目致意等致意礼节。

3. 致意礼节的五种施礼次序

①年轻者要先向年长者致意，以体现对长者的尊重；②职位低者要先向职位高者致意，以体现尊卑有序；③男士要先向女士致意，以体现“女士优先”的原则；④未婚者要先向已婚者致意，因为社会上普遍认为已婚者的身份要高于未婚者；⑤某些特殊情况下，如主人送别客人时，双方都应该主动向对方致意。

4. 致意礼节的五种禁忌

①路遇熟人时，不可目光相碰后又马上离开，这种随意冷淡熟人的做法会伤害到对方的自尊心，同时也容易造成误会，从而影响以后的交往；②点头致意时，点头的幅度不要过大，也不要频频点头，以免使施礼的举止不雅而影响个人的形象；③举手致意时，手不要上下摆动，以免有招呼人过来之嫌，从而错误地传递致意信息。同时，也使致意的举止不规范，从而影响个人的交际形象；④实施注目礼时，不要歪戴帽子，敞衣解扣，尤其是奏国歌、升国旗这样一些庄严场合，更忌衣冠不整，以免影响国家、国旗和国歌的尊严；⑤行注目礼时，不可东张西望、目

光涣散或与他人说话，以免失礼于被施礼者，也使自己的施礼诚意大打折扣。

以上，我们介绍了致意礼节的“四个五”规则，让我们熟记致意礼节的五种施礼方式、五种施礼场合、五种施礼次序以及五种施礼禁忌。让致意礼节承载着我们的友好，为他人送去一缕和煦的春风，让友好的种子在和煦的春风中落地、生根、发芽、开花，让友谊之花开遍五湖四海，开满神州大地。

交际礼节之称呼

称呼，是指人们在交往时，彼此之间所采用的称谓语。一声礼貌得当的称呼，对人际交往有着非常重要的作用，体现了对人的尊敬，也反映了一个人的素质，让交往双方各安其位，使沟通顺利。反之，称呼如果不得体，则容易引起对方不快，从而为交往设下障碍。因此，人际交往中一定要注意称呼的恰当运用。

要想恰当地运用称呼，必须要遵循“自卑而尊人”的原则和“就高不就低”的原则。具体地说，对于称呼礼节，一般来说可以把它归纳为“九要”和“九不要”的规则。

1. 称呼礼节的“九要规则”

①要以“敬称”称呼他人。

人际交往中使用“敬称”称呼他人有以下几种情况。

第一种情况是以人称代词“您”称呼他人，以表示自己的恭敬之意。此种情况适用于对职位高者、女士、平辈等。

第二种情况是以“先生”“女士”称呼他人，前面可以冠以姓氏，以表示对对方的尊重。例如“王先生”“周女士”。此种情况适用于对有身

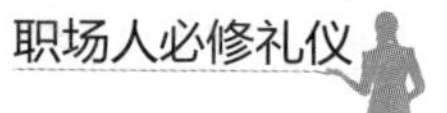

份者。

第三种情况是以“公”“老”称呼他人，前面可以冠以姓氏。例如“毛公”“周老”。此种情况适用于对老者、贤者、特别是对既老又贤者。

第四种情况是以“老师”称呼他人，以表示自己的谦恭。此种情况适用于对教育界、文化艺术界和科学界人士及各个领域取得成就者、德高望重者以及资深者。

这里需要稍加说明的是，“老师”这个称呼，一般是对职业教师的称呼。此时，可在老师前面加上姓氏，如“王老师”“李老师”。但是，当作为敬称时，前面最好不加姓氏，以体现出敬称“老师”的称谓价值。记得我在教授礼仪课时，曾经收了几位大学教师作为我的学生。他们在称呼我时，都是叫“老师”而不加姓氏。在跟别人提起我时，也都说那是我的老师。从这种与在校学生称呼我“曲老师”的差异中，我感受到了他们对我的一种特殊尊敬。

举这个例子，就是想说明作为敬称的“老师”称呼，与对职业教师的称呼，在语意上是略有区分的。前者强调的是对教师个体的尊重和敬意，后者强调的是对教师职业的尊重。但是，两者在本质上仍是相同的。

第五种情况是以“尊”“贤”“令”三个字加在称呼之前称呼他人。例如，“尊父”“尊母”“贤侄”“贤孙”“令尊”“令爱”，此种情况适用于对他人亲属的称呼。具体使用时，对长辈，可在称呼前加“尊”字，对平辈和晚辈，可在称呼前加“贤”字，也可以不分长幼辈分，在称呼前加“令”字。

②要以“谦称”称呼自己。

谦称，是向人表示谦恭和自谦的一种称呼。一般在别人面前，谦称自己的亲属时，要在称呼前加“家”“舍”“小”。例如，称自己的长辈或比自己年龄大的亲属时，在其称呼前加“家”字，如“家母”“家兄”；称比自己辈分低或年龄低的亲属时，在其称呼前加“舍”字，如“舍妹”“舍侄”；称自己的子女时，在称呼前加“小”字，例如“小儿”“小媳”“小女”“小婿”。

使用谦称和使用敬称一样，都能体现一个人的文明礼仪素养。它们是统一在一个事物里的两个方面，即，对他人使用敬称时，对自己则要使用谦称。

这里需要稍加说明的是，称呼他人的亲属“令”“尊”“贤”的敬称和称呼自己的亲属“家”“舍”“小”的谦称，现代人一般用的很少。但是，作为中华民族称谓礼仪文化的一部分，无论现在还是将来，我们都应该有所了解。

③要以“职务”称呼他人。

此种情况虽然适用于工作场合，例如，“吴市长”“杨局长”等，但是在社会交往中，人们往往也习惯于以对方曾经担任过或正在担任的职务来称呼对方，以表示对对方的敬重。例如，一些离退休的老领导，人们出于对他们的尊敬，依然沿袭着对他们原来职务的称呼。这种称呼不仅传递了对老领导的尊重，而且对老同志的身心健康也是大有裨益的。

④要以“职称”称呼他人。

以“职称”称呼他人，例如，“王教授”“钱工程师”等，也是对他人的一种尊重。因为人各有志，仕途上的职务和技术上的职称都能代表一个人在工作中取得的成就。在以“职务”称呼传递对仕途上取得成就的人的尊敬的同时，也要以“职称”称呼来传递对技术上取得成就的人的尊敬，这是一种一视同仁的礼仪素养。

⑤要以“学位”称呼他人。

学位代表着一个人在学术上取得的成就，往往代表着学术上的某些权威性。因此，以学位称呼他人，例如，“石博士”“陈博士”，同样体现了对他人的尊重。我在深圳职业技术学院任教时，所在系的系主任就是一位博士，大家都亲切地称呼他“石博”。我刚去时，还以为他的名字叫“石博”呢，后来才知道大家是以学位称呼他。这种称呼不仅体现了大家对他的尊重，也体现了对在学术上取得一定成就的人的一种尊重，并且烘托了本单位、本部门的一种浓厚的学术氛围。

⑥要以“感情色彩的称呼”称呼他人。

在我国的传统中，对于父母的朋友、同事、朋友之间，往往喜欢论资排辈，以类似亲属关系的称呼来称呼他人。例如，称呼与自己父母年龄相近的人为“叔叔”“阿姨”“伯父”“伯母”，称呼与自己同辈的人为“大哥”“大姐”。这种称呼体现了对他人的一种友好与亲近，让对方感到亲切，享受到一种亲情，无形中拉近了彼此的感情距离，为人际交往打开了方便之门。

⑦要以社会上流行的“普遍性称呼”称呼他人。

此种称呼适用于关系一般或一面之交，以及陌生人和对服务业人员的称呼。例如，“同志”“师傅”“先生”“小姐”。具体采用何种称呼，要根据当时的情况斟酌而定。

称呼具有时代性，不同时代会流行不同的称呼。例如，有一次我去银行取款，旁边一位年龄比我大的女士对窗口服务员喊“同志”，当时不知怎么的，我感觉对这个称呼似乎不太熟悉了。其实，“同志”这个称呼，从我幼年起几乎天天都能听到，叫惯了、听惯了，也就没有感觉了。为什么现在听着感觉这么强烈呢？是因为自改革开放以来，社会上流行的“同志”的普遍性称呼已经逐渐被“先生”“女士”取代。也就是说，过去一元化的“同志”称呼，现在已经变为“同志”“先生”“女士”多元化的称呼，使得称呼“同志”的人逐渐减少。但是，在党组织内还是以“同志”称呼，会让人感到最为亲切。

⑧要以“行业称呼”称呼他人。

例如，对医务界人员要称呼“大夫”或“医生”；对教师行业从业人员要称呼“老师”；对会计行业从业人员要称呼“会计”，以表示对他们所从事行业的尊重。

⑨要以“姓名”称呼他人。

此种称呼适用于工作岗位上同事之间，例如，“陈敬仪”“吴洁如”。这里需要稍加说明的是，为了表示尊重，一般不宜直接称呼对方的全名，而应在姓氏前面视对方的年龄冠以“老”或“小”字。例如，称“陈敬仪”为“老陈”或“小陈”。称“吴洁如”为“老吴”或“小吴”。也可以为了表示亲昵而不称姓氏，只称其名。例如，称“陈敬仪”为“敬仪”，称“吴洁如”为“洁如”。这种不称呼姓氏，只称呼名字的称呼只适用于亲人之间、同性密友之间以及长辈对晚辈。

称呼礼节“九要”规则，无论是以“您”称呼、以“先生”称呼、以“老师”称呼、以“职称”称呼、以“学位”称呼、以“感情”称呼、以“职业”称呼，都有一个共同的特点，那就是称呼中都体现了对被称呼者的尊敬。这里需要说明的是，无论以何种称呼称呼他人，为了强调对其个体的尊敬，除敬称“您”和敬称“老师”以及“昵称”外，最好要在称呼前面冠以姓氏。

20 世纪 70 年代初，我大学毕业不久，曾在药局工作过。记得有一次，话剧团的一位著名演员到我这儿购买几味中药。因为看过他的演出，所以我认识他，但他并不认识我。可是，我却听他说：“曲大夫，麻烦您看一下咱这儿有没有这两味中药。”听到他称呼我姓氏，我就想，他怎么会认识我呢？其实他是第一次到我们这儿买药，怎么可能会认识我呢，只不过是他事先向别人询问了我的姓氏。但是，就是这个冠以姓氏的称呼，无形中拉近了我们的交往距离，给彼此一种似曾相识的感觉，不用说，肯定会有助于下一步交往的顺利进行。

我举这个亲身经历的例子是想告诉大家，作为患者也好，作为学生也好，或者作为到各个单位办事的人也好，无论用什么称呼称呼他人，如果能在称呼前面冠以对方的姓氏，会更能体现出对对方的尊重和礼貌，而有助于人际交往的顺利进行。

以上介绍的是称呼礼节“九要规则”，下面介绍称呼礼节“九不要规则”。

2．称呼礼节“九不要规则”

①不要使用“代词”称呼。

有一次，我乘坐公共汽车。下车后，看到一位小姑娘追着前面一位中年妇女问路，“哎，××× 怎么走？”那位妇女没理她。她又提高了嗓门问，“哎，××× 怎么走啊？”这时，我看见前边那位中年妇女扭过头来生气地说，“你跟谁哎哎的，没礼貌！”结果，那位小姑娘没问着路还挨了一顿说。我想，也许是那位小姑娘着急了，才口不择言。但是，即使着急也不能随便用这种“哎，哎”的代词称呼。这种不尊重人的代词称呼，无疑会给下一步交往设下障碍。

②不要使用“省略定语”的称呼。

我女儿在大学读书期间，假期回家穿了一件我从未见过的衣服。我问她：“新买的？”她说：“大姐的。”我一听就有点糊涂。后来经我追问才知道，是她们宿舍内排行老大、她们都称为“大姐”的衣服。

现在在学校里，同学之间流行按年龄排序，像这种在特定交际圈内的称呼，当换了交际环境，尤其是向不同辈分的人介绍当事人时，是应该改变称呼或者在称呼之前加上不同的定语加以区别辈分的。

像刚才这个案例中，“大姐”的前面应加上定语，“我们寝室大姐的”。如果没有这个定语，这个“大姐”就好像是女儿和妈妈共同的大姐了。所以，这个定语是万万不可以省略的，只有平辈间才可以省略。

③不要使用“全称”的称呼。

我在大学教书期间，曾经作为专家组成员听过一些老师的课。有一次我在听课时，旁边一位学生小声问我：“老师，您贵姓？”我说：“免贵，姓曲。”他问：“您是曲军教授吧？”我说：“是的。”接着，他又问我：“曲军教授，我能向您请教一个问题吗？”

在这里，这位学生连续两次称呼我“曲军教授”。这两次称呼，哪次得当，哪次不得当？当然是第一次得当，第二次不得当。为什么？因为第一次是询问，是确认，所以可以用全称。而第二次是当面称呼。当面称呼辈分比自己高的人时，是忌讳称呼其全名的。尽管在名字后面冠以教授的职称，这样称呼长辈也是不妥的。只有在十分正式的场合向他人介绍当事人时才能在职务、职称的前面加上姓名全称。

④不要使用“简化性”称呼。

我曾经为全国礼仪师资研讨班讲过礼仪课，记得有一位女青年教师称呼我“曲老”，我很高兴。因为在姓氏后面加一个老字，一般都是对既老又贤者的尊称。可是后来我发现，她称呼一位年轻老师时也叫“某老”。当时我不明白，为什么对这么年轻的老师还要称呼“某老”呢？后来我才知道，那是对老师的简称。我们说老师这个职业称呼，可以去掉“师”字只称“老”，同样，许多职称、职务称呼也可以简化，例如，有人就称呼我“曲教”。按照这种简化性的称呼规律，一位姓车的工程师，我们可以称他为“车工”，与车、钳、铆、电、焊的“车工”同音。而一位姓钱的工程师，我们又可以称他为“钱工”，与车、钳、铆、电、焊的“钳工”同音。以此类推，作家协会的，我们可以称为“作协的”，与“做鞋的”同音。我有一位亲戚，曾经是省作家协会的领导。他跟我们讲过一个笑话。他有一次去外地旅游，有人问他是哪个单位的，他说“作协的”。那人听说他是“做鞋的”，就问“做布鞋，还是做皮鞋”。他听后哈哈笑起来，才知道这种对“作家协会”的简化性称呼引起了对方的误会。

像这种简化性称呼，既不正规又不礼貌，而且又容易混淆视听，产生误会。因此，在正式场合中是不能随意使用这种简化性称呼的。

不使用简化性称呼，还有另一层意思，是指异性间不能使用对姓名的简化性称呼。前面我们讲过对同性别的熟人、同学、朋友且关系极为密切，可以把姓氏省略，只称呼其名字。例如，“齐桂琴”可以称呼“桂琴”，“李宝香”可以称呼为“宝香”。然而异性之间这么称呼就有些不妥了。当交际双方彼此称呼的简化程度越高时，其亲密程度也就越高，或者说双方的距离就会缩小。随之而来，彼此在交际中，其言谈、举止的随意性就会增加。所以，我们与关系一般、不太熟悉的人，尤其是与关系一般、不太熟悉的异性交往时，一定不要简化对对方的称呼，或者过于随便地称呼对方，以免引起不必要的误会。只有家人中的异性或其伴侣，或者社会上的异性长辈可以对其使用简化性的称呼。

⑤不要使用庸俗的称呼。

近年来社会上流行一些庸俗的称呼，例如老板、老板娘、哥们儿、姐们儿、老娘、姑奶奶、小妞、狗日的、该死的、挨千刀的、老公，等等。这些庸俗的称呼都是登不了大雅之堂的，因此也不能在正式场合中使用。假如在正式场合使用这些庸俗的称呼，不仅会失礼，也会有失自己的身份。

⑥不要使用由于文化差异而不通行的称呼。

有些称呼是具有鲜明地域性的，因此在交际中要注意称呼的文化差异。例如，我是山东人，山东人习惯称人为“伙计”。2000 年，我到深圳工作时，发现“伙计”在这里就是指“打工仔”，与山东人称呼的“伙计”完全是两个意思。

还有，上小学六年级时，我从济南转学到东北，发现东北人称小姑娘为“丫头”，而山东人却习惯称小姑娘为“小妮”。每当听到邻居叫我“丫头”时，心里别提有多别扭了，认为“丫头”就是旧社会伺候人的丫鬟，很久都适应不了这种称呼。

再如，“爱人”的称呼，在我国可以用来称呼夫妻双方中的任何一方。然而，在西方许多国家，“爱人”只是用来称呼“情人”的。因此，这个称呼在国际交往中是不能滥用的。

⑦不要使用“绰号”称呼他人。

记得我们读书时，经常有人给同学起绰号，什么“狗不理”“大虾米”“座山雕”“蝴蝶迷”，等等，大家对此津津乐道。其中有些绰号带有爱昵的色彩，但是有些绰号却带有侮辱性的味道。无论出于什么动机，给他人起绰号，或者称呼他人的绰号，都是对他人的不尊重。因为姓名是一个人最看重的个人代表符号，多少家长为了给孩子起一个既好听又有意义的名字，挖空心思，绞尽脑汁、甚至不惜到处求人。我们却随心所欲地以一个寻开心的绰号，轻易地侮辱、耍笑一个人，这不仅失礼于当事人，也是对其父母的极大不尊重。

⑧不要使用“错误称呼”称呼他人。

我国是一个多民族的国家，其姓氏非常复杂，其中有许多字，在姓氏中有特殊的发音，例如，“查”“訾”等。在称呼这些容易弄错发音的姓氏时，要事先进行多方咨询和充分的调研，以免失敬于对方。

不要使用“错误称呼”称呼他人，还有另一层含义，就是指当对被称呼人的辈分、婚否不了解的情况下，不要冒昧地称呼对方，以免造成误会而失礼于对方。比如，在不了解一位女士是否已婚的情况下，宁可称其“小姐”，也不要称其夫人，以免惹她不高兴。

⑨不要使用“省略名字”的称呼称呼他人。

不要使用“省略名字”的称呼称呼他人，是指在正式场合中，当郑重地介绍当事人时，例如开会前介绍主席团成员，介绍来宾名单，等等。此时都要在职务、职称前面加上当事人的姓名，不能仅加上姓氏而省略名字来介绍。例如“宋 ×× 副主席”不能称呼为“宋副主席”，“吴 × 部长”不能称呼为“吴部长”。此种场合下，如果省略掉名字而只称姓氏和职务、职称，则会显得有失正规和庄重。

我们从称呼礼节的“九要”和“九不要”共 18 个方面，介绍了人际交往的称呼礼节。让我们在人际交往中，以一颗尊敬之心，持一种谦恭态度，对他人称呼得准确，称呼得得当，称呼得礼貌，称呼得亲切。让承载着尊重，体现着教养，既准确又得当、既礼貌又亲切的称呼，成为人

际交往中最给力的金钥匙，成为人际交往最得力的润滑剂，让称呼礼节这朵绚丽的礼仪之花，在礼仪的春风中尽情地绽放，散发出沁人心脾的芳香。

交际礼节之问候

人与人相互交往时，都应主动问候对方，对于对方的问候也应予以积极回应，否则会失礼于对方。问候，就是问好、问安。这是人们相见时，以语言形式彼此向对方表示敬意与友好的一种礼节。

问候是有讲究的。一般来说，可以把它归纳为“四个要”原则。

“四个要”原则：一要讲究问候的态度；二要讲究问候的次序；三要讲究问候的内容；四要讲究问候的文化差异。

1. 要讲究问候的态度

问候是敬意的一种表现，要想表达自己的敬意，必须讲究问候的态度。我不知道大家是否有这样的体会，同样的问候，有的问候让你很舒服、很感动。有的问候，你却没有什么感觉。这是什么原因呢？就是问候的态度问题。只有以主动的问候态度吸引对方，以热情的问候态度感染对方，以真诚的问候态度打动对方，以谦恭的问候态度愉悦对方，也只有这种主动、热情、真诚、谦恭、发自内心的问候，才能让对方感受到问候的温暖，才能融洽彼此的感情。

2. 要讲究问候的次序

讲究问候的次序可以分为两种情况。一种情况是一对一的问候。通常应为“位低者先行”。即，年龄、身份、职务较低者，首先要问候年龄、身份、职务较高者；第二种情况是一对多人的问候。此时，既可以笼统地问候，也可以逐一问候。当逐一问候时，可以按由尊而卑的次序进行，也可以按由近及远的次序进行。

3. 要讲究问候的内容

一般来说，人与人见面问候，一般都以“问好”作为主要内容，这是指用于正式的人际交往场合，特别是宾主双方初次见面的场合。

“问好”的内容又可以根据不同的时间进行量化。一般早上 8 时前，要问候“早安”；8 时至 10 时，要问候“早上好”；10 时至 12 时，要问候“上午好”；12 时至 14 时，要问候“中午好”；14 时至午后 18 时，要问候“下午好”；18 时至 21 时，要问候“晚上好”；21 时之后，要问候“晚安”。

正式交际场合一般都要按此规范内容问候，非正式场合的日常交往可随意一些，不必过分拘泥于这种规范的问候内容，可问候“您好”，“身体好吗”，等等。

4. 要讲究问候的文化差异

同其他礼节一样，问候礼节也有文化差异。例如，西方国家的人见面都问候“您好”。在我国，两个人见面最常用的问候语是“吃饭了吗”。在以畜牧业为主的国家，人们见面既不问“您好”也不问“吃了吗”，而是问“牲口好吗”。其实这与西方人见面说“您好”，中国人见面说“吃饭了吗”一样，都是问候的意思。因为以畜牧业为生的人，牲口对他们来说是最重要的财富，见面问“牲口好吗”，实际就是问你的日子过得好不好。

同样道理，我们见面互相问候“吃了没有”，也是在关心对方的生活如何。因为我们国家长期以来是一个农业大国，见面问“吃了没有”其实质意义也是问候的意思，关心你的生活如何。如果我们缺少这种问候礼节的文化差异意识，在对外交往中就会造成交往障碍，影响我们向对方传递问候的敬意。

我们从讲究问候的态度，讲究问候的次序，讲究问候的内容，讲究问候的文化差异四个方面介绍了问候礼节。让我们在人际交往中，以主动的问候化解彼此的冷漠，以热情的问候融化心中的坚冰，以真诚的问候消除人际交往中不必要的误会，以谦恭的问候推倒人心之间竖起的高墙。让问候礼节作为人际交往最有力的“敲门砖”，顺利地敲开人际交往的大门，让彼此的感情得以沟通，关系得以融洽，使交际在“问候”这个敲门砖的抛砖引玉下渐臻水乳交融。

交际礼节之介绍

介绍，是人与人之间初次交往时最基本、最常规的交际礼节，其中有许多规则要注意。在人际交往中，如果该介绍时没有介绍，或者不该介绍时做了介绍，对于交往双方来说，无疑都是一种失礼。因此，每位职场人都应该了解、熟悉和掌握“介绍礼节”的各种规则，以维护个人的交际形象，使交往顺利进行。

概括地讲，可以把“介绍礼节”归纳为“六个六原则”。

1. 六个介绍类型

六个介绍类型，是指介绍的六种分类。

介绍可以分为自我介绍和他人介绍两种方式。自我介绍就是自己将自己介绍给他人。他人介绍是指其他人，也可称作第三方为彼此不相识的双方做介绍。他人介绍又可分为，介绍个人和介绍集体两种方式。介绍个人是指被介绍者是一对一的单个人，介绍集体是指被介绍者其中一方或双方不止一个人，甚至是许多人。无论自我介绍方式还是他人介绍方式，都可以分为六种介绍类型。这六种介绍类型，其一是应酬型介绍，其二是公务型介绍，其三是社交型介绍，其四是强调型介绍，其五是推荐型介绍，其六是礼仪型介绍。

①应酬型介绍。面对泛泛之交而作的简单自我介绍或他人介绍，适用于公共场合以及一般性的社交场合。例如，饭店、公园、影剧院和路途中的相遇对象，以及宴会、舞会等活动场所进行一般性接触，又不愿意深交者的交往对象。

②公务型介绍。因为工作需要而作的自我介绍或他人介绍，适用于各种工作、公务场合。

③社交型介绍。一种交流、沟通型的自我介绍或他人介绍，适用于各种社会交往活动。

④强调型介绍。在介绍时，对被介绍者一方（或自己）的人事关系加以强调的介绍，适用于欲让另一方被介绍者对其关照的情况。

⑤推荐型介绍。欲将被介绍者一方或自己举荐给另一方的介绍，一般适用于比较正式的场合。

礼仪型介绍是一种仪式型的介绍，一般适用于报告、讲座、演出等一些正规活动的场合。

2. 六个介绍时机

六个介绍时机，在这里包括三层意思：一是指自我介绍的六个时机；二是指他人介绍个人的六个时机；三是指他人介绍集体的六个时机。

自我介绍的六个时机：①初次前往他人住所或单位，因私事和工作需要登门拜访时；②初次在公众传媒上，向社会宣传自己时；③在社交场合中，有陌生人对自己感兴趣或自己对陌生人感兴趣时；④在社交聚会上，有介入某交际圈的欲望时；⑤担心遇到曾经有过一面之交的人，对自己的印象模糊不清或者对方确实已经记不住自己时；⑥求人办事，而对方对自己又不了解或了解甚少时。

在以上六种情况下，是自我介绍的必要时机。如果在这些时机该介绍时没有作自我介绍，不仅会影响到个人的交际形象，而且也会给下一步的交往造成障碍，影响交往的顺利进行。

他人介绍个人的六个时机：①与家人外出，遇到家人不相识的自己的同事或朋友时，要为家人和自己的同事、朋友做介绍；②家中原来有客人，又来了新客人。新客人与原来的客人不相识时，要为他们做介绍；③陪同亲友去拜会亲友不相识的人时，要为他们做介绍；④在工作单位接待互不相识的拜会者时，要为其做介绍；⑤受到为他人做介绍的委托，或者本人有为他人介绍的意愿时，要为其做介绍；⑥陪同领导、有身份者或自己接待的一般来宾，遇见了他们不相识的人跟自己打招呼时，要为他们做介绍。

以上六种时机，该做介绍时如果不作介绍，无论对哪一方来说都是失礼的。

我的亲戚曾经跟我讲过一件事情。

有一次，她到一位朋友家拜访，正好朋友的姑姑从大连来看望朋友。开始，她并不知道朋友家里有客人。后来，朋友的姑姑从卧室出来说话，她忙问“家里有客人啊”。朋友说，“我姑姑从大连来看我”。说完之后，朋友也没有给她们做介绍。她心里感到不太舒服，觉得她和朋友的姑姑都没有受到应有的尊重。

我听了这个讲述后，感到现在很多年轻人对一些礼节知识非常缺乏。在这个案例中，一方是自己的姑姑，另一方是自己的朋友，该给她们做介绍的时候却没有介绍，这对于双方来说，不能不说是一次莫大的失礼。在这方面我是有切身体会的，不过这个体会是正面的。

我的弟弟和妹妹都在本溪老家，只要有机会我就去看望他们。每当弟弟、妹妹家里来了客人或陪我上街路遇熟人时，他们都会为我和客人做介绍。对此，我感觉得到了应有的礼遇，也感受到了我在弟弟、妹妹心目中的分量。

我讲这件事想说明什么呢？就是想说明介绍礼节对于传递对他人的尊重和进一步增进亲朋之间感情的重要性。

他人介绍集体的六种时机：①应邀参加会议，参加者来自多个单位，而且每个单位的人员不止一人，此时需要进行集体介绍；②谈判、比赛，邀请多方人员参加，而且每方人员不止一人时，要进行集体介绍；③有各方参加的较大的社交聚会，各方人员均不止一人时要进行集体介绍；④接待考察、学习的来宾不止一方，而且每方不止一人时，要进行集体介绍；⑤举办对外交往活动，有多方参加，每方不止一人时，要进行集体介绍；⑥组织较大规模的公务活动，有多方人员参加，而且每方人员不止一人时，要进行集体介绍。

以上六种时机，如不做介绍，不仅会失礼于在场的人员，也会影响到组织方和举办方的交际形象，甚至会造成不必要的误会，从而带来交际上的麻烦。

3. 六个介绍内容

介绍内容是介绍的最核心部分。在应酬型的自我介绍和他人介绍中，介绍内容是最简单的，只含本人或被介绍者的姓名一项内容就可以了。例如，“您好，我叫马兰开”。或者“我来为你们介绍一下，这位是陈一妹，这位是杨春雪”。

公务型的自我介绍和他人介绍的内容要含本人或被介绍者的姓名、工作单位和部门、职务或职称三项要素。如果职务、职称项缺少内容，可以介绍所从事的具体工作。例如，“您好，我叫葛芬，在常林市中级人民法办公室工作”。或者“我为二位介绍一下，这位是南海市税务局局长艾颖女士，这位是东海大学校长杨菊女士”。

社交型自我介绍和他人介绍的内容，除了要介绍本人或被介绍人的姓名、工作单位、职务、职称外，还可以根据需要，介绍一下籍贯、爱好及毕业学校等情况。例如，“您好，我叫张忠祥。听说您毕业于清华大学，我们是校友”。或者“您好，我介绍两位山东老乡认识一下，这位是中大集团总工程师曲杰夫先生，青岛人。这位是东山大学校长王淑央女士，济南人”。

强调型自我介绍和他人介绍的内容，除了本人或被介绍人的姓名外，还可以强调一下本人与交往对象所共同认识的人的特殊关系，或者被介绍者与介绍者之间的特殊关系。

例如，“您好，我叫鞠兰君，华清大学退休教师，我们在电话里曾经神交过，您的女儿和我的女儿是高中同学”。或者“您好，迟董。这是我的妹妹曲敏聪，华秀艺术团团长，多才多艺，很有组织策划能力，请您多加关照。敏聪，这位是菊美传媒有限公司迟源董事长。今后你有事多请教迟董”。

推荐型自我介绍和他人介绍的内容，除了姓名、工作单位外，因为意在向对方推荐自己或某人，所以要加入一些本人或被介绍人的优点和特长。

例如，“大家好！我叫严博皓。山东人，29 岁，中共党员。毕业于北京大学中文专业，获文学博士学位。在《人民文学》《诗刊》《北京日报》等报刊上发表过诗作几十余首，多次获全国诗赛大奖。著有中篇小说《永远的执着》《无悔的人生》。能熟练运用英语、日语。喜欢书法、绘画，热爱演讲、朗诵、主持”。

或者，“这位是清华大学的高才生齐超先生，这位是沃华集团的严兵董事长。严董，齐先生是经济学博士，在国内外重要学术刊物上已经发表了数十篇有影响的论文，应邀到美国、日本等十几个国家讲学，是我国不可多得的经济学人才”。

礼仪型自我介绍和他人介绍的内容，除了介绍姓名等一般情况外，多侧重于敬称、谦辞等礼貌语言的运用和谦恭语气的表达，以表示对交往对象的尊敬和自谦。

例如，“尊敬的各位嘉宾，大家好！我叫齐芳婷，供职于哈佛大学。很高兴担任今天晚会的主持，希望我们一起度过这段美好的欢乐时光”。

或者，“劳博士，请允许我为您介绍清华大学的经济学博士毛壮先生。毛博士，这位是哈尔滨工业大学的建筑学博士劳勇先生”。

4．六个介绍次序

介绍次序是指为他人做介绍时，先介绍谁和后介绍谁的先后顺序。

人际交往中为他人做介绍时，介绍次序是一个比较复杂也比较难以掌握的环节。总体来说，要遵守“让尊者优先了解情况的礼节规则”。其含义是，要先把位卑者介绍给位尊者，让位尊者首先了解对方的情况，以掌握人际交往中的主动权，具体操作时有以下六种情况。

①介绍年轻者与年长者相识时，应先把年轻者介绍给年长者，再把年长者介绍给年轻者；②介绍职位低者与职位高者相识时，应先把职位低者介绍给职位高者，再把职位高者介绍给职位低者；③介绍男士与女士相识时，应先把男士介绍给女士，再把女士介绍给男士；④介绍家人或主人与客人相识时，应先把家人或主人介绍给客人，再把客人介绍给家人或主人；⑤介绍未婚者与已婚者相识时，应先把未婚者介绍给已婚者，再把已婚者介绍给未婚者；⑥介绍参加社交活动的后到者与先来者相识时，应该先把后到者介绍给先来者，再把先来者介绍给后到者。

在六个介绍次序方面需要加以说明的是，当为集体做介绍时，其介绍次序可以参照为个人做介绍的次序，当被介绍者两方，其职务、年龄大致相仿，难以确定尊卑时，则应按照个人服从集体、少数服从多数的原则，把个人或人数少的一方先介绍给集体或人数多的一方。

在六个介绍次序方面，还有一点需要说明的是，在会议或比赛等正规活动中，介绍来宾、主席团成员或评委时，应把被介绍者按照由尊而卑的次序，单向介绍给所有参与者。如果被介绍者是单位，则应按照以下四种方法排列介绍次序：①按单位级别由高而低介绍；②按单位领队人的职务由高而低介绍；③按单位英文字母或汉语笔画顺序排序介绍；④按各方抵达的时间先后排序介绍。如果时间允许，各方的成员也应由尊而卑一一介绍。当然，视具体情况也可以不介绍各方的具体成员。

5. 六个介绍者的条件

①正规活动中职位较高者；②公务活动中的礼宾接待人员或办公室工作人员、公关人员；③各种社交活动的组织者；④交际场合中的年长者；⑤家庭聚会的主人，尤其是女主人；⑥应被介绍者的要求，熟悉被介绍者双方的人。

6. 六个介绍禁忌

①介绍自己或他人时，切忌“隐姓扬名”。

我在深圳大学任教时，有一次应某大学邀请，为他们做礼仪讲座。有一位负责接送我的学生，向我要名片并与我攀谈。我问她“怎么称呼你”，她说“你就叫我兰兰吧”。我听后感觉不太舒服。这叫什么自我介绍啊，连个姓都没有，即便是应付我，也要有个姓啊。这种自我介绍就不规范，给人的感觉是不太懂规矩。

与人交往中介绍自己时，一定要郑重，最起码要介绍自己的全名，尤其是异姓之间更要注意这一点。否则，就会向对方发出错误的信息，说不定对方会误以为你在与他套近乎。如果遇到另类人，也许还会产生不必要的麻烦。

②为他人做介绍时，切忌为原本不友好的两个人做介绍，以免造成场面尴尬，最好事先征求一下双方是否有结识的意愿。

③切忌在他人正忙时或情绪不佳时做介绍，以免影响介绍的效果。

④介绍时切忌妄自菲薄，过分谦虚贬低自己。也不要胡乱吹嘘，掺杂

水分，以免影响自己的交际形象，为以后交往设下障碍。

⑤介绍内容切忌冗长，不要借题发挥、滔滔不绝，以免引起他人反感而影响个人的交际形象，同时也会影响介绍的效果。

⑥介绍时手势切忌夸张，不要用手点指被介绍人，而要用五指并拢、掌心向上的手势，以表示对交往对象的尊敬。

以上，是介绍礼节的“六个六原则”。让我们熟记介绍的六个分类、六个时机、六个内容、六个次序、六个介绍者条件以及六个禁忌。以介绍次序的原则性，向交往对象展示我们的良好礼仪素养；以介绍内容的规范性，给人感受情感上的尊重。让介绍礼节给对方留下美好的印象，成为人际交往最畅通的桥梁，为双方获得成功的交往奠定坚实有力的基础。

交际礼节之握手

说到握手，我想起了在深圳大学任教时的一件事情。

记得有一次开学初上课，我刚走进教室，一位男同学走到我面前热情地与我握手，然后向我介绍自己是院学生会副主席兼该班班长。他介绍之后对我说，班里有几个同学因参加市里的技能考试，今天的礼仪课不能上了。本来，对于这种先斩后奏的请假，老师都是很反感的。可是，就是由于这个学生与我热情地握手，融化了我的反感情绪，并且对他产生了良好的印象。

我举这个例子想说明什么呢？说明主动热情的握手礼节在人际交往中的魅力。握手，可以说是交往双方惯用的一种见面行礼的方式，即会面礼。所谓会面礼，就是人们见面时约定俗成的互行的礼节。

会面礼是具有时代性和文化差异性的。不同国家、不同民族、不同时代的会面礼是形形色色、互不相同的。握手这种会面礼，应该说是一种传统的、也是国际上较为通行的、具有代表性的行礼方式，是大多数国家常用的会面礼节，也是世界上使用最广泛的会面礼节。按照礼仪规范，握手礼节应该有许多规则要求。这些规则要求，一般来说可以归纳为“五个八”原则。

这“五个八”原则，分别是八个握手时机、八个握手次序、八个握手姿态、八个握手禁忌和八个握手注意事项。

1. 八个握手时机

握手时机，一般来说与交际双方的关系及交际活动现场的气氛，以及与交际者的交际动机有一定的关系。但是，总体来说，还是有规则可循的。

①在家中或在办公室以及在一些正规的社交场合中，作为主人一方，应该在迎接和送别客人时，与来宾一一握手，以表示欢迎与欢送；②去他人住所或办公室拜访或应邀参加各种交际活动，如宴会、舞会等，与主人见面或告别时应与对方握手，以表示尊重和感谢；③遇到久未谋面的熟人时应与其握手，以表示友好与热情；④在社交场合中，偶然遇到了相识之人时应与其握手，以示友好与问候。同其道别时，也应握手，以示惜别之情；⑤被介绍与他人相识时应与其握手，以示友好之意和高兴结识的心情；⑥在正式场合中，向他人赠送礼品或颁发奖品时应与其握手，以示郑重祝贺。他人向自己赠送礼品或颁发奖品时，也应与其握手，以示感谢；⑦当他人升学、乔迁、过生日、结婚、生孩子或获得荣誉时应与其握手，以示真诚的祝贺。他人向自己表示同样的祝贺时，也应与其握手，以表示感谢；⑧当他人遭受疾病、失业等各种人生挫折时应与其握手，以表示慰问。当他人给予自己鼓励、关怀、安慰或帮助时，也应与其握手，以表示感激。

2. 八个握手次序

握手次序，是指谁先伸手、谁后伸手的先后顺序，可以说是握手礼节中最核心的礼仪规则。在现实生活中，许多人由于不了解该项规则而造成交往中尴尬场面是屡见不鲜的。

总体来说，握手次序应遵循“尊者优先”的规则，即握手的主动权应由尊者掌握。

具体操作可以分为以下八种情况。

①年长者与年轻者行握手礼，应由年长者先伸手；②长辈与晚辈行握手礼，应由长辈先伸手；③职务高者与职务低者行握手礼，应由职务高者先伸手；④老师与学生行握手礼，应由老师先伸手；⑤已婚者与未婚者行握手礼，应由已婚者先伸手；⑥女士与男士行握手礼，应由女士先伸手；⑦社交活动场合的先来者与后至者行握手礼，应由先来者先伸手；⑧主人与客人行握手礼，见面时应由主人先伸手，以示欢迎；告别时则应由客人先伸手，以免主人先伸手而有逐客之嫌。

3. 八个握手姿态

握手的姿态是否规范，同样可以体现一个人的礼仪素养。①握手时要微笑，双目注视对方的眼睛，以示专注、热情和友好；②握手的距离要规范，不能过远，也不能过近，要求双方保持一米左右；③握手的身体姿势要规范，要站立握手，双腿站直并且上身稍向前倾；④握手时，手的姿势要规范，要伸出右手，拇指张开，其他四指并拢，与对方的右手相握；⑤握手的动作要规范，右手要由下向上举至与腰同高，手掌与地面垂直，彼此相握，上下晃动三两下，然后彼此将手放开；⑥握手的力度要规范，不要过大或过小。过大，会给人以粗俗无礼之感；过小，则有不热情之嫌；⑦握手的时间要规范，在三秒钟左右即可，不要过长或过短。过长，会使双方感到尴尬；过短，则会让双方感到缺少热情，有敷衍之嫌；⑧握手时不能一言不发，要有语言配合，例如，“您好”“认识您很高兴”“初次见面请多关照”等。

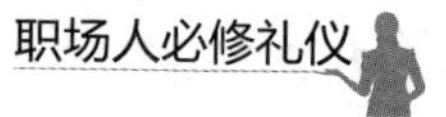

4. 八个握手禁忌

握手禁忌，是指握手时不应该做的事情，以免失礼。

①不要拒绝与他人握手，更不要因为对方不懂握手次序冒昧地先伸手而拒绝与他人握手，以免使对方尴尬；②不要戴着墨镜与人握手，患有眼疾者例外，但要向对方解释，以免失礼；也不要戴手套与人握手，以免对人不尊重，但女士可以允许戴着薄纱手套与人握手；③握手后，不要当着对方的面揩擦自己的手掌，以免伤害对方的自尊心；④不要将一只手插在衣兜里，另一只手与人握手，以免给人傲慢之感；⑤不要只用指尖与人握手，亦不要握手时只握对方的指尖，这两种做法都是失礼的；⑥不要握住他人的手左右晃动或上下摆动不止，以免举止不雅；⑦不要用左手与人握手，尤其与东南亚一些国家的人交往时，更要禁止用左手握手，因为在他们国家，左手一般是用来如厕的；⑧人多时不要交叉握手，尤其在与西方一些国家的人交往时，更要禁止交叉握手，因为他们信奉基督教，这种类似十字架式的交叉握手，对他们来说是很不吉利的。

5. 八个握手注意事项

①当事人所处环境氛围不适合行握手礼时，例如，开会、谈判以及各种庄重、严肃的仪式等，如果双方目光相碰，可以用点头的方式向对方致意；②当事人双方所处空间距离比较远时，不必握手，可以用拱手礼向对方致意；③当正在忙于一些事情，而暂时抽不出手行握手礼时，如正在工作或手持话筒正在打电话等，可以不必握手，而代之以点头致意即可；④当手中持有物品，如扛行李、提包而腾不出手行握手礼时，不必握手，而要代之以点头致意；⑤由于工作，手上的污物还没有来得及清洗，或清洗后手上的水还没有揩净时，暂时不必握手，可代之以招手或点头致意；⑥正在吸烟，手中持有香烟时，可不必握手，可以用点头方式向对方致意；⑦当一个人要与许多人握手时，可不必握手，以拱手礼向大家致意即可；

⑧当患有各种传染疾病时，可不必与人握手，以免把病菌带给他人，引人反感。

以上介绍的是人际交往中最常用的握手礼节。在国内外人际交往中，除了握手这种见面礼节外，还有以下一些会面礼节，也颇为常见。

这些礼节分别为鞠躬、拱手、合十、拥抱、吻手、亲吻等。

鞠躬礼节最初起源于我国，先秦时代就有“鞠躬”一词，当时是指弯曲身体之意，代表谦虚恭敬，后来逐渐演变成躬身的礼节，称为“鞠躬礼”。一般适用于下级对上级、晚辈对长辈、学生对老师的见面行礼。现在，在国内更多的是适用于讲台上领奖或讲话之后表示感谢，或演员表演之后谢幕以及红白喜事等仪式场合。

其规范要求是身体站直，以腰部为轴，整个腰和肩向前倾斜，视对受礼人尊敬的程度，其尊敬的程度越高，倾斜的角度越大。施礼时，颈部不能弯曲，两臂自然下垂，双手贴在两侧裤线处。接待服务时，女士也可将双手交叉于小腹前。双目注视受礼者，最后，视线落在对方的脚尖部位。

如果戴着帽子，必须先脱帽，用右手握住帽子前沿的中央，或握帽顶中央部位，置于腰部或体侧，帽面朝身体的外侧。另一只手下垂，施礼后戴上帽子。如果双方还要进一步讲话，则不可忙于戴帽。

拱手礼是我国传统的见面礼节，随着时代的变迁，已逐渐被握手礼替代。目前，仅适用于一人向团体许多人祝贺、感谢时，如新年、春节团拜活动，等等。

行礼时，身体站直，右手攥拳，左手掌抱握住右拳，两臂屈肘，抬至胸前。施礼时，可以前后摇动，目视对方，面带微笑。拱手礼现在仍流行于海外华人之间见面行礼。

合十礼原是印度的一种见面礼节，后来为各国佛教徒采用。具体操作是，双手五指并拢，两手掌在胸前对合，两肘肘关节向外用力，使其离开身体，两小臂成一条直线，将手掌微微上举，举至掌尖同鼻尖持平，指尖向上、略向外，头略低。注意切莫同时点头，以免不伦不类。行此礼时，合十的双手举得越高，对对方的尊敬程度就越高，但原则上不允许高于额头。长辈给晚辈还礼时，手的位置可低些。

合十礼在我国傣族聚居区以及东南亚，南亚地区十分流行。我们在与东南亚、南亚国家人交往时，如果向他们行“合十礼”，他们会因为受到尊重而感到十分高兴。

说到这儿，不由地想起我在暨南大学任教时，一位学生对我讲了他在泰国遇到的一件事情。有一次他横过马路，一位司机将车停下来，等他过去。可是，不知为什么，他刚要过时，那位司机却发动汽车开过去。对于这个问题，他一直感到很困惑，想让我帮他找到答案。我想了一下对他说：“因为我不了解当时现场的具体情况以及司机的心理状态，无法做出正确的分析、判断。但是，因为我是讲礼仪的老师，我会从礼仪的角度思考这个问题。当司机停下车时，你应该对他表示感谢。当然，由于离得比较远，不可能通过语言表达，但可以通过肢体语言来表示，就是向司机行一个当地流行的合十礼，司机一定会很高兴，就不会出现这种情况了。不过，这也是个特例。一般来讲，在国外，司机都会主动给过马路的行人让路。我这样分析不知道对不对？”那位同学听罢，拍了一下脑袋说，“老师，您分析得太对了。当时，我还真看到有人举手合十了。这件事始终困扰着我，让我百思不得其解，真是一句话点醒梦中人”。

拥抱礼是西方一些国家采用的一种见面礼节，也是国际交往中经常采用的一种会面礼节。其具体操作是：当事人相对而立，右臂偏上，左臂偏下，右手从对方左肩经过，向后扶于对方左肩胛骨处，左手从对方右侧向后，扶于对方的右后腰部。按各自的方位，两人头部及上身都向左前方相互拥抱，两面颊相贴，然后头部、上身再向右前方相互拥抱，两面颊相贴，再次向左前方拥抱后，即可分开。

拥抱礼在我国除了国家领导人在与西方一些国家元首会见时采用外，

平常很少有人采用。即使与亲近的人采用，也不是按照以上的规范要求那样讲究，而是比较随意。

其实，随着现代社会的文明不断发展，我国实行拥抱礼节的人也越来越多，特别是在家庭夫妻之间、亲人之间、长辈与晚辈之间，经常实施拥抱礼节。这样做不仅可以释放对彼此的爱，还可以通过身体的接触，进一步加深亲人之间的感情。这方面我有深切的体会。每当我的孩子回来或离开时，我都会拥抱他们。当然，这种拥抱不同于西方那种礼节性的拥抱，更多是表达内心深处对孩子爱的一种最高方式。

吻手礼是欧洲一些国家采用的一种会面礼节。最初，是男士对尊贵的已婚女士表示尊敬的一种会面礼节。例如，法国按其传统，只有对王族血统的妇人才能实施这样的礼节。现在，普遍适用于男士对已婚女士的行礼。其规范操作是：男士首先立正，目视对方致意，然后用自己的右手托起女士的右手，俯下身去，嘴唇微闭，象征性地轻轻地吻一下对方的手指或手背后，放下对方的手，恢复站立状态。

行吻手礼，一要注意行礼的地点，不能在公共场合实施，以室内为佳；二要注意不能吻少女的手；三要注意行礼部位，不可至手腕或超越手腕。吻手礼在我们国家，除社交场合偶尔有人采用外，基本上不采用。

亲吻礼与拥抱礼一样，都是西方国家的会面礼。其具体操作分为以下几种情况。晚辈吻长辈时，应吻面颊或下颌；长辈吻晚辈时，应吻额头；平辈之间的同性，应当贴面颊。贴面颊时，顺序应先右后左；异性之间应吻面颊；夫妻之间或恋人之间要吻嘴唇，以表示亲昵和爱抚。

行亲吻礼时，一般应当与拥抱礼同时进行，即双方见面时即拥抱又亲吻。行礼时，切忌发出声音，切忌将唾液留在对方脸部，切忌夫妻与恋人当众接吻。

在我们国家，一般社交场合下不采用亲吻礼。在对外交往时，如果对方要对我们行亲吻礼，此时，可主动伸出手来与对方行握手礼。如果对方硬要行亲吻礼，且无恶意，又是长辈，可与其贴面颊。对外交往时，总的原则是“入境问俗，入乡随俗”，要尊重对方的礼节、习俗。

以上，我主要介绍了人际交往中最常用的握手礼节。让我们熟记握手礼节的八个时机、八个次序、八个姿态、八个禁忌和八个注意事项。在与人交往时，把握好握手的最佳时机，该出手时就出手。通过人类最文明的见面礼节——握手，向对方传递我们的热情、友情和真情。让握手姿态的优雅性与握手次序的规则性，给人以意会上的审美和情感上的享受，让握手这种传统的会面礼节，随着时代车轮的不断前行，得到进一步的发展与传承。

交际礼节之拜访

拜访，是人们日常交往的一种礼节，指前往他人住所、办公室或其他约定的地点看望、会见对方，也称拜见、拜会或做客。

当今社会，人们的生活节奏加快，工作之余走亲访友，可以调节这种紧张的状态，放松一下身心，并且通过拜访朋友，有助于沟通感情和增进友谊。

由于拜访是一种人际交往，所以，有许多规则需要讲究。总体上讲，作为拜访者一方的客人，要遵循“客随主便”的原则。具体地讲，要遵循“十五要”和“十五不要”的原则。

先介绍“十五要原则”。

1. 要事先预约，以体现对主人的尊重，尤其是初次拜访或正式拜访时更为重要。

2. 要按时赴约，以体现个人的修养。

按时赴约是指客人要按照事先与主人约定的时间准时到达。若确实有急事不能按时赴约时，应及早通知对方，以免让对方空等而失礼。

3. 客人到达后，如果主人未来迎候，可敲门或按门铃。敲门时要讲究，只用右手中指或食指的指关节轻叩三下即可。按门铃也有讲究，只可让铃声响两三声。如果室内没有反应，可在一两分钟后再重复按一次。

这里需要稍加说明的是，入门时有一些规矩要讲究。《礼记》中说，“户开亦开，户阖亦阖”。意思是说，此时，如果门原来是敞开着的，进门后还让门敞开着，即进门后也无须关门。如果入门时门是关着的，则要在主人说“请进”后，再轻轻地推门而进。进门后，要把门轻轻地关上。这叫做“门阖亦阖”。如果房间内已经有人与主人说话，而且谈话声音很低，听不清楚时，说明他们的说话内容为私密内容。这时，客人可以按照《弟子规》中“将上堂，声必扬”的告诫，故意提高说话声音，让主人知道，门外有客人来了，以便结束说话。入门时则应当始终面向对方，出门时也应当尽量面向主人及屋内的人。

4. 初次拜访或久未拜访时，可适当地带些礼物。特别是主人家有老人或小孩时，要给老人和小孩带点儿他们需要的礼品，如点心、水果、鲜花、玩具，等等。并且在进门时即应送上所准备的礼物。

5. 进入室内后，要向主人，尤其是女主人问候。家中若有老人，要主动问候老人。如果拜访者带着孩子，则要教育孩子懂礼貌，让他称呼主人家所有的人。

6. 进入室内要摘下帽子，摘下墨镜，以表示对主人的尊敬，同时，摘下手套以便与主人握手。按照国际惯例，女人所戴的用以装饰的薄纱手套除外。另外，还要脱掉大衣、风衣类的外套，以免弄脏主人家的座椅，并放下手提包。脱下的衣帽要挂在衣帽架上，或者主人指定放置的地方。手提包则要放在就座后右手下方的地板上，或主人指定放置的地方。

7. 要应“请”入座，并且要在主人指定的位置入座。就座时要与主人和在场的其他人谦让，等主人入座后再落座，或与主人同时入座。

8. 如果应邀在主人家用餐，应请主人与长辈先入座，并待主人动筷后再动筷。席间，对于主人做的菜肴，无论是否可口，多少都要尝一些，且要称赞菜的味道好，以示对主人劳动的尊重。用餐其间，无论多好吃的菜，盘子里都应余留少许，如将其吃光，会有暗示主人继续添菜之嫌。用餐结束后，应主动协助主人撤掉剩余的饭菜。若长者有所赐予，同辈要行辞谢礼，晚辈则要离开席位，行礼致谢。用餐结束后，要在适当时机起身告辞，以免主人太劳累，并真诚感谢主人的款待，邀请主人到自己家做客，以答谢主人的情意。

9. 在拜访其间，如果有新客人到来，要见机行事，及早告辞。告辞离开时，要等新来的客人坐下后才能辞去，否则，会失礼于新来的客人。

10. 要掌握好交谈时间，适可而止。一般以四十分钟左右为宜，初次拜访以半个小时左右为宜。

11. 拜访者提出告辞后，就要坚决执行。此时，对于主人或是出于真诚的挽留，或是出于礼貌的挽留，都不要改变主意。

12. 告别时要先向女主人告辞，然后向男主人及其他家庭成员告辞。

13. 告别时，要行握手礼。由拜访者先伸手，并邀请主人及其家人到自己家中做客。对主人的热情相送，要用雅语礼貌地说，“请留步”“请回吧”。

14. 如果是夫妇同往，要讲究夫妇外交礼节，服饰要统一和谐，言谈要互补一致。

15. 拜访他人时衣冠要整齐、洁净，尽量穿戴得时尚一些，以示对主人的尊重。

拜访礼节“十五不要原则”：

1. 不要选择对方用餐时间和午睡时间以及工作繁忙时间，以免引起对方的反感而使拜访的效果受到影响。

2. 与主人约定好的拜访时间，一般不要随意更改，以免对主人不敬。

3. 拜访时，不要未与主人商量而随意携带其他人，尤其是携带主人反感的人，以免失礼于主人。

4. 拜访时不要过早或过晚到达。过早到达，会使主人由于准备不充分而手忙脚乱；过晚到达，会让主人及其在场人久候，而失礼于对方。

5. 拜访时不要衣冠不整或随意着装。例如，敞怀、解扣，或者着过于休闲、轻佻的服装，甚至着运动服，等等，以免对主人不敬。

6. 到达门口时，即使门开着，也不要径自进入，而需要用声音通报主人。如果门是虚掩着的，屋里有谈话的声音，很低，听不清楚时，不要贸然进去，如《礼记》中“言闻则入，言不闻则不入”。

7. 主人未开门前，不要向室内探头探脑地窥视，更不能侧着耳朵从门缝里偷听主人家中的谈话，以免有打探别人隐私之嫌，同时也影响自己的形象。主人开门后，未主动邀请拜访者进门时，不要未邀而入。

8. 为主人所带的礼品，不要不说明就放到一边，甚至等到告辞时也不说，以免尴尬。

9. 进入主人家后，不可太随便，即使与主人关系甚密，也不可以随手乱动其家中的东西，以体现自己的教养。

10. 对主人家中的事情，不要过分地打听、追问，以免引起主人反感，同时也影响自己的形象。

11. 拜访时，如果主人家还有其他客人，虽然不能视而不见、旁若无人，但也不要对其表现得过分感兴趣，以免本末倒置，冷落了主人。

12. 进入室内后，勿将帽子、外套、手提包等物品随意放在主人家的沙发上、桌子上或椅子上，以免污染、弄乱主人家的环境。

13. 主人邀请入座时，不要自己挑选座位，也不要未等主人邀请，自己就抢先入座。入座后，当主人为客人端水果时，应起身辞谢；当主人送上水果，或站着为客人斟茶时，应起身答谢。

14. 拜访时间不宜过长或过短。过长时间交谈，会使双方都感到疲惫而失礼于主人；聊的时间过短，则会显得来访者缺乏诚意和热情，同样也会失礼于主人。交谈时，话题应该由主人主导。“主人不问，客不先举”

(《礼记》)，也就是说凡是主人没有提到的话题，客人一般不要主动提起。不能反客为主，始终主导话题，让主人处于从属地位而令主人不快。客人说话要谦恭、低调，《礼记》中说“长者问，不辞让而对，非礼也”。就是说，如果长者有所询问，作为晚辈应该先辞让，说自己知之甚少，难以回答，还是请他人来回答吧。若对方坚持，再回答也不迟。若不辞让就回答，便不够恭敬。

15. 夫妇同往拜访时，不要将家庭矛盾带到交谈中，以免互相争论你长我短，使主人不知所措而失敬于主人。

我们从十五个有所为和十五个有所不为的两大方面，介绍了拜访礼节。让蕴含着深情浓意的拜访，通过拜访礼节这一美丽的藻饰，来传递对他人的尊敬，展示自己的良好修养。让拜访礼节成为人际交往中获得知识、开阔眼界、增加信息、倾吐心声、沟通感情、增进友谊最有成效的社会交往活动的桥梁。

交际礼节之接待

接待礼节是指接待客人来访的礼节。客人前来拜访与接待客人来访，应该是一次活动的两个方面，是一种双向的应酬活动。在这种双向应酬活动当中，拜访的一方称作来宾或客人，接待客人的一方称作主人。

如果说拜访他人时，总体上要遵循“客随主便”的礼节原则。那么，在接待客人时，同样也要遵循“主随客便”的礼节原则。在“主随客便”的总体原则下，要做到主动、热情、礼貌、周到，使接待活动顺利进行并圆满成功。

为了做到主动、热情、礼貌、周到待客，我们把接待礼节具体归纳为“十四要”和“十四不要原则”。

“十四要原则”：

1. 扫榻以待。在客人到来之前要打扫好待客地点的室内外环境卫生和做好个人卫生，为客人营造一个舒适、温馨的做客环境，以体现出对客人的重视。同时，也向客人展示自己和办公地点及家庭的精神风貌。

2. 热情相迎。如果是本地客人来访，一般要在接待地点的大门外迎候。如果是远道客人来访，可到其抵达的车站、港口、机场迎候。如果对方是老弱病残客人或携带行李过重者，则要到站台内或车厢内迎接。接站时，要在预定抵达时间之前到达接站地点，以免与客人失之交臂而失礼。主人引领客人到家后，进门次序也有讲究。《礼记》中说，“凡与客人者，每门让于客”。就是说，每到一道门都应让客人先走。但是相让之后，主人应稍稍先一步进门，其含义是为客人引路。否则，让客人在前面走，客人会无所适从，不知道往哪个方向走才对。走到接待客人的房间前，主人请客人稍稍留步，自己先进去把客人的席位再整理一下，以体现对客人的重视。

3. 致意问候。与客人见面后要主动向客人问好，并首先伸出手与客人相握，但要视具体情况灵活运用。若双方是初次见面，那么无论双方尊卑，一定是主人先向客人问候，感谢客人屈尊拜访。如果不是第一次见面，则谁为尊就先接受问候。至于回礼问候，除了平时交往甚密的尊长可以不回礼外，一般都应遵循“来而不往非礼也”的原则回礼问候。如果客人是首次来访，要向客人一一介绍家里人或在场的其他人。这些与客人刚见面时的一系列基本见面礼节，一定要实施全面、周到，以通过这些礼节向客人传递热情友好之意，同时也展示主人的礼仪素养。

4. 周到接待。当客人进入室内脱掉衣帽时，应主动予以协助，并帮助放到衣帽间或衣帽架上。如果天气炎热要为其送上湿毛巾、扇子，打开电风扇或空调，以体现对客人的周到接待，让客人有宾至如归的温馨感觉。

5. 请客入座。在与客人互相致意、问候后，要为客人让座，请其坐到尊位座位。让座后，最好与客人同时入座，以免双方相互谦让不止。

6. 敬奉茶果。客人落座后，要为客人及时敬茶，并送上饮料、糖果等

待客食品，以传递对客人的热情与友好。

7. 善待小孩。如果客人带来小孩，要给小孩拿糖果或礼物，并叫出自己的孩子陪客人的孩子玩耍，以体现对客人孩子的喜爱和重视。

8. 热情交谈。与客人交谈时要热情饱满，对客人的谈话要洗耳恭听，以示对其谈话内容表示出极大的兴趣，让客人的自尊心得到最大的满足而使谈话兴趣倍增。同时，为避免双方交谈出现冷场，还要主动寻找话题或转移话题，引导交谈顺利进行。

9. 真诚留餐。如果需要留客人用餐时，要在接待之初郑重地向客人说明留餐之意，以示留人用餐的诚意。陪同客人用餐时，主人一定不能先吃完，以免有催促客人快吃之嫌，并要留心客人饭碗中的饭快吃完时，主动为客人加饭。在客人示意用完餐之后，才可以放下筷子，宣布用餐结束。当客人主动协助主人收拾饭菜时，主人一定要起身阻拦，请客人安坐。

10. 安排留宿。对远道来的客人，如果需要留在家中住宿，则要尽量安排客人住得舒适，被褥要洁净，可放一些报刊、书籍，供客人消遣。次日早上，主人要备好早餐与客人共同进餐。如果家中留宿条件不够，则要主动积极地为客人联系较好的宾馆住宿。

11. 婉言留客。客人告辞时要婉言相留。送客人时要等客人先起身后，方可起身相送。告别握手时也要等客人先伸手后，再与客人握别，以免有逐客之嫌。

12. 感谢赠礼。对于客人赠送的礼品要表示感谢，并请以后不要再破费。在客人临走时要回赠一些合适的礼物让客人带走，以示礼尚往来，从而进一步增进主客之间的感情和友谊。

13. 礼貌送客。送客时，如果对方是晚辈，则站在门内道别即可。若对方为尊长，则要把客人送至门外、楼梯口、电梯口或客人所乘车辆离去的地方，亲切道别，嘱其保重身体，给其家人或朋友带好，并邀请客人下次再来。如果是送远道的客人，则要送到火车站、码头、机场，并为其购买火车票、船票、机票，同时为客人捎带一些旅途中用的水果、点心等食品，以方便旅途食用，体现主人的周到之情。

14. 挥手告别。当客人正式离去或客人所乘车辆徐徐启动时，要向客人挥手致意，然后以注目致意的礼节，目送客人远去，直到双方望不见时，方可转身离开现场。正如《弟子规》中所说，“过犹待，百步余”。就是说，客人离去了，主人不要马上转身回去，而是应目送至客人走出百步左右，不再回头时，才能离去。

《礼记》中说，“礼尚往来，来而不往非礼也，往而不来非礼也”。若双方地位相当，对方亲自登门拜访，则是屈尊，应属于高姿态，这就要在对方来访之后，选择合适的时间去对方家中回访。否则就是失礼于对方，且有自傲之嫌。

“十四不要原则”：

1. 不要过分打扮。在接待客人时，作为主人一方虽然不可衣冠不整，但也不要打扮得非常高贵，以免损伤客人的自尊心，要把高贵留给客人。

2. 不要怠慢客人。当客人来临时，不要我行我素，仍然忙着手中的事情，或让其他人甚至孩子替自己迎接客人，以免对客人不敬。

3. 不要热情过度。在接待客人的过程中，不要过分热情而使客人手足无措。例如，在餐桌上不停地劝客人吃某种自认为好吃的菜，甚至不停地给客人夹菜，使客人陷于难以招架的尴尬境地。又如，客人本来想自己独处一会儿，可是主人不解其意，反而形影不离地喋喋不休，使客人手足无措。作为主人，在待客期间，一定要给客人留有一定的空间和活动余地。

4. 不要无礼入座。不要不等客人入座，自己就抢先坐下，或者不向客人让座，自己就径自坐下，以免对客人失礼。

5. 不要冷落客人。与客人交谈时，不要做一些与接待无关的事情。例如，一边交谈一边看电视，一边交谈一边与家人或其他在场的人不断地说话，或者接打电话，长时间不放下话筒，说个没完，等等。以免让客人受到冷落，同时也影响自己待人接物的形象。

6. 不要厚此薄彼。正在接待客人时，又有新客人前来拜访，不要因为接待后来的客人而“喜新厌旧”，使先来的客人受到冷落。这种厚此薄彼的做法会严重地影响先来客人的自尊心。

7. 不要公开家庭矛盾。对经常来往的彼此熟悉的老朋友，虽然可以随便一些，但即使是常客也不要在客人面前公开自己的家庭矛盾，以免对客人不敬，同时也是对自己不尊重。

8. 不要当面训子。在会见客人时，如果家里的孩子当着客人的面，表现得不听话，不要当着客人的面训斥、教育孩子，以免使客人多心而失礼于客人。

9. 不要有逐客暗示。在接待客人过程中，不要用语言或肢体语言暗示“送客”。例如，不停地看手表，不停地打哈欠，甚至抛下客人离开交谈现场，等等。以免让客人认为主人轻视自己而心中不快，从而使主客双方的关系受到影响。

10. 不要急不可待。当客人告别时，不要客人刚说要走，就马上起身相送，这种做法是不妥的，会有逐客之嫌。其传递的信息是，“这下你可要走了，赶快走吧”。

11. 不要主动送客。与客人握手告别时，不要首先伸手，以免有逐客之嫌而失礼于客人。

12. 不要关门太重。送别客人出门后，不要客人还未走远，就“哐”的一声把门关上，以免让客人多心，而影响彼此间的关系。

13. 不要着急离开。送别乘坐交通工具的客人，不要在客人所乘坐的交通工具还未正式启动时，就离开送别现场，以免客人所乘坐的交通工具出现其他意外时，无人帮助解决，而且也使自己的待人接物礼节大打折扣。

14. 不要制造逐客误会。客人来访时，主人恰好有重要事情要办，应事先或接待之初就让客人知道主人办事的时间。不要在客人落座后，与客人交谈中才说，以免让客人产生“逐客”的误会。

以上是接待客人礼节的“十四要”和“十四不要”原则。

在接待客人时经常会遇到一个敏感的问题，就是日常礼宾次序。所谓礼宾，就是以礼待客的意思。所谓日常礼宾次序，就是指在日常站、坐、走、乘等方面通过给予客人尊位的礼遇，来向客人表示主人的尊敬与友好之意。因此，我们必须掌握好日常礼宾次序，并在接待客人时，将其运用到实践中去，以免由于接待礼仪欠缺而失礼于接待的客人。

下面从站、坐、走、乘等方面分别介绍接待客人的日常礼宾次序。

1. 站的礼宾次序

站的礼宾次序一般可以分为以下三种情况。

①以右为尊。

“以右为尊”是指主人与客人并排站立时，应让客人站在主人的右侧，主人在其左侧站立，因为按照惯例，右侧为尊位。

②以前为尊。

“以前为尊”是指主人与客人竖排站立时，主人应让客人站在自己的前面，自己站在后面，因为按照惯例，前面的位置为尊位。

③以中为尊。

“以中为尊”是指三人并排站立时，主人应让客人站在中间的位置，因为按照惯例，中间为尊位，右侧次之，左侧再次之。

2. 坐的礼宾次序

一般来说，在为客人让座时，应邀请客人坐“上座”。具体来说，“上座”指以下六种情况：

①以右为上。

“以右为上”是指宾主并排就座时，应让客人坐在自己的右侧座位上。因为按照惯例，右侧的座位为上座，左侧座位为下座。

②居中为上。

“居中为上”是指三人并排就座时，应让客人坐在中间座位上。因为按照惯例，中间座位为上座，右侧座位次之，左侧再次之。

③面门为上。

“面门为上”是指宾主相对而坐时，应让客人坐在对着门的座位上。因为按照传统礼仪惯例，对着门的座位为上座，背着门的座位为下座。

④以高为上。

“以高为上”是指宾主不并排就座，而座椅又有高矮区别时，应请客人坐在高位座椅上。因为通常认为高位座椅为上座。

⑤以远为上。

“以远为上”是指宾主在房内一侧就座时，应请客人坐在离房门较远的座位上。因为通常认为距离门远的座位为上座。

⑥以舒适为上。

“以舒适为上”是指座椅有舒适和不舒适区别时，应请客人坐在舒适的座椅上。因为一般认为舒适的座位应该为上座。

3. 行的礼宾次序

行的礼宾次序是指宾主同时步行时的礼宾次序。一般来说，有以下四种情况：

①以右为尊。

“以右为尊”是指宾主并排行走时，应该让客人在主人右侧行走。因为按照惯例，右侧为尊位。

②以内为尊。

“以内为尊”是指宾主并排行走在马路上时，应让客人在马路的内侧行走，主人则走在外侧，以保护客人免受车辆碰撞。

③以前为尊。

“以前为尊”是指宾主单列前后走时，应让客人走在前面，主人走在后面。因为通常认为前面的位置是尊位。

④以中为尊。

“以中为尊”是指三人并排行走时，应让客人走在中间位置。因为一般认为中间的位置为尊位，右边次之，左边再次之。

“行”的礼宾次序有一种特殊情况，是上、下楼梯的次序。

上下楼梯的礼宾次序，是指主人陪同客人上下楼梯时的先后次序。按照礼仪惯例，一般认为，上楼梯时，应该让客人在前，主人在后；下楼梯时，则应让客人在后，主人在前，以防客人在下楼时万一有个闪失，主人在前面便于搀扶。

“行”的礼宾次序另一种特殊情况是进出电梯的礼宾次序。

按照惯例，一般认为进入电梯时，如果是无人驾驶的电梯，主人应先进入电梯，后离开电梯，以便操纵电梯行驶；若有人驾驶，则应请客人先进入电梯，主人则后进后出。

4. 乘车的礼宾次序

乘车的礼宾次序是指主人陪同客人乘车时，上下车的次序和座次次序。

①上下车的礼宾次序。

上下车的礼宾次序可以分为上下轿车和上下公用交通工具两种情况。

上下轿车时，无论乘坐主人自己驾驶的轿车还是乘坐由专职司机驾驶的轿车，主人皆应打开右边的车门，请客人、尊者先上车，然后关上车门，自己从车后绕到左侧车门上车。下车时，主人应从左侧车门先下车，然后从车后绕到车的右侧，打开右侧车门，请客人下车。

如果到达目的地有专人打开车门迎候，则应请客人先下车。若车的左侧有障碍物，不宜打开左侧车门，宾主都由右侧车门上车时，则主人先上车，坐到后排的左侧座位上。客人后上车，坐在后排的右侧座位上；下车时，坐在右侧的客人先下，坐在左侧的主人后下车。

如果乘坐三排和三排以上的轿车时，一般应由主人、位卑者先上车，客人、位尊者后上车。下车时客人、尊者先下车，主人、位卑者后下车。

如果主人自己驾车，自应后上车，先下车，以便于照顾客人、尊者先上车，后下车。

如果乘坐公共汽车、火车、飞机等其他交通工具，则应请客人后上车，主人先上，以便于为客人寻找座位，照顾客人。下车时，主人先下，在客人前面行走，以免万一有什么闪失，便于搀扶客人。

②乘车的座次礼宾次序。

无论乘坐何种车，坐什么座位都是有讲究的。相对而言，轿车是比较舒适的高档车，所以在座次上更要讲究一些。

当前轿车的类型很多，不同类型的轿车在座次上也是有区别的。

一般而言，乘坐双排五座由专职司机驾驶的轿车比较常见，此时的礼宾次序是，主人应请客人坐在后排右侧的座位上。因为按照惯例，此种情况下，后排右侧座位为尊位，后排左侧座位次之，后排中间座位再次之，而副驾驶座位则为最卑位。

按照惯例，副驾驶座位是最不安全的座位。一般公务活动中，是专供警卫、秘书等随同人员就座的座位。所以，在接待客人时，不要让客人，尤其是不要让老人、妇女、儿童坐此座位。

如果由主人亲自驾驶，客人则应坐在副驾驶座位上。因为按照惯例，此种情况下，副驾驶位为尊位，后排右侧座位次之，后排左侧座位再次之，后排中间座位为最卑位。

如果是专职司机驾驶的中排为折叠座的三排七座轿车，应请客人坐到后排右侧座位。因为按照惯例，此种情况下，座次由尊而卑的次序为：后排右侧座位、后排左侧座位、后排中间座位、中排右侧座位、中排左侧座位、副驾驶座位。

如果由主人亲自驾驶，则客人应坐到副驾驶座位上。因为按照惯例，此种情况下座次由尊而卑的排序为：副驾驶位、后排右侧座位、后排左侧座位、后排中间座位、中排右侧座位、中排左侧座位。

如果是专职司机驾驶的三排九座轿车，应请客人坐到中排右侧座位。因为按照惯例，此种情况下，座次由尊而卑的排序为：中排右侧座位、中排中间座位、中排左侧座位、后排右侧座位、后排中间座位、后排左侧座位、前排右侧座位、前排中间座位。

如果由主人亲自驾驶，则客人应坐到前排右座。因为按照惯例，此种情况下的座次，由尊而卑的排序为：前排右侧座位、前排中间座位、中排右侧座位、中排中间座位、中排左侧座位、后排右侧座位、后排中间座位、后排左侧座位。

如果乘坐四排及四排座以上的中型或大型轿车时，应请客人坐到离前门最近的驾驶员身后的第一排右侧座位上。因为此种情况下，按照惯例，各排座次由尊而卑的排序原则是离门越近座次越高，而每排座位尊卑的排序为：右侧座位为尊位，中间座位次之，左侧座位再次之。

如果乘坐吉普车，应请客人坐到副驾驶座位上，因为按照惯例，此种情况下座次尊卑的次序为：副驾驶座位、后排右侧座位，后排左侧座位。

如果乘坐公共交通工具，如汽车、火车、地铁等，应请客人坐到与车辆行驶方向相同的临窗座位上。因为按照惯例，此种情况下，座次尊卑的排序原则是与车辆行驶方向相同的座位为上座，临窗的座位为上座。

我从“有所为”和“有所不为”共 28 个方面介绍了接待礼节规则，也介绍接待礼节中最敏感、最复杂、最难以掌握的日常站、坐、行、乘等方面的礼宾次序。让我们铭记先人“有朋自远方来，不亦乐乎”的教导，热情待客、真诚待客、周到待客、礼貌待客，继承我国传统的待客礼节，吸收、借鉴国际通行的礼仪惯例，让接待礼节在历史前进的大潮中，不断地传承和发展，成为礼仪大花园中最灿烂的花朵，成为以人为本的人际交

往中最和谐的春风。

交际礼节之电话交往

说到打电话，我不由得想起了我的一位朋友跟我聊天时，谈到有关打电话的一件事情。

有一次她到某大学演讲，是她上一个讲学单位的老总亲自开车送她去的。在接风的餐桌上，这位老总向负责接待的该大学办公室主任介绍她时，这位主任说，“我们已经在电话里领略了老师的魅力了”。

还有一次，她身体不舒服，给一位医生朋友打电话咨询。当她介绍自己是谁时，对方立即回答说：“听出来了，你打电话跟别人不一样，一听就是很有素养的人。”说完这些话后，她跟我说：“您是教授礼仪的，我跟您说这些，是想向您请教一下，为什么在电话里就能感觉出一个人的素质呢？”

其实，这位朋友打电话的体会，对于我来说是“心有灵犀一点通”的。我从自己打电话的亲身体验中，也深深地感觉到，电话作为一个人或单位形象的载体，确实能体现出打电话者待人接物的态度和素质。

电话是人际交往中最为便捷的通信工具。电话中应答热情、得体，就像见面时主动热情握手一样，能够给人留下良好的第一印象。掌握接打电话的礼节规则，不仅能展示我们个人和所在单位的美好形象，而且也能促进人与人之间的沟通与交流。因此，我们都应该重视和了解并熟练掌握打电话的礼节，并将其运用到人际交往的实践中。

那么，人际交往中如何打电话才能展示一个人的良好形象，促进交往顺利进行呢？我把它归纳为“一个热情态度”“两个轻声原则”“三个三规矩”“四个适宜时间”“五个避开时间”“六句礼貌语言”“七个注意事项”“八个接打电话禁忌”共八条规则。

下面，我分别介绍八条规则。

1. 热情态度

有一位传播学专家曾经指出，“不管在公司还是在家里，凭一个人在电话里讲话的方式，就可以判断出其修养水准”。他所提到的讲话方式，通常是指我们所说的讲话态度。这种讲话态度则是由讲话声音、讲话语气、讲话表情、讲话姿势诸方面构成的。具体来说，声音要甜美，吐字要清晰，语气要柔和，面部要微笑，姿势要规范。

说到这儿，可能有人会想，打电话时彼此都看不见，干吗要面带微笑和姿势规范呢?

我从有关资料中看到过这样一则报道。

有一位日本心理学专家每次打电话的时候，不仅面带微笑，而且在说到“谢谢”两个字时，还要深深地鞠一个 90 度的躬。有人问他为什么这样做，他说打电话时，虽然对方看不到你的表情和姿势，但是，你在微笑和姿势优雅时说话的声音，与表情阴沉和姿势不雅时说话的声音是不一样的。对方会通过你的声音，感受到你的表情和姿势。打电话时，面带微笑和姿势优雅，就会让你的声音给对方热情和谦恭的感受。

这位日本心理学专家的研究成果很令人佩服，我们平时也都会有这样的体会。在通话中，哪怕只是一个很懒散的姿势，例如，躺在床上或弯腰弓背，对方也会察觉到。此时，通话的声音往往会失去弹性，对方就会问：“怎么了，不舒服吗？”所以，在通话中，虽然看不到对方，也要当作他就在你眼前一样，以甜美的声音、清晰的吐字、柔和的语气、微笑的表情、规范的姿势，来塑造个人形象或单位形象，让通话双方都能进入一种美妙境界，享受到一种被尊重的快乐。

2. 两个轻声原则

①放话筒的声音要轻，千万不要让对方听觉和心理上有“猛然受创”的感觉；②接电话的人为打电话者喊人时，要轻声。如果要找的人离你

较远，可暂时放下话筒，走到其跟前，轻声地说，“您的电话”。千万不要跑步或大声喊叫。这种举止行为，无论是对打电话的人，还是对在场的人来说，都是不文明且失礼的。

3. 三个三规矩

①接电话时，电话铃响不要超过三声。接电话者最好在铃响三声后拿起话筒。如果铃响时间太长，会让打电话者感到怠慢，而铃声刚响一声就拿起电话，又会让对方由于没有思想准备而感到唐突，两者都是失礼的；②通话时间限定在三分钟以内，这在电话礼节中叫作“三分钟原则”；③接打电话时，话筒与嘴的距离应始终保持在三厘米左右，以免使话筒内的声音忽高忽低，影响对方的听话效果，从而失礼于对方。

4. 四个适宜时间

①公务事最好在上班后十分钟左右或下班前十分钟左右，以免在对方刚上班料理诸多事情时，为其添乱。选择下班前十分钟左右打电话，是由于对方一般在这个时间会将工作处理得差不多了，多半会静下心来与你通话；②如果是私人事情往家里打电话，最适宜的时机是早晨 7 时之后，或晚上 9 时之前。选择这两个时间，主要是考虑对方的起居休息，以免打扰对方。

5. 五个避开时间

①打电话要避开早 7 点之前，因为这段时间是人们起床、梳洗的时间，应避免打扰对方；②打电话要避开每日三餐的时间，以免影响对方用餐；③打电话要避开午间休息时间，以免打扰对方午睡；④打电话要避开晚间新闻联播的黄金时段，因为多数人都有收看新闻联播的习惯；⑤打电话要避开晚 10 时以后的时间，因为大多数人已经就寝，以免打扰对方睡眠。

6. 六句礼貌用语

一般来说，通话双方至少要用上六句基本礼貌用语。这六句基本礼貌用语为称呼语、问候语、敬语、介绍语、谦语、告别语。

我们先以打电话一方为例，说明一下“六句礼貌用语”的运用。

例如，拿起话筒首先要问，“请问，是某某家吗？”当确认后接着说，“请麻烦找一下某某某”。当与要找的人通话后，接下来就要使用称呼语、问候语和介绍语，“某某先生，您好！我是某某某”。再接下来就要使用谦语和道谢语，“打扰您了。”或者“我能打扰您一会儿吗？”“您现在方便说话吗？”“能占用您一点时间吗？”“谢谢”。最后，要以告别语结束通话，“再见”。

下面，我们再以接话方为例，说明礼貌用语的运用。

首先，拿起电话要说一句问候语和介绍语，“您好，我是某某某”。当知道对方是谁时，称呼语马上就要跟上，并再重复一句问候语，“某某先生，您好”。当对方说出话题时，可及时跟上一句敬语“请讲”。当对方有事求你时，可接着说一句谦语“不客气”。最后，也要以告别语结束通话，说一声“再见”。

一般来说，接电话方为被动通话，有时可能正赶上旁边有客人或通话中间又有其他电话打进来，此时，要用谦语向对方说，“对不起，您能稍候一会儿吗？”或根据当时的情况说，“对不起，我现在有客人，不太方便。等一会儿我再给您打过去可以吗？”当接电话方暂时无法满足对方的通话要求时，使用谦恭的语言，可以避免使对方的自尊心受到伤害。

7. 七个注意事项

①在结束通话时，应该由打电话者先放下话筒。但是，如果接电话方为长者、尊者，则应由长者、尊者先放下话筒，以示尊重。

②当因电话故障中断通话时，应由打电话方再拨一次，并向对方说明中断理由，以免引起对方误会。

③当着众人打电话时，应注意自己打电话的举止行为。即使与关系密切的人通话，也不能太随便，以免失礼于在场的人。

我曾经在一家宾馆看到一位总台服务员接听电话时，说话非常随便，姿势也不文雅，估计是接听内部人员的电话。当时，他给我的感觉就不太好，觉得他通话时的言谈举止，向在场的人传递了目中无人的信息，对在场的人是极大的失礼，从而也影响了我对这家宾馆的印象。

④当拨错电话号码时，应立即向对方道歉。不能只说一句“打错了”，连句道歉的话都没有。这是非常失礼的。

⑤家中如果有幼小儿童，不要让他们代接电话。他们的奶声奶气，如果在平日会非常招人喜欢，但在此种电话交往场合，则会让打电话的人感到不受重视，而失礼于对方。

⑥如果遇到他人接打电话而你正好在场时，则应立即回避，以免让对方感觉你有意听取他的隐私。

⑦参加社交活动，如宴会、舞会，特别是会晤、谈判，各种庆典仪式和会议等，要关闭手机或将手机调为振动模式，以免分散他人的注意力，影响活动的正常秩序，破坏庄严而隆重的活动氛围。

8. 八个接打电话禁忌

①切忌一边打电话一边与其他人讲话，以免给人心不在焉的感觉，从而引起对方不快。

②切忌一边打电话一边做别的事情。例如，一手持话筒，一手打字；一手持话筒，一手吸烟，等等。前边我已经讲过，虽然对方看不到你这些失礼的举止，但是，会通过你讲话的音调感觉到，从而失礼于对方。

③如果对方要找的人不在，切忌先问，“你是谁？找他有什么事”，然后才说“他不在”。而应先告知对方要找的人不在，然后再问对方是谁，是否有事要转达。以免犯逻辑错误，引起对方的误会。

④切忌通话时，尤其是接电话方端架子、打官腔，或故作低沉语调，故意放慢语速等冷落对方，使对方的自尊心受到伤害而失礼于对方，同时也降低自己做人的水准。

⑤切忌代接电话时盘问对方，使对方的隐私受到侵犯，让对方感觉你缺乏教养，从而失礼于对方。

⑥切忌接电话人在结束通话时，或者对方还未说完时，抢先放下话筒。这种做法是对打电话人的最大不尊重，从而失礼于打电话人。

⑦切忌一边走路一边打手机。这就如同一边走路一边吃东西一样，也是文明欠缺的表现。

⑧切忌在会议期间接打手机。如果有紧急事情非打、接不可，则应退出会场，以免影响会议秩序，失礼于所有参会人员。参加其他交往活动也应该如此。

我们从以上八条原则介绍了电话交往礼节。让我们每天拿起电话都说一声“您好”，结束通话时都道一声“再见”。以通话时的热情态度、礼貌语言、微笑表情、优雅姿势，创造和传递一种社会文明，构筑和促进人类精神文明建设，树立和展示一种美好的电话形象，推动和加速社会美的发展进程，促进和加快中华民族早日进入理想的审美王国。

交际礼节之书信交往

大家知道，凡是语言文字都具有力量，而书面语言文字的力量更加持久。但是，再有力量的语言文字，用在书信交往时，如果不注意写信时的礼节规则，也会影响到它的交往价值。

讲究书信交往礼节，与讲究电话交往礼节一样，都能树立自己美好的交际形象。尽管由于当下电话交往方便，人们采用书信交往方式越来越少，但是，作为人类沟通三大方式之一的书信，不论到何时，都是一种无法被其他形式替代的人际交往方式。因此，作为书信交往的礼节常识，我们都应该熟悉掌握，并将其应用到人际交往的实践中去。

那么，书信交往礼节规则都有哪些呢？下面，我把它归纳为八个方面。

这八个方面分别是：一个得当称呼、两个顶格书写格式、三句开头礼貌用语、四句结尾礼貌语言、五个笺文内容美、六个封文内容书写规则、七个笺文形式美、八个注意问题。

1. 一个得当称呼

笺文开头部分，写信人对收信人表示彼此关系的礼貌称呼。

我国是礼仪之邦，对于称谓是非常讲究的。因此，在书写笺文开头的称谓语时应合乎礼节要求，得体、适当，切勿过于随便。

2. 两个顶格书写格式

书写的格式除了正常的顶格书写外，有两处必须顶格。①笺文开头对收信人的称呼，必须写在第一行的顶格之处；②笺文最后一段的祝福语，如“即颂 秋安”“敬请 大安”等，一般都分为两段，其后段则应另起一行并顶格书写。顶格书写格式表示一种尊敬。

3. 三句开头礼貌用语

笺文开头称谓语的后面，要有三句礼貌用语。这三句礼貌用语分别为提称语、启示敬词和应酬问候语。

①提称语是提高称谓的礼貌用语。例如，“某某先生尊鉴”或“某某先生台鉴”，其中“尊鉴”“台鉴”都为提称语。提称语的含义是表示尊重收信人，并强调此信的重要。

②启示敬词是指开启正文的礼貌用语，如“敬禀”“谨禀”等，其含义是“我将郑重或者我将恭敬要谈的事情为……”。

③应酬问候语，是指书写正文之前的寒暄之类的礼貌用语。例如“惠书敬读，见字如面”“久未通信，别来无恙”以及当下常用的“您好”等。

这里需要说明一下，提称语和启示敬词，在现代书信交往中已经不常使用了。但是，作为书信交往礼节的一种常识，我们有必要对其了解。

4. 四句结尾礼貌语言

笺文的最后一段，在书写完正文之后，作为结束正文时的礼貌用语。它包括应酬敬语、结尾祝福语、自称谦语和礼告敬辞（附带问候用语）四句礼貌用语。

①应酬敬语是指结束正文时的礼貌用语，例如“纸短情长，再祈康馨”“笔走神驰，欲言不尽”“敬此”“草此”，等等。

②结尾祝福语是指出于礼节，对收信人的祝颂与祝福。例如“此致敬礼”“恭祝 冬安”等。前面已经说过，此部分应分两段，后段要另起一行，顶格书写。

③自称谦语是指写信人视与收信人的关系而对自己的谦称，其含义是表示谦恭有礼。例如“不孝儿某某”“不孝女某某”“愚兄某某”等。礼告敬辞则是指与自称署名联用的礼貌用语，其含义是表示写信人的一种谦恭和敬意。例如“叩头”“敬上”“草书”，等等，一般写在笺文右下角。

④附带问候用语是指写信人请收信人代替自己向其身边的亲友问候的礼貌用语，其含义是对收信人身边的亲人表示关心。

5. 五个笺文内容美

笺文的中段即正文部分的内容，要给人以美的享受，起码不要让人读后有一种味同嚼蜡的感觉。

①多写一些让人高兴的事情，或者与对方分享的事情；②尽量多交流一些人生体会、一些让人受启迪的人生感悟或哲理思想；③文字既要质朴，

又要适当地加以修饰，措辞恰当，体现出写信人的文化水平；④要多写一些正面的、积极的、健康的内容，不写庸俗、低级、无聊的内容；⑤用词要谦和，不要宣泄不满与埋怨，更不要用过激的词语，以免伤害对方。当然更不能对收信人谩骂和侮辱。

规范的笺文

父亲大人尊鉴：

谕书敬读，欣慰无比。知您身体健康，正在筹备资料写家史，欣慰之余，令儿羡慕不已。

写家史是件很有意义的事情。当您做自己喜欢做的事情，精神有了追求和寄托时，生活会更加充实。而且写作过程中那种创作的快乐，会高于写成之后再读它时的感觉。当您付出劳动、取得成就时，您会感到无比的幸福。

当然，结果并不重要，重要的是过程。因为一个人自我内心的满足，会使世俗的价值变得无关紧要。希望您在写作过程中，注意劳逸结合，保重身体。

关于您来信要我的获奖证书复印件一事，为了支持您，我将荣誉证书找出来，共复印了49份，已给您寄去，请查收。如果这些资料对您的写作有一点用处，儿将不胜欣慰。

现在正是万物复苏、春暖花开之际。我们全家希望您能来京住些日子，孩子们也都想念您，盼望早日见到您。届时全家欢聚一堂，将不胜快乐。

纸短情长，再祈康馨。

敬请

春安

请代问妹妹全家好。

不孝儿　　立功叩

不孝儿媳　　丽妍同叩

1998年4月18日

6. 六个封文内容书写规则

①收信人所在地的邮政编码，应该书写在封文的左上角；

②收信人的详细地址，也要写在封文左上角，紧挨着邮政编码的下面；

③收信人的姓名，应该写在封文的中央；

④寄信人的地址，应该写在封文的右下角；

⑤寄信人所在地的邮政编码，应该写在封文的右下角，紧挨在寄信人所在地的详细地址下面；

⑥如果是挂号信，则要在信封的右下角、寄信人地址的后面再写上寄信人的姓名。

寄交的规范封文

121013

渤海大学

地址：辽宁省锦州市松山新区

盛 超 颖 女士 安启

深圳大学

地址：深圳市南山区

518060

以上介绍的是普通信封的封文书写规则。另外还有两种特殊信封封文的书写规则应该介绍一下：一种是托人代交的封文书写；一种是国际信函的封文书写。

如果是托人代交的信函，一定要放在信封里，再托人代交，而不能“赤诚相见”。信封的六个书写内容，应该变成四句礼貌用语。

这四句礼貌用语：①表示麻烦别人捎信的敬语，例如，“敬请 面呈”“敬烦”等，要写在信封左上角；②称呼敬语——对收信人的姓名及姓名之后的敬语称呼。例如，“某某先生”“某某女士”等，要写在信封的中间；③收件敬语。类似于启封敬语。例如，“赐收”“台收”等，应写在收信人姓名称呼之后；④署名和拜托语。写信人署名及向带信人表示拜托的敬语。例如，“拜托”“敬托”等，应该写在信封右下角。最后，是托交时间，应该写在自己署名与拜托词的后面。

为了表示对带信人的尊重，托人代交的信封一般不要封口。

代交的规范封文

敬烦　面呈

钱　丽　女士 赐收

兰　君　敬托

三月十六日

对于国际信函的封文书写，要遵守国际交往惯例。收信人和寄信人的姓名、地址，在排列顺序与书写位置上均与国内信函相反。具体地说，有以下规则。

①书写文字要用英文或寄达国使用的本国文字；②收信人的地址，应

写在信封的右下角，寄信人的地址应写在封文的左上角或信封背面的上半部；再次，收信人的姓名，要写在信封中央偏右之处。收信人和寄信人的地址排列顺序则是：第一行为街道名和门牌号，第二行为城市名，第三行为邮政编码，第四行为国名或地区名（如日本、韩国）。

寄交的国际信函规范封文

16 Fuxing Street
Haidian District
Beijing
JIAOYANG
MISS
Post Code: 100035People' s Republic of China
10CEMNOS ST
NORTH
STRATHFIELD
N.S.W.2137

7．七个笺文形式美

①使用的信纸要规范，要求有行或有格的信纸；②书写笺文时，单字不成行，单行不独页，人名不分行；③书写笺文要用钢笔或毛笔，不要用铅笔和圆珠笔；④书写笺文时，字体要清晰，不要潦草；⑤书写笺文时文字要规范，不要出现错别字；⑥书写笺文时，不能勾勾抹抹，涂抹过多；⑦笺文包括封文，一律不能用红墨水书写。

8．八个注意问题

①书写笺文时，要亲笔写，不要打字；②在信笺中不可忘记写信的日

期，写信日期要写在署名下面，也不可忘记问候收信人的家人，这是关心他人的一种美德。一般在笺文开始问候收信人时，同时问候其家人；③信笺的折叠要规范。一般来说，习惯的折叠方法是，先将信笺向里横向对折两次，然后再将信笺纵向折叠，令其两端一高一低。此折叠法适用于向对方表示谦恭之意；或者先将信笺按三等份纵向折叠，然后再横向对折。此种折叠法适用于平辈之间的通信；如果是写给长辈的信笺，折叠时最好有所讲究。其折叠原则是，折叠后要将笺文中对长辈的称呼露在外面，以方便长辈第一眼看到对自己的称呼。具体折叠时，要将信笺文字露在外面，按横向折叠，令其上长下短，以示对长辈的尊重；④笺文折叠要小于信封，也就是不要把整个信封装满，以免拆封时损坏信笺；⑤信封的选择要规范，要用标准信封，不可自己糊信封，或者用旧信封反过来使用，并且信封要洁净；⑥贴邮票要规范。如需贴一枚邮票则贴在信封的右上角。如需贴多枚邮票，则应全部贴在信封的背面；⑦拆封时最好用剪刀剪开，不要用手撕扯。这是一种修养；⑧要保护信文内容，这属于个人隐私，不得向他人随便透露，否则是对当事人最大的失礼。

以上从八个方面介绍了书信交往礼节规则。让我们每个人都能用美妙的文字、规范的书写格式来表达我们的内心情感和思想智慧，展示我们的文化修养，传递我们的礼仪素养。让书信礼节这种传统文化作为中华文化基因的一部分，在我们生生不息的血脉中，不断地传承和发展。

交际礼节之名片交往

名片交往礼节规则，严格来说应该包括名片制作规则和名片递接规则。

有人说，名片是自我介绍书和自我宣传书，这话说得很有道理。2000年，我去泰国参加过一个国际学术会议，曾经与会议主席梁冰女士交换过名片。她的名片上的职位和头衔很多，而且大多都是永远的荣誉，例如永远董事长、永远名誉主席、永远校长，等等。由于内容多，名片采取两层折叠款式，白色的布纹纸，黑色的字体，非常美观大方。看到她获得的诸多荣誉，不由得让我对她肃然起敬。

我讲这件事想说明什么呢？说明名片在人际交往中的重要性。我们可以通过名片上的介绍，展示我们的形象，树立我们的信誉，从而获得与自己身份相当的礼遇。

名片还具有一定的审美意义。

有人说，名片是社交联谊卡，的确不假。这些年由于社会交往的需要，我收藏了许多名片，其中大多数是白色的，也有少数名片是蓝色的、紫色的、粉色的……有的名片上的颜色甚至还有好几种。这些杂色名片，不知为什么，让人看了很不舒服。不舒服则不和谐，不和谐则不美。那么，为什么会不美呢？那就是颜色的搭配没有遵循和谐统一的审美原则。

中国有一句俗话，叫作“先看颜色后看花”。在人的视觉里，最先映入眼帘的是颜色。可以说，颜色是最大众化的审美形式。有这么一句话，“没有不好看的颜色，只有不好看的搭配”。因此，名片的颜色搭配自然会成为人的一种审美对象。其实，不仅是名片的颜色搭配，其款式、字体、大小等也都是人习惯关注的。所以，名片的制作规范与否，在人际交往中是具有一定审美意义的。

既然名片的规范与否，在人际交往中有这么重要的意义，那么，什么样的名片是规范的呢？概括地讲，白纸黑字，颜色最多不超过三种，按照约定俗成的大小、格式，印制出来的名片就是规范的。具体地说，可以归纳为“一个真”“两种字”“三种式样”“四项内容”“五个注意事项”共五点内容。

1. 一个真

名片上的信息要真实。名片上的职位、头衔等荣誉，可以代表一个人的社会身份。但是，绝不能夸大你的头衔，这不仅不会树立你的社会身份，反而会影响对你的信任。当头衔很多时，则要分清主次选用，以免喧宾夺主，或给人以招摇之感。

2. 两种字

名片上的文字和数字。名片上要使用文字是毋庸置疑的，作为中国人一定要在自己的名片上使用中文，以体现对本民族文字的尊重。如果考虑到对外交往的需要，还可以同时使用国际上应用最广的英文，表达相同的内容，但应将英文印在名片的背面。至于名片上使用的数字，应按照国际惯例使用阿拉伯数字，而不要用中文的大写数字。

3. 三种式样

名片的形式样子可以分为三种：一种是横式名片，即文字横排的名片；一种是竖式名片，即文字竖排的名片；还有一种是折叠式名片，即文字横排，上短下长的折叠式名片。

4. 四项内容

名片上应介绍的情况有四项：①工作单位及部门；②姓名；③本人职务、职称；④联络方式，包括地址、邮政编码和电话号码。这四项内容规范的排列是，第一项内容应写在名片左上方，二三项内容印在名片正中央，第四项内容应该印在名片的右下方。各项内容字体大小的设计，应遵循和谐统一的审美原则，一般名字应大一些，联络方式内容字体可小一些。

5. 五个注意事项

①字体要采用容易认识且字迹清楚的印刷体、楷书、仿宋体等。不要使用草书、隶书等字体；②名片纸张以耐磨、耐折为宜，要有一定的

韧性，不宜选用太脆和易撕裂的纸张；③名片的大小要规范，一般是长 9 厘米，宽 5.5 厘米的长方形。不要太大，以免钱包或名片夹里装不下而不宜保存。当然也不能太小，以免显得不大气；④名片的颜色要浅淡柔和，最好是白颜色。图案要简单，或者是无图案。不要选择深紫、深蓝等太扎眼的颜色；⑤印制名片一般用铅印，如欲档次高，也可以胶印，但不要影印和复印。

我们在了解了名片的制作规则后，还要了解名片交往中的递接规则。

在人际交往中，互赠名片是交往礼仪的重要组成部分。何时互赠名片，如何递接名片，都是有讲究的，而不可随意操作。为了便于记忆，我们把名片交往礼节，归纳为“一个对不起”“两个适宜时机”“三种索取方法”“四个先后顺序”“五种接法”“六个不可”六条规则。

下面，我分别进行介绍。

1. 一个对不起

当别人向你索要名片，而你实在不想满足对方的要求时，不可直接拒绝，以免伤害对方，应谦恭地说一句“对不起，我的名片刚刚用完”，或者说“对不起，我今天没有带名片”。如果你没有名片，也不宜直接告诉对方“我没有名片”，而要用上述委婉的方法来回答对方，“对不起，我今天忘记带名片了”。

2. 两个适宜时机

出示名片的两个恰当时机。一般来说，出示名片一是在与人握手、寒暄之后；二是在告别之时，而且要同时说，“这是我的名片，有事给我打电话”。或者说，“这是我的名片，希望我们保持联系”。

3. 三种索取方法。

向他人索取名片的三个方法。一般来说，若有向他人索取名片的想法，最好不要直接说，可试用以下三种方法：①“我们交换一下名片吧”。

用“交换”暗示“索要”；②“以后怎样向您请教”或“今后如何与您联系”。用问话的方式暗示对方给你名片；③将欲取之，必先予之。先将自己的名片递给对方，以引导对方与你呼应，将他的名片给你。

4．四个先后顺序

交换名片的四个先后顺序。一般来说，职务低者应先向职务高者递交名片；年轻者应先向年长者递交名片；客人应先向主人递交名片；男士应先向女士递交名片，以表示谦恭。以上是指一对一的名片交换。如果在场人数较多，需要向每个人递交名片时，应按照一定的顺序，由近及远或由尊而卑进行，而不要挑着给，以免伤害他人的自尊心。

5．五种接法

接受他人名片的五个规则：①要充满敬意地站立接过；②要双手接过；③接过名片后要道一声“谢谢”；④接过名片后要认真阅读，并稍加“评论”，以表示你对名片上的内容已经通读一遍，让对方感受到被尊重、被欣赏的快乐；⑤看过他人的名片后，要郑重其事地放到自己所带的手袋里，或直接将其放到名片夹中。

6．六个不可

递名片时的“六个禁忌”和接名片时的“六个禁忌”。

递名片的“六个禁忌”：①不可坐着递名片，以免对他人不敬；②不可用单手和左手递名片，以免失礼于他人；③不可用手夹着名片递给他人，以免态度不恭；④不可将名片放在桌子上任人自取，以免贬低名片的价值；⑤不可像“发传单”似的见人就给名片，以免有做广告之嫌；⑥用餐时不可出示名片，而应等到用餐结束后再进行递交，以免影响用餐秩序。

接名片的“六个禁忌”：①不可坐着接名片，以免给人缺乏教养的印象；②不可单手接名片，尤其是不可用左手接，以免不恭；③接过名片后不可一眼都不看，就扔在桌子上或放进衣袋里，以免伤害他人的自尊心；④接过名片后，不可放在手中把弄玩耍；⑤接过名片后，不可随意交给他人"传阅"；⑥接过名片后，不可将其装进裤子后面的裤兜里，因为后裤兜一般被认为是如厕之兜，这样做是最大的失礼。

通过以上的介绍，让我们熟悉掌握名片的制作规则和交递规则，通过礼貌文明地使用名片，更好地介绍、宣传自己，加深彼此的印象，获得彼此的尊重，树立良好的职业形象，充分享受文明而有尊严的现代交际与文明生活。

交际礼节之礼品交往

人际交往往往离不开赠送礼品，"礼尚往来"的礼节是礼仪文化的重要组成部分。按照礼仪的要求，如何赠送礼品和如何接受礼品以及如何回赠礼品，其中是有很多规矩要讲究的。

概括地说，我们可以把礼品交往礼节归纳为"一个礼品交往意义""两个赠送礼品适宜时机""三个回赠礼品注意事项""四个接受礼品勿要""五个赠送礼品禁忌""六个接受礼品规矩"和"七个赠送礼品原则"。

下面，我具体地介绍礼品交往的七个方面的常识。

1. 一个礼品交往意义

不知道大家在生活中有没有这样的体会，同一件物品，自己用钱买和别人赠送给你，在享用时其感觉是不一样的。这是为什么呢？这是因为礼品交往是一种无声的语言，赠送者可以通过赠送礼品向对方传递自己的友好和敬重之意。获赠者可以通过这些看得见、摸得着的东西体会到别人对自己的尊重，感到有人在关怀自己。因此，礼品交往有助于融洽双方的感情，建立良好的人际关系。礼品作为一种商品，一旦用于交往，其意义就

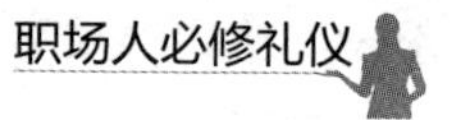

远远超过了本身的意义。

2. 两个赠送礼品适宜时机

①什么时机赠送礼品呢？一般要在亲朋好友遇有红白喜事时及时赠送礼品，而不要事后补送。尤其是白事儿，按照习俗更不能后补，以免引起对方反感；②什么时间赠送礼品呢？一般来说，比较熟悉的亲朋好友，宜在见面之初寒暄之后，这样会使沟通更自然融洽。不太熟悉的交往对象，则宜在告别时送上礼品。

3. 三个回赠礼品注意事项

①当别人赠送给自己礼品后，最好不要立即回赠礼品，以免显得浅薄。有一位同事曾经对我说过，她有一个邻居，你只要给她送点儿吃的，她马上就还给你点儿东西。当然，她对我说这件事，是出于对她这个邻居处事方式的不满。这件小事也说明了你收到他人的礼品后，立即回赠礼品是会惹对方不高兴的；②回赠礼品的最佳时机要恰当，一般是在逢年过节拜访对方时，或对方家有各种红白喜事时，这样会使回赠礼品显得自然而有分量；③回赠礼品的数量，起码不要少于对方的赠礼数量，以免伤害对方的自尊心。俗话讲，“借人家浅，还人家满”。这是基本的人情来往原则。

4. 四个接受礼品勿要

①接受礼品时要表现得大大方方，不卑不亢，不要显得过于激动、受宠若惊的样子；②接受礼品时勿要拒绝对方。也许对方赠送的礼品你不需要或不喜欢，但是不能表现出来，更不能说一些让对方感到不舒服的话，这是做人的起码修养；③接受礼品时勿要过于客套，推来让去最后还是收下，让人感到很虚伪、不实在；④接受礼品后，勿要当着赠送人的面将礼品随便乱扔、乱放，以免伤害对方的自尊心。

5. 五个赠送礼品禁忌

①禁送民族习俗忌讳的礼品。

例如，中国习俗忌讳“送钟”，因为“送钟”同“送终”；朋友之间不送“伞”，因为“伞”音同“散”；看望病人不送“梨”，因为“梨”音同“离”。在印度不要送牛皮制的礼品，因为印度人认为牛是神圣的，如果送牛皮制品的礼物，则会冒犯信仰印度教的人。在日本，送礼忌讳“四”这个数字，因为他们会将“四”与“死”联系在一起，等等。

②禁送残次品。

尤其是不要将自己家里多余不用的东西或者放置已久即将过期，甚至已经过期的食品送给他人。

记得还是住平房时，我的邻居中有一个本家的老嫂子。因为年龄比较大，过年时亲朋好友都送她礼品，其中有两包蛋糕已经风干了，她打开后咬都咬不动。她对我说，“像这种手榴弹似的蛋糕还拿来送礼，我把它扔到窗框上，都弹回来那么远”。说完之后她笑了。这分明是一种无可奈何的笑。从这件事情中我们可以看出，送残次礼品或过期的礼品是多么伤害受礼人的感情。如果送这样的礼品，还不如不送。因为在伤害对方自尊的同时，也贬低了自己的善意。

③禁送容易引起对方误会的礼品。

什么是容易引起对方误会的礼品呢？就是指超越你与对方实际关系的礼品。例如，有一些礼品具有约定俗成的两性之间示爱的特殊含义，像女士的睡衣、男士的皮带，还有男士向女士示爱的红玫瑰鲜花，等等。如果你与对方不是情侣关系，就不能赠送此类物品，以免引起对方的误会。我有一位亲戚，早年去了国外。她在做秘书时，就曾经收到老板送的一套法兰绒睡衣。这种暧昧的礼品，让她非常尴尬，也使她与老板的关系出现了难堪的局面。所以，我们在给异性送礼品时一定要慎重，三思而后行。

④禁把广告品当礼品赠送。

广告品可以送人，但不能作为人际交往的正式礼品赠送。因为广告品是企业付了费用的，如果将广告品作为礼品赠送，其礼品的价值就会大大缩水。人家会以为你不是借机做广告，就是借机占便宜，无形中就会影响了礼品交往的意义。

⑤禁送违法、违德的物品。

例如，毒品、黄色书刊、黄色录像带，等等。这些物品不仅违反国家的法律和人伦道德，而且也会伤害受礼人，同时还会败坏送礼人的形象。

6．六个接受礼品规矩

①要谦恭。要求接受礼品的态度要谦虚恭敬，具体体现在起身站立，面带微笑，双目注视对方，切不可把目光集中在礼品上，以免给人贪婪之感；②要双手捧接。要求接受礼品时用双手接过，不要用单手，更不能用左手去接，以免显得缺乏教养；③要致谢。接过礼品后要向对方说一声“谢谢”。如果是正式场合，则同时要与对方握手致谢；④要赞美。要求接受礼品后，最好当着送礼者的面打开包装以表示对礼品的重视，并说一些对礼品的赞美之词。例如，“太艺术了”“这种颜色太美了”“正想买这件东西呢”，等等。这种对所接受礼品的赞美，尤其是在对外交往时，是必须要做到的；⑤要文雅。要求打开包装时举止要文雅，不要急不可耐地乱撕、乱扯。拆开包装后，将包装纸或包装袋放置规整，不要随地乱扔，以免给人缺乏修养的粗俗之感；⑥要及时告知。此规则主要是指接到别人转交的礼品后，应该及时以电话的方式或者微信的方式，向赠送礼品者告知礼品已经收到，并向其致以谢意。

7．七个赠送礼品原则

①投其所好的原则。俗话说，“千里送鹅毛，礼轻情意重”。礼品不在

于有多贵重，而在于是否为对方所需要、所喜欢。如果赠送的礼品正好是对方需要或喜欢的，则一定能让对方开心，给对方送去欢乐和喜悦。

一个亲戚曾经给我讲过她的一个同事就特别会送礼。她说她的同事无论给谁送礼，都要事先了解对方的爱好。例如，当她知道受礼人喜欢照相，她就给他买影集。受礼人喜欢集邮，她就给他买集邮册，等等。其实所买的礼品都不算贵重，但是，她赠送的礼品每次都能给受礼人带来喜悦，因为礼品里凝聚了她“投其所好”的一片苦心和付出的辛苦。

②看人下菜碟原则。

这里说的“看人下菜碟”不是指世俗，而是指所送礼品要与受礼人相匹配，与送礼背后的动机和目的相适应。例如，同学、同事、同辈之间互相做客拜访，买一些水果即可，而不要买过于昂贵的礼品，以免显得庸俗。看望病人则应根据其病情需要买一些相应的营养品，而不要买对其康复不利的礼品，以免适得其反。

③同时表达原则。

递交礼品时，应同时用口头语言表达相关的意思。或者寄交礼品时，应同时用书面语言表达类似的话语，如不置一词则有欠诚意。在我们的日常交往中常常会遇到这样的情况，有人带礼品来家拜访，进门把礼品放在一边，然后就聊起来，临走时也不说一声就离开了。此时作为主人，你会有什么感觉呢？一定会感觉对方礼节不太到位。同样，寄交礼品时，如缺少相应的书面表达，也会给对方一种礼节欠缺的感觉。

④专程拜访原则。

要求赠送礼品者要亲自将礼品送到受赠者家中，而不要送到其单位，更不要路遇赠送，以免失礼于受礼者。

⑤精心包装原则。

赠送礼品时一定要注意精心地包装，不要让礼品“赤膊上阵”，以免给人一种不在乎受礼者的应付之感。因为再好的礼品如果没有精心包装，都会影响礼品的价值，或者说影响礼品交往的意义。我举一个司空见惯的例子。我们在亲朋好友结婚时，一般都要赠送礼金表示祝贺。同样数目的两份礼金，一份是装在礼金袋里，并且写上相关祝福的话；一份则是将礼金直接交给对方。如果你是受礼者，你喜欢那份礼金？毋庸置疑，当然是前者。这个例子说明了什么呢？说明了礼品包装的重要性。可以说，礼品包装也是礼品的一部分，它与礼品一样，同样传递了对受礼人的尊重。精心包装礼品，给礼品配上一件好看的外套，不仅能满足受礼人的求尊需求，而且也能满足受礼人的审美需求。因为从审美的角度讲，好的内容必须有好的形式，这样才能做到内容与形式的统一。在满足受礼人审美需求的同时，也体现了馈赠者的审美素质。

⑥勿自取原则。

赠送礼品的方式可以面交，也可以寄交，还可以转交，但是，绝对不能让受赠者自取，这样做就没有意义了。

⑦避人原则。

赠送礼品要避开人，尤其是不要当着其他亲友的面赠送礼品，以免让人家难堪和尴尬。

我从以上七个方面讲述了礼品交往礼节。让我们每个人都做一点努力来思考并时刻想到周围人的需要，在适当的时机、适当的时间，选择适当的、承载着我们爱心的、蕴含着我们文化品位和情趣的礼品，作为人际交往的润滑剂，为他人送去一份欢乐和愉悦，温暖他人也温暖自己，快乐他人也快乐自己，让我们的世界变得更加美好和温馨。

交际礼节之宴会交往

在日常生活中，人们为了交往的需要，有时或经常需要参加一些宴会活动。宴会，应该说是主人邀请宾客一起用餐的一种聚会。由于这种聚会比较正式，所以不同于在自己家中与家人一起用餐，有许多礼节必须要讲究。为了便于记忆，下面，我从应该“怎么做”和“不应该怎么做”的两大方面，把它归纳为“二十个要”和“四十个不要”原则。

1. 二十个要原则

①要提前邀请。

提前邀请，是指作为主人一方邀请宾客出席宴会时，至少要提前二至五天通知，以便对方及早做好安排，同时也表现出自己请客的诚意。

②要邀请夫妇。

邀请夫妇，是指如果不是公务性的宴会，主人邀请宾客时，一般要同时邀请夫妇双方参加，这是对宾客最大的礼遇和尊重。

③要尽快告知。

尽快告知，是指接到邀请后要尽快告知主人是否参加宴会，以便主人及早做好安排，这是对主人宴请的尊重。

④要着装整齐。

着装整齐，是指参加宴会者，要着整齐、正规的服装。如果是盛大隆重的宴会，男士要着中山装或西装，女士要着旗袍或西式套裙。这不仅是对主人的尊重，也是对自己的尊重。

⑤要按时抵达。

按时抵达，是指参加宴会者一定要按照约定的时间准时到达。这是一种遵时守约的社会公德，体现了一个人做人、做事的基本礼貌修养。

⑥要问候主人。

问候主人，是指参加宴会者到达宴会现场后，首先要前去问候主人，尤其是要优先问候女主人，这是一种“女士优先”的国际交往惯例。如果主人正在与其他宾客寒暄，可稍候一会儿再问候，以表示自己的修养。

⑦要放置有位。

放置有位，是指问候主人后要将随身携带的皮包、帽子、外套等物品，放置到衣帽间、衣帽架上或者主人指定的地方。如果此时男主人或其他男士协助女宾客时，女宾客则要表现得落落大方，并向对方表示感谢。这是一种修养。

⑧要入席有序。

入席有序，是指入席的先后规矩。要请主人夫妇、主宾夫妇首先入席，然后按照在场宾客的尊卑顺序依次入席。

⑨要左侧入座。

左侧入座，是指入座时要从自己面对的座位左侧方向入座，以示谦恭。如需移动座椅，则要用双手轻轻地移动，以免移动座椅的声音打扰周围之人。

⑩要尊老爱幼。

尊老爱幼，是指参加宴会者要关心同桌入座的长者、儿童、女士、残障人以及身旁的嘉宾，主动协助他们轻轻拉出座椅帮其落座，以体现对弱势人群的关怀。

⑪ 要坐姿端正。

坐姿端正，是指落座后要坐端正，姿态要优雅，以展示自己的礼仪素养，传递对大家的尊重。

⑫ 要洗耳恭听。

洗耳恭听，是指开宴前主人致祝酒词或开宴后其他人致祝酒词时，要洗耳恭听，以示对致词人的尊重。

⑬ 要主人为先、老者为先。

主人为先，是指何时开始用餐的规则。一般来说要等主人举起酒杯示意大家开始时才能正式用餐。夹菜时，要等主人先夹第一口菜后再动筷。这不仅体现了对主人的尊重，也体现了自己的修养。餐桌上如有老者，要以老者为中心，饮酒、吸烟，都要经老者同意。宴会开始后，应让老者尝第一口菜，然后其他人才能举筷。

⑭ 要主动敬酒。

主动敬酒，是指用餐期间要向同桌的长者、职位高者主动敬酒。如果还有其他自己熟悉的长者、领导等在其他席位上，也要主动前去敬酒以示敬意。敬酒时，一定要起身走到对方面前，以示尊敬。不要隔着桌子敬酒，以免失礼。平辈之间敬酒，可以面对面地干杯。晚辈向长辈敬酒，不可面对面地干杯，而应在碰杯后，将身体稍稍侧转一下再饮，以示不能与尊长分庭抗礼。

⑮ 要碰杯谦恭。

碰杯谦恭，是指向长者、职位高者敬酒碰杯时，酒杯口要低于对方的酒杯口以示尊重。

⑯ 要吃相文雅。

吃相文雅，是指用餐时要注意吃相，细嚼慢咽，要闭着嘴慢慢地咀嚼。

说到闭着嘴慢慢地咀嚼食物，美国人堪称是这方面的典范。有一次，我与一位美国朋友一起用餐，问起美国人的用餐礼仪。当时，他的嘴里正含着食物，没有回答我的问题。只见他一边微笑着，一边咀嚼着嘴里的食物，这样就引起我对他咀嚼食物的观察，发现他的上下嘴唇紧闭在一起，不急不忙地咀嚼着嘴里的食物，直到将咀嚼后的食物咽下去才回答我的问题。当时他紧闭双唇慢慢咀嚼的样子，是我们日常用餐时很少见到的。其实，这就是一种文明用餐的方式。

⑰ 要举止文雅。

举止文雅，是指用餐期间若与他人说话时，要先用纸巾揩净嘴上的油渍。否则，满嘴油污地与别人说话是非常不雅的。

⑱ 要维护形象。

维护形象，是指用餐期间如果面部有汗液，要及时用纸巾揩干，以免吃得大汗淋漓，而影响自己的形象；用餐时，不要把盘子里的菜吃光，以免显得不懂规矩；用餐中途，如果暂时离开餐桌，将餐巾放在椅子上，用餐完毕，将餐巾叠放整齐，放在餐盘的左边。

⑲要早退致歉。

早退致歉，是指用餐中途如有事需要提前退席时，要事先告知主人并致歉。同时，要向同席的临座打声招呼，这是一种礼貌。

⑳要离座有序。

离座有序，是指离座的顺序规矩。一般来说，用餐完毕，要等主人、主宾离座之后再起身离开座位。告别时，要再一次向主人表示谢意。

2. 四十个不要原则

①不要临时通知。

不要临时通知，是指邀请客人赴宴时不要临时通知，以免让对方措手不及。同时，也让自己请客的诚意大打折扣。

②不要模棱两可。

不要模棱两可，是指接到邀请时不要说一些模棱两可、含义不明的话，例如“暂时还定不下来”“尽量争取去吧”，等等。以免显得诚意不够，同时也影响主人请客的工作安排。

③不要随便更改。

不要随便更改，是指一旦决定赴宴就不要随便更改，以免影响主人的安排。如实在不能如约赴宴，也要及早告知主人，以便主人提前调整安排，并向主人致歉和表示谢意。

④不要着装不整。

不要着装不整，是指参加宴会者着装不要太随便，尤其是不要着运动服等一些休闲风格的服装，以免对主人不敬，同时也影响自己的形象。

⑤不要骚扰。

不要骚扰，是指落座时不要来回挪动座椅，以免弄出声响而骚扰邻座的宾客。

⑥不要坐姿不雅。

不要坐姿不雅，是指落座后不要斜坐、仰坐和瘫坐在椅子上，以免影响自己的形象，同时也失礼于在座的宾客。

⑦不要举止不端。

不要举止不端，是指入座后双臂不要放在餐桌上，双肘不要支在餐桌上，双手不要托腮或抱在脑后或扶在他人的座椅上，以免有失稳重和端庄。

⑧不要举止不雅。

不要举止不雅，是指在餐桌上不要用手玩弄餐具，不要用手抠耳朵、搓泥巴、挠痒痒，等等。这些不雅的举止行为，会影响自己的交际形象。

⑨不要交头接耳。

不要交头接耳，是指不要在他人致祝酒词时，与其他人交头接耳或低头用餐，以免失礼于致词人。

⑩不要狼吞虎咽。

不要狼吞虎咽，是指入口的食物一次不要太多，不能狼吞虎咽，以免影响吃相，被人耻笑。

⑪ 不要吃相不雅。

不要吃相不雅，是指用餐时不要发出声音，咀嚼时不要张着嘴，嘴中含有食物时不要与人说话，等等，以免吃相不佳。

⑫ 不要用手取菜。

不要用手取菜，是指不要用手直接从餐盘中取应该用餐具取的菜。对没吃过的菜肴，如果不知道如何取，要先观察一下其他人的取法，然后照此效仿。

⑬ 不要边走边吃。

不要边走边吃，是指不要嘴里咀嚼着食物在餐桌间来回走动，更不要端着餐碗边吃边穿梭于餐桌间，以免给人粗俗之感。

⑭ 不要乱吐乱放。

不要乱吐乱放，是指不要将吐出来的鱼刺、骨头之类的废物放在餐桌上，更不要吐在地上或手上，要放入自己面前的食盘里，待侍者取走。

⑮ 不要吹汤菜。

不要吹汤菜，是指对于餐桌上太热的汤和菜不要用嘴吹，也不要用勺子使劲地搅，要等其自然凉下来再吃。

⑯ 不要端盘吃菜。

不要端盘吃菜，是指不要端起碗盘用餐，也不要低头趴到餐桌上俯食，以免给人不雅的印象。

⑰ 不要当众剔牙。

不要当众剔牙，是指不要当着众人的面剔牙。因为剔牙时龇牙咧嘴，容易影响自己的形象，也影响他人的食欲。剔牙时，要头转向一侧，用手或餐巾遮掩一下，然后将剔出来的废物用餐巾纸包裹，放到自己面前的食盘上，待侍者取走。

⑱ 不要污染环境。

不要污染环境，是指不要在餐桌上当众咳嗽、吐痰、打喷嚏，以免污染周围环境和惊扰他人。

⑲ 不要起身取菜。

不要起身取菜，是指不要站起身取菜，以免给人缺乏修养之感。对于离自己比较远的菜肴，如够不到时，可请周围人帮助。

⑳ 不要挑拣。

不要挑拣，是指不要在公用菜盘上翻来翻去、挑挑拣拣。夹到自己的餐具里的菜不要再放回公用菜盘里，以免影响他人再取菜。

㉑ 不要抢菜。

不要抢菜，是指不要与他人同时抢着取菜，以免筷子撞在一起。当菜盘里的菜所剩不多时，不要再取。尽管这道菜是你最爱吃的，也要体现出自己的修养。

㉒ 不要捡食。

不要捡食，是指不要捡食掉在餐桌上的食物，以免不卫生，也避免给人不讲究的印象。

㉓ 不要捡餐具。

不要捡餐具，是指不要将掉在地上的餐具捡起来后擦拭再用。这不仅是为了避免给人不讲卫生的印象，同时也是为了对同桌着裙装女性的一种尊重。

㉔ 不要碰撞。

不要碰撞，是指使用餐具时，不要与其他餐具碰撞出“锅碗瓢盆交响曲”。尤其在使用刀叉切菜时，更不要发出丁丁当当的声响。

㉕ 不要指点。

不要指点，是指不要拿着餐具与人说话，更不能拿着餐具比比画画、指指点点。与人说话时要放下手中的餐具。这是对他人的一种尊重。

㉖ 不要乱用筷子。

不要乱用筷子，是指不要舔筷（即使筷子上有汤汁也不能舔）、含筷（将筷子含在嘴里）、拄筷（用手拄着筷子）、跨筷（从他人伸出的筷子上跨过去）、掏筷（用筷子从菜中间往外掏，扒着吃）、疑筷（举筷不知夹什么好）、别筷（拿筷子当刀叉撕扯）、供筷（筷子竖插在饭碗上）、刺筷（夹不起来用筷子当叉子扎着夹）、粘筷（筷子上还粘着东西时去夹菜）、拉筷（用筷子往外撕扯嘴里嚼着的东西）、淋筷（夹菜时把菜汤淋到桌子上）、连筷（同一道菜连夹 3 次以上）、远筷（将筷子伸到离自己较远的菜盘夹菜）、分筷（将筷子分放在餐具左右，这是吃绝交饭时的摆法），等等。此外，举筷时要放下汤匙，举汤匙时要放下筷子。用餐结束时，不要把筷子放在饭碗上。这些细节我们都应当切记。

㉗ 不要乱置餐具。

一般来讲，筷子应当竖放在自己面前的餐桌上，勺子应当平放在自己面前的餐桌上，刀叉应当呈“八”字形摆放在自己面前的餐桌上。

㉘ 不要乱用西餐具。

不要乱用西餐具，是指不要胡乱使用西餐具。在使用刀叉吃西餐时，要讲究左手拿叉，右手拿刀。用叉叉住食物，再用刀进行切割。

㉙ 不要语言不雅。

不要语言不雅，是指不要在餐桌上说一些不雅的语言，或者谈论一些容易让人引起不良联想的影响食欲的内容。以免影响他人的食欲，同时也显得自己格调不高。

㉚ 不要一言不发。

不要一言不发，是指不要在餐桌上一句话都不说，要珍惜大家聚在一起用餐的缘分。适当地与周围人攀谈，以表示对他人的友好。

㉛ 不要非议。

不要非议，是指不要对饭菜进行非议。爱吃的菜多吃几口，不爱吃的菜少吃或不吃即可。没有必要对其评头品足，以免伤害主人。

㉜ 不要吸烟。

不要吸烟，是指不要在用餐时吸烟，以免污染周围的空气，影响他人的健康。

㉝ 不要劝酒。

不要劝酒，是指不要不停地劝酒，更不要把别人灌醉而寻开心。饮酒要有酒德。

㉞ 不要划拳。

不要划拳，是指不要在酒桌上划拳，不要大喊大叫、制造嘈杂声，以免影响公共场所秩序。

㉟ 不要宽衣。

不要宽衣，是指不要在用餐时宽衣解带。实在热得难以忍受时，应先跟主人解释一下说，“我脱掉外衣不介意吧”。以免失敬于主人和在座的其他人。

㊱ 不要当众修饰。

不要当众修饰，是指不要在餐桌上修饰化妆。当众化妆是对在场人的不尊重，同时也容易污染环境，让人反感。

㊲ 不要热情过度。

不要热情过度，是指餐桌上礼让客人吃菜时不要热情过度。例如，客人已经吃饱了，还一个劲儿地往客人碗里夹菜说，“吃，吃，再多吃点儿”。这种过分热情地待客，会让客人难以招架，消受不了。

㊳ 不要提前退席。

不要提前退席，是指不要提前离去。提前退席不仅是对主人的失礼，同时也影响其他人用餐情绪和宴会气氛。当然，若临时有急事则另当别论，但也应对主人和邻座解释一下，说声“对不起”。

㊴ 不要迟到。

不要迟到，是指参加宴会不要晚到，以免让主人和大家久候而失礼于在场的人。

㊵ 不要早到。

不要早到，是指参加宴会不要来得太早，以免让主人因为还未准备好而手忙脚乱、措手不及，让主人感到尴尬。

我们从“20 个要怎么做”和“40 个不要怎么做”，介绍了宴会交往礼节。宴会是最能体现一个人礼仪素养的社交场合，每个人都应了解和熟悉宴会交往的礼节细节。在宴会上要吃有吃相，喝有喝相；要喝得文明，吃得礼貌；要言谈文雅，举止端庄。通过宴会上的每个举止行为，传递对主人及在座宾客的尊重，展示我们自身的礼仪素养。让宴会这种高层次的社会交往活动，不仅成为会餐的大聚会，更成为中华民族礼仪文化荟萃的大课堂。

交际礼节之舞会交往

舞会，是指正式而隆重的跳交谊舞的集会。一般来说，人们为了放松身心，经常会参加一些娱乐舞会。参加舞会不仅能调整身心，放松神经，还能与参加舞会活动者交往相识，增进友谊。所以，舞会不仅是一种娱乐活动，也是一项重要的社交活动。由于舞会是一项社交活动，所以参加舞会者必须学会遵守舞会交往活动的有关礼节规则。那么，参加舞会都有哪些礼节规则呢？下面我按照“有所为”和“有所不为”的两个方面把它归纳为“二十个要”和“二十个不要”的规则。

1. 二十个要规则

①平衡规则。

平衡规则是指舞会的组织者即主人，要掌握参与者的性别比例，让其大致平衡。这是让参加舞会者基本都能找到舞伴，玩得开心的前提条件。

②时间规则。

时间规则，这里有两层意思。一是指舞会的起止时间，二是指舞会的进行时间。舞会的起止时间一般安排在晚餐后19点至22点之间进行，以取得较好的舞会效果。舞会进行的时间不宜过长，也不宜过短。时间过长易引起疲劳，时间过短又玩兴未尽。一般应以三小时左右为佳。

③着装规则。

着装规则是指参加舞会者要仪表端庄，仪容整洁。男士要着长衣、长裤，并整理头发，修剪胡须。女士要着长裤或起码过膝盖的长裙，并修饰化妆。这是对舞会主人及参与者的最大尊重，也是对自己的尊重。

④问候规则。

问候规则是指参加舞会者入场后，首先要与主人见面并问候，并感谢其邀请。同时，也要与认识的人打招呼，以免失礼。休息时，无论认识与否，都要与身边的人主动寒暄，以表示对其尊重。

⑤举止规则。

举止规则是指参加舞会者要举止优雅，仪态大方。例如，与熟人打招呼时要点头微笑，与别人寒暄时要轻声慢语，并且要站有站相，坐有坐相，以维护舞会的良好秩序，同时也展现出自己的良好素养。

⑥言谈规则。

言谈规则是指参加舞会者要言谈文雅。舞会是一项高雅的文化活动，除了文明、高雅的舞姿外，文雅的言谈也是其高雅文化的重要组成部分。与人交谈时，要亲切、自然、大方。交谈内容要健康、有品位，要让自己的言谈与舞会的高雅文化氛围相匹配。

⑦参与规则。

参与规则是指参加舞会者要态度积极、主动，不论其舞姿跳得如何，既然来到现场，都要重在“参与”。要主动邀请他人跳舞，也要积极回应他人的邀请，以使舞会参与者都能玩得开心、快乐。

⑧合作规则。

合作规则是指参加舞会者一般要男女搭伴、异性合作。因为交谊舞分男步和女步，这也是跳交谊舞的基本要求。

⑨邀请规则。

邀请规则是指参加舞会者要由男士主动邀请女士。非正式场合，也可以由女士邀请男士。

⑩邀请步骤规则。

邀请步骤规则是指参加舞会者邀请他人跳舞的步骤。首先，要走到被邀请者面前，向被邀者坐在一起的异性点头致意，或微笑打招呼，以示对其尊重。如果与被邀者坐在一起的是她的丈夫或他的妻子，则要首先征得他或她的同意。当征得对方同意后，再向被邀者稍稍欠身，面带微笑地说，“能请您赏光吗？”当对方同意后，说声“谢谢”。跳完一曲之后应向被邀请者道谢，或者将其送回原处，再次说“谢谢”。

⑪夫妇共舞规则。

夫妇共舞规则是指第一支舞曲应由主人夫妇、主宾夫妇或其他男士和自己的夫人共舞。如果没带夫人，也可以与自己的女儿或一起来的其他舞

伴共舞。

⑫ 邀请顺序规则。

邀请顺序规则是指从第二支舞曲后的邀请舞伴顺序。一般来说，从第二支舞曲开始，主宾双方都要按照尊卑顺序依次邀请其他人共舞。例如，男主人要首先邀请主宾夫人或主宾的舞伴共舞；男主宾要邀请主人夫人即女主人共舞。接下来的舞曲，男主人要邀请来宾中的第二高位者的女伴共舞；第二高位者的男宾要邀请女主人共舞。以下舞曲要依次类推，只有按照这种礼宾次序邀请跳舞，才不会有厚此薄彼之嫌，以避免伤害他人的自尊心，引起参与者不满。

⑬ 女主人优先规则。

女主人优先规则是指参加舞会的宾客，除了与自己的舞伴和他人的舞伴跳舞外，都要请女主人跳一次舞，以示对主人夫妇的尊重和谢意。

⑭ 救场规则。

救场规则是指男女主人对宾客的关照规则。男女主人除了自己跳舞外，要随时观察舞场的情况。如发现有一些男宾没有舞伴时，女主人要主动前去邀请共舞。如发现有一些女士被人“缠绕”遇到麻烦时，男主人则要挺身“救驾”，邀其共舞，帮其“脱身”。同时其他男士也有此种关心女士的义务，帮其摆脱“麻烦”。

⑮ 礼尚往来的规则。

礼尚往来的规则是指当他人请自己或自己的舞伴跳舞后，要“礼尚往来”，回请对方或其舞伴跳舞。这是一种对人的尊重。

⑯ 勿争抢规则。

勿争抢规则是指与会人员同时请一人跳舞时要互相谦让。同时，被邀请人要礼貌地对另外一位退出的邀请者说，“对不起，我和你跳下一支曲子可以吗？”以免伤害到另一位邀请者，同时也体现出被邀请者的修养。

⑰ 距离规则。

距离规则是指跳舞时双方之间的身体要有一定的距离，在两拳左右，以示对彼此的尊重。

⑱ 舞姿规则。

舞姿规则是指跳舞时头要正、肩要平、身要直、脚要稳。以笔直挺拔的身姿与轻盈矫健的舞步，按逆时针方向旋转起舞，塑造出优美、舒展、和谐的舞姿，愉悦自己的同时也愉悦他人。

⑲ 接触规则。

接触规则是对男女舞伴身体接触而言。一般来说，男士要用右手拇指的背面，轻扶女士的腰部，左臂弯曲向上举起，呈弧形大约至肩部高度。左手掌心向上，轻轻托住女士的右手掌。女士的右手掌要放在男士的左手掌上，其左手要用手指轻轻地搭在男士的右肩上。这种接触体现了一种文明及对对方的尊重。

⑳ 道歉规则。

道歉规则是指当跳舞时，不小心踩了对方或别人的脚，或者碰撞了对方或别人的身体，要及时地微笑道歉，说声“对不起”，以体现对他人的尊重。

2. 二十个不要规则

① 勿观望。

勿观望，是指参加舞会的人不要成为观望者，只要来到舞会现场，就要“既来之，则安之”。不要不好意思，扭扭捏捏，以免给人留下不大方和矫情的印象。

② 勿同性合作。

勿同性合作，是指在比较正式的舞会上，原则上不能同性做舞伴跳舞，尤其男士更不宜合作。

③ 勿拒绝。

勿拒绝，主要是指女士在接受男士邀请跳舞时不要拒绝对方，以免伤害对方的自尊心。实在不愿意与对方共舞时，也要以礼委婉相拒。例如说，“对不起，我有点累了，休息一会儿再与你跳可以吗？”或者说，“这支曲子节奏太快，我怕跳不好，下支曲子再跳好吗？”此时被拒绝一方应知难而退，切勿不知趣地再来邀请人家，以免造成尴尬场面。当女士邀请男士跳舞时，男士则绝对不能拒绝。这是对女士的起码尊重，也是“女士优先”原则的体现。

④ 勿攀高枝。

勿攀高枝，是指一旦拒绝了他人的邀请后，就不要在这支曲子还未结束时，又接受另一位邀请者的邀请，以免伤害第一位邀请者的自尊。

⑤ 勿粗俗。

勿粗俗是指邀请他人跳舞时，说话不要随随便便，粗俗不堪。例如，“怎么样？出来遛遛”。或者一句话也不说，上去抓住女士的手就往外拉。这些粗俗的做法都是失礼的。

⑥ 勿拦截。

勿拦截，是指请人跳舞，不要在一曲未终时半道拦截他人，这是对另外一位舞伴的不尊重。也不要在一支舞曲已经开始后，中途去邀请他人跳舞。这也是失礼于人的。

⑦ 勿始终如一。

勿始终如一，是指参加舞会的人不要与另一个舞伴自始跳到终，或者大部分时间只与一个人共舞。既然舞会是一种社交活动，就应该广泛交际，尽量多找一些舞伴共舞。否则，在引起他人侧目的同时，也会有“闭关自守”拒绝与他人交往之嫌。

⑧ 勿衣冠不整。

勿衣冠不整，是指参加舞会者不要着装太随便，不要着脏衣服和破衣服以及有皱褶的衣服，以免破坏自己的形象，同时也失礼于人。

⑨ 勿着装过短。

勿着装过短，是指参加舞会的男士不要着背心、短裤，不要穿凉鞋等入场，以免不雅。

⑩ 勿着装过露。

勿着装过露，是指参加舞会的女士不要着过于暴露的服装，不要着吊带背心和短小的上衣，不要穿低腰裤、露背装，以免不雅观。当然也不能把自己打扮得花枝招展，以免招蜂引蝶，让人侧目。

⑪ 勿气味刺鼻。

勿气味刺鼻，有两层意思：一是指参加舞会者入场前，不要吃气味刺鼻的食物，如大蒜、大葱等，以免刺激他人；二是指参加舞会者入场前要洗澡、更衣，以免跳舞时身上有异味而刺激别人。这既是对他人的尊重，也是对自己的尊重。

⑫ 勿酒醉入场。

勿酒醉入场，是指饮酒后尤其是酒醉后不要参加舞会，以免酒气熏天，污染环境。同时，酒醉后也极易惹是生非，影响舞会的正常秩序。

⑬ 勿举止不雅。

勿举止不雅，是指参加舞会人员不要边跳舞边嚼口香糖，边跳舞边吃食物，以免有悖于现代文明而影响个人的交际形象。一般来说，很多人参加舞会都会带块口香糖含在嘴里，以免口中有异味而熏染了别人。其实，这种做法很不文明。一个有修养的绅士和淑女，绝对不会当众嚼口香糖。这种举止行为与当代文明是格格不入的。

⑭ 勿带病入场。

勿带病入场，是指患有疾病尤其是患有传染性疾病的人不要出席舞会，以免将病菌传播给他人，从而影响他人的身体健康。这不仅是一种礼节原则，更是一种社会公德。

⑮ 勿非议他人。

勿非议他人，是指舞会上不要对他人的舞姿评头品足，更不要笑话他人的舞姿。例如，“哎呀，他跳得怎么这么难看！这样还敢来跳舞呀？”等等，以免失礼于被非议者，也失礼于在场的人。

⑯ 勿紧握。

勿紧握，是指男士与女士合作跳舞时，其右手不要紧紧地搂住女士的腰，左手也不要紧紧地握住女士的右手，以免对女士不敬。

⑰ 勿亲密。

勿亲密，有两层意思：一是指男女共舞时，身体距离不能太近，以免使双方的气息骚扰对方，同时也避免引起他人的侧目；二是指心理距离也不能太近。不要初次见面就一见如故，或索要对方的联系方式，或提出送对方回家，或提出下一次约会的请求，或与对方说一些超出一般关系的其他话语。尤其女士更要自尊自爱，学会保护自己。

⑱ 勿扭腰晃臀。

勿扭腰晃臀，是指跳舞的势姿不要太夸张、太张扬、太疯狂。以免给人以失态之感，有失庄重和典雅。

⑲ 勿左顾右盼。

勿左顾右盼，是指跳舞时的目光而言。要求目光规范，不要东张西望，以免损伤对方的自尊心。

⑳ 勿凝视。

勿凝视，是指跳舞时的目光而言。不要紧紧盯住对方的眼睛，偶尔可以与对方交换一下眼神，且不可以凝视对方。尤其双方更不能互相凝视，以免造成不必要的误会，同时也有伤大雅。

我们从“二十个有所为”和“二十个有所不为”两个方面，介绍了舞会交往礼节。舞会是一种高雅的文化活动，而且也是一项广交朋友的社交活动以及展示个人和单位形象的公关活动。我们不仅应了解，而且还应熟悉掌握舞会的交往礼节，让承载着对他人尊重的得体着装、适度化妆、文雅言谈、高雅举止、优美舞姿，在舞会的高雅文化氛围中，在放松神经、调整身心的翩翩起舞中，在与舞友交流情感、增进友谊的娓娓交谈中，向他人传递我们的美、文明、礼貌、修养。让舞会礼仪文化不断地发扬光大，成为中华礼仪文化中一支崭新的奇葩。

交际礼节之民族禁忌

各个国家、各个民族都有自己的民族禁忌。民族禁忌就是各国、各民族长期以来形成的对某些事物的忌讳，它常常代表着一个国家、一个民族的文化传统和生活习俗。俗话讲，“十里不同风，五里不同俗”“入国而问禁，入乡而问俗，入门而问讳”，说的都是对民族禁忌的尊重。

改革开放以来，无论是外国人来中国，还是中国人去外国的各种机会日渐增多。在此种情况下，我们必须对各国特有的习俗加以尊重，尤其是对各民族禁忌更要严格遵守。如果没有这方面的礼仪意识和常识，就难免会出现错误，从而影响交往的顺利进行，给交往和工作带来不必要的麻烦。

例如，在宾馆服务工作中，一般来说，当客人的汽车行驶到宾馆门前时，门卫服务员都会走上前去用左手拉开车门，用右手挡在上门檐，提醒客人别碰头。但是，对于信奉某种宗教的客人，他们不希望这样做，认为这样是挡住圣光了。又如，在我们国家，一个小孩子眼睛大而漂亮，你喜欢他时，就会禁不住摸摸他的头。但是对于信奉佛教的人，他的头只有父母和寺庙的高僧可以摸。因为这是顶，代表智慧，所以不允许别人随便摸。

再如，在对外贸易中，中国向瑞士出口的鞭炮卖不动，什么原因呢？经了解后才知道，在中国人看来是喜庆吉祥的红色鞭炮包装，瑞士人却认为是危险的象征。后来改为瑞士人认为是吉祥的银灰色包装后，鞭炮才得以畅销。还有，我国出口的皮鞋市场竞争性不强，出口的布鞋还可以。有一年，国内某厂生产的白鸽牌女布鞋出口到埃及，结果被埃及内政部下令全部查抄没收。原因是这些鞋底后跟的防滑图案同阿拉伯文“真主”的字样非常相似，这纯属误会和巧合，但由此说明对出口商品的商标和图案的设计，一定要注意一些国家的民族风俗习惯，特别要注意他们的民族禁忌。例如，日本人喜欢樱花，却忌讳用荷花作为商标图案；意大利人忌讳用菊花作商品的商标；英国人忌讳用人像作为商品的装潢；北非一些国家忌讳用狗作为商品的商标。如果我们缺少这些民族禁忌的礼俗意识，不仅会影响到国家间关系，而且还会给我们的经济带来损失。

不仅在宾馆服务和对外贸易工作中，我们应该有民族禁忌意识，在日常交往中，也应该树立“入乡随俗”的礼俗意识。例如，中国人传统的美德是尊老敬老，以“老”为尊称，见了老人称“老先生”“老大爷”“老师傅”。对年高德劭的长者称“郭老”“李老”，等等。比如，如果大家称呼我“曲老”，我就会感到自己已经进入了德高望重的老者、贤者的行列，心里会非常高兴。但是，西方人则不然。他们独立意识很强，最怕别人说自己老。因为西方社会是竞争的社会，年轻是有竞争力的表现。人们对于“老”，总会和“老不死的”“老没用的”相联系。

有一位德国老年女士来中国参观幼儿园，孩子们出于尊敬，热情地叫她“老奶奶”。她听了以后，满脸不高兴，对陪同人员说，“他们叫我老奶奶，难道我很老吗？”所以，我们绝对不能把中国人对老人的礼仪观念套用于西方老人，称他们为“老先生”“老夫人”等。也不要在言谈举止中对他们的年龄有什么暗示，比如不必要的搀扶，或者说“按您的高龄，您身体可真结实”之类的话，这都会引起老人的不快。

再如，中国人伦理观念很强，在朋友邻居间喜欢论资排辈，孩子要称与自己父母年龄相仿的人为“叔叔”“阿姨”。英国人不讲这一套，他们忌论资排辈，孩子对父母的朋友要称呼“某某先生”或“某某夫人”。在少数现代的家庭中，为了表示亲密，孩子甚至对父母直呼其名。

从上述中我们可以看出，在礼仪习俗的民族禁忌中也能反映出一个人的道德修养、审美修养和文化修养，而这些都是民族禁忌方面的礼俗意识。那么，世界各国的礼俗禁忌都有哪些呢？由于世界上的国家非常多，我不可能在此一一列举。下面，仅按地理位置，每个洲选择两个代表国家，以点带面地介绍一下他们的主要民族禁忌。

1．日本

日本人喜欢白色和黄色，忌讳绿色和紫色，认为绿色和紫色不祥；喜欢樱花，反感荷花，因为荷花是用于丧葬活动的，并且忌讳用荷花作商品的商标；喜爱仙鹤和乌龟，他们认为仙鹤和乌龟是长寿的象征，却忌讳金眼睛的猫，认为看到这种猫的人要倒霉；此外，日本人饮食上忌"八筷"——添筷、迷筷、移筷、扫筷、插筷、掏筷、跨筷和剔筷；日本人忌数字"4"和"9"，因为"4"在日语中为"す"，发"丝"的音，与"死"是谐音，而"9"在日语中为"く"，发音与"苦"音类似，他们是忌讳"死"和"苦"的。所以，在接待日本人时，不要安排他们住 4 层楼、4 号房间或在 4 号餐桌；另外与日本商人交往时忌 2 月和 8 月，因为这两个月是营业淡季；还有与日本人合影时忌三个人合影，因为三人合影，中间的人被夹着，他们认为是不幸的预兆。

2．泰国

泰国人忌讳褐色，而喜欢红色、黄色。他们喜欢用颜色表示不同的日期，如星期一为黄色，星期二为粉红色，星期三为绿色，星期四为橙色，星期五为淡蓝色，星期六为紫色，星期日为红色；泰国人忌讳狗的图案；忌讳别人触摸自己的头部，尤其是触摸自己孩子的头部；泰国人睡觉忌讳头朝西方，而且忌讳用红笔签名，因为头朝西睡和用红笔签名都意味着死亡；此外，泰国人还忌讳鞋底朝向人和在别人面前盘足而坐，因为在泰国文化中，露出鞋底被视为是污辱别人的行为，并且还忌讳用脚底踩门槛和用脚踢门。

2000 年，我去泰国参加国际学术会议，参观泰国皇宫时，领队负责人特别叮嘱我们进入各道门时，千万不要用脚踩门槛，否则，被他们看见了就要惹麻烦。所以，我们在进每道门时，都特别注意不踩门槛。泰国的这个禁忌，至今给我留下了深刻的记忆。

此外，与泰国人接触，不要用左手碰触对方，也不要用手拍打对方；在言谈方面，不能与他们或当着他们的面与他人谈论佛和国王，因为他们对佛和国王特别崇敬。

3. 美国和加拿大

美国人喜欢白色，忌黑色，因为黑色在美国主要用于丧葬活动；喜欢玫瑰花和山楂花；喜欢狗和白头雕，忌蝙蝠和有蝙蝠图案的商品和包装，认为这种动物吸人血，是凶神的象征；他们忌数字“13”和“星期五”，特别是 13 日、星期五是他们最忌讳的。

美国人之所以忌 13 日和星期五，是因为他们发现在这两个数字重合的日子，事故发生频率最高。例如，飞机失事、火车相撞、汽车肇事、甚至连计算机的病毒发生率都高。所以，他们遇到 13 日且是星期五时，都尽量不出门、不办事，以免倒霉遭殃。

在送礼方面，他们不提倡送厚礼，认为是别有企图；也不宜送香水、内衣、药品、香烟等礼品；此外，美国人忌成年人同性共居一室，或在公共场合表现得过于亲昵，认为有同性恋的嫌疑；忌随意打骂、训斥孩子；还忌用食指横在喉头之前，或冲着别人吐舌头等一些在他们看来有侮辱之意的肢体语言。

加拿大人喜欢红色和白色，尤其是喜欢白雪，被视为吉祥的象征与辟邪之物，但却忌白色的百合花，因为白色的百合花用于悼念死者；喜欢枫叶及枫叶图案，并成为加拿大国旗、国徽上的主体图案；忌数字“13”和“星期五”，认为这两个数字都意味着厄运和灾难；此外，还有请人用餐时忌盐撒了；忌从梯子底下走过；忌打碎玻璃，等等。

4. 埃及和南非

埃及人喜欢绿色和白色，认为前者是吉祥之色，后者是快乐之色，忌黑色和蓝色，认为均是不祥之色；喜欢莲花，并将其定为国花；喜欢葱，认为其代表着真理；喜欢猫，认为是神圣的精灵，是幸运的吉祥物。喜欢仙鹤，认为代表长寿与喜庆，却忌猪和大熊猫；忌讳数字“13”，却喜欢数字“5”和“7”，认为前者意味着吉祥，后者意味着完美；忌不付小费，因为小费是他们收入的重要部分；忌男士主动与女士攀谈，忌夸女士身材苗条，因为他们以身体丰腴为美；忌赞美埃及人家中的物品，以免有索要此物之嫌。

南非人忌数字“13”，忌“星期五”，特别是忌“13”与“星期五”重合的日子，一般在这一天都避免做事情，以免有灾难；忌妇女接近火堆、牲口棚等处，因为在南非，妇女的地位低下，而火堆、牲口棚等一些视为神圣的地方，妇女是绝对禁止接近的；另外，还忌为生了男孩而表示祝贺，因为这在很多部落里，并不是一件令人欣喜的事情。

5. 英国和法国

英国人喜欢红色、白色和蓝色，忌墨绿色；喜欢玫瑰、月季、蔷薇花，忌送百合花，认为百合花意味着死亡；喜欢知更鸟，并定为国鸟，却讨厌孔雀，认为它是祸鸟，把孔雀开屏视为自我炫耀和吹嘘。讨厌大象，忌大象图案，因为他们认为大象是蠢笨的象征；忌用人像作商品图案；忌数字“13”；此外，特别忌用打火机或火柴为他们点燃第三支烟。也就是说，一根火柴点燃第二支烟后应及时熄灭，不能再用。用第二根火柴点燃第三个人的香烟才不失礼。他们之所以有这种忌讳是有原因的。据说，在一次战争中，长时间埋伏的士兵实在忍受不了就点火吸烟。当用一根火柴点燃第一支香烟和第二支香烟后都没有什么反应，点燃第三支香烟时，敌人的枪响了，打死了第三个点燃香烟的士兵。所以，从此以后英国人特别忌讳用一根火柴为他们点燃第三支香烟。其实，这个忌讳实在是一种迷信。科学地讲，点燃第一支香烟和第二支香烟时，敌人还没有来得及发现射击目标，而当点燃第三支香烟时，敌人已经锁定了目标，所以很容易打中。

法国人喜欢蓝色、白色和红色，忌墨绿色，因为纳粹军服是墨绿色。所以，在接待法国客人时，不要把他们安排在挂有墨绿色窗帘、铺有墨绿色地毯的房间。他们更忌讳类似于十字架的法西斯的标志图案“卍”。因此，在接待法国人时，要注意无意中出现的法西斯标志的图案。

此外，法国人还忌黄色的花，认为黄色花象征不忠诚。忌黑桃图案，视之为不吉利。喜欢公鸡，认为它是勇敢和坚强的化身。忌孔雀，认为孔雀是祸鸟。忌大象，认为大象是笨汉。忌仙鹤，认为仙鹤是淫妇的化身。在数字方面忌“13”和“星期五”。在礼品方面，忌给关系一般的女人送香水，在法国给女人送香水意味着求爱。

6．澳大利亚和新西兰

澳大利亚人喜欢金合欢花与桉树；喜爱袋鼠与琴鸟；忌兔子，认为兔子是一种不吉利的动物；忌数字“13”与“星期五”，忌星期日约会，因为在这一天，基督教信徒有雷打不动的做礼拜的习惯。

新西兰人喜欢猕猴桃；喜爱几维鸟和狗，因为新西兰是以畜牧业为主的国家，狗作为牧羊犬，是他们的好朋友，所以在他们面前忌讳说吃狗肉的内容；忌数字“13”和“星期五”；忌拍照与摄像，因为他们信奉原始宗教，相信灵魂不灭；此外，忌男女同场活动，等等。

以上，我们从颜色、花朵、图案、动物、数字等方面，介绍了日本、泰国、美国、加拿大、埃及、南非、英国、法国、澳大利亚、新西兰等国家的主要禁忌。旨在帮助职场人在文化多元化、经济一体化的现代社会，树立起尊重民族禁忌的礼俗意识。在与不同国家、不同民族的人民交往时，要尊重他们的民族文化，尊重他们的礼仪习俗，尊重他们的民族禁忌。让我们把民族禁忌礼俗意识，作为跨越不同国家、不同民族文化鸿沟的通行证。把代表着民族传统，反映着民族信仰，蕴含着民族情怀的神圣而不可侵犯的民族禁忌，视为灿烂、博大、悠久传统礼俗文化的重要组成部分。在对人们行为的约束中，把人际交往中互尊互重淋漓尽致地表达出来，避免跨文化交流所带来的障碍，从而使交往顺利、沟通融洽、合作成功。

第十部分

礼貌修养准则

西塞罗说，修养之于心地，犹如食物之于身体。

礼貌是一种修养，是道德修养的组成部分。道德修养只有落实到礼貌行为中才不会是抽象的东西。礼貌行为也必须要有道德的情感才不会流于形式。

那么，什么是礼貌修养呢？职场人应该遵循哪些准则来加强自己的礼貌修养呢？

人们在交往中讲究礼仪，不能流于形式，必须以礼貌修养作为基础。一个有礼貌修养的人，一定会具有尊敬人和礼貌待人的习惯，其礼貌的态度和行为也就自然而然形成了。

那么，什么是礼貌修养呢？

礼貌修养是一个人道德修养的组成部分，具体是指在个人生活、工作和日常交往中，在礼貌、礼节方面自觉地按照社会公共生活的准则不断地进行自我修炼、自我培养、自我提高的行为活动，并经过努力，形成的一种在待人接物时所特有的风度。

礼貌看起来是表面的东西，实际上是和一个人的思想意识密切相关。俗话讲，“言为心声，行为心表”。一个人的礼貌行为，从本质上说是他内心世界待人接物过程中的一种映射。也就是说，礼貌行为是以一个人的道德修养为基础的，道德修养落实到礼貌行为上，才不会是抽象的东西，而礼貌行为必须要有真实的情感，才不会流于形式。礼貌的本质是尊重他人，且要做到真诚，谦恭、和善和适度。要做到这些就要在礼貌修养上下功夫。如果说，加强道德修养是提高一个人礼仪素质的根本，那么，加强礼貌修养对于提高一个人的礼仪素质，则有着直接的决定性作用。

那么，我们应如何加强自己的礼貌修养呢？换句话说，礼貌修养的准则都有哪些呢？下面，我就分别介绍一下礼貌修养的九项准则。

礼貌修养准则之与人为善

与人为善，就是要有一颗为别人着想的善良之心。与人和谐相处，友善待人。

我有一个朋友去英国考察学习一年。回来后，他对我讲了一件英国人扶门的事。他说，英国人都特别绅士，你还没有走到门前，就有人面带微笑帮你开门。甚至你离门还很远的时候，只要他回头看到你，就会一直扶着门等你。而且，凡是公共场合有门的地方，都会看到这样的情形。走在前面的人，推开门后，都要回头看看后面有没有人进门，然后扶着门让后面的人进去。后面的人进去后，也总要向扶门的人说声“谢谢”，并接着为下一个人扶门。

听了他的讲述，我深受教育。从此，我便养成了“扶门”的习惯，至今已坚持了二十余年。

二十余年坚持扶门，我观察到了一些令人不太满意的现象。少数人看到你为他扶门，会说一声“谢谢”，大多数人则会径直而去。说“谢谢”的人中，也很少有人会接替你继续为下一个人扶门。

我想，或许我们把“扶门”看成是一件小事，没有在乎。其实，小事中才能看出一个人的教养。从我们不扶门中，第一个反应就会判断我们缺乏基本的礼貌和教养，更别说我们旁若无人地径直走过了。别人扶门，是怕门撞到我们的脸，而不是为我们提供专门服务。这是一种“善良的传递”，是一种“爱的传递”，更是一种“教养的传递”。

由此，我联想到我们的学校教育，只是把学生培养成有知识的人，却没有把他们培养成有文化、有教养的人。有知识不等于有文化、有教养。一个有文化、有教养的人，起码要具有为别人着想的意识。扶门这件小事所体现的正是为别人着想的意识。这种意识，不仅体现在扶门这细节上，也体现在人际交往中的各个方面。

例如，在会议室等比较安静的地方，拿出眼镜，关眼镜盒的时候，让眼镜盒夹着手指，缓冲一下，以免让关合的响音惊扰他人；同样道理，放杯子的时候，也用小手指缓冲一下，慢慢放下，使声音小一些；在楼道内走路不发出趿拉声，以免影响邻居休息；别人睡觉时做事，要蹑手蹑脚，尽量不发出声音；公共场合拉椅子时，把椅子抬起来或只推着一条椅腿移动，而不是直接拖出来弄出很大的响声；在公共汽车上、影剧院、商场等公共场所，说话声音尽量放低。

电梯超载的时候主动下来，哪怕我们不是最后一个上的；在商场之类的地方乘滚梯时，不要和同行的人并排站立，主动靠一侧站立，把另一侧留给着急的人。

上车的时候，特别是上别人的车，先把自己鞋上的尘土抖干净；开车时，遇到对面来车，打近光灯；遇到有人横过马路时，要主动礼让行人，哪怕他是违规过马路；坐地铁、公交车时，主动站到车厢内部，不要堵塞车门；不在拥挤的通道忽然停下来，注意给人让道，时常检查自己的东西有没有挡着他人。

洗完手不要四处甩手，特别是旁边还有其他人的时候；开车到积水处，绕行或者减速，避免把水溅到旁边的车或者行人身上，等等。

总之，与人为善是一个很重要的原则，不只是在大事上，在每个小细节上都为他人着想，给人方便。这些在日常生活的细节中为别人着想的善良，提高了我们的修养，决定我们人际关系的好坏。

让我们养成多替别人着想的善良美德，从当下开始，从每个细节开始。不以善小而不为。如果我们能因善小而为之，就不愧为善良之人。同时也通过言传入身教，让我们的孩子从小养成为多为别人着想的善良美德，这对于他们成为一个有文化、有修养的人，是大有裨益的。

礼貌修养准则之遵时守信

遵时守信，顾名思义就是遵守时间，讲究信誉。

首先，说一说遵守时间。

在社会交往中，守时是极为重要的礼俗修养。特别在当今讲究效率的时代，时间就是金钱，时间就是生命，时间就是效率。与人交往不失约，不浪费对方的时间，是对对方最大的尊重。我们必须从这些看起来可有可无的小事方面做起。

我有一个学生，大学毕业后去了美国，在波士顿工作。她每年春节都会给我打电话，每次寒暄之后聊得最多的就是礼仪方面的内容。记得有一次，她聊到了美国人的守时问题。她向我介绍了她以前在国内上大学期间，每次开会都不会准时到场。可是到美国后，如果通知 8 点开会，就必须准时开会，要想不迟到就必须提前动身。并且，美国人会客、访客都会事前预约，大家普遍都有遵守时间的习惯。有预约，就必须严格遵守，即使有特殊情况而不能按时赴约，也要提前告知对方，说明情况和原因，否则就是不礼貌、不文明的行为，就会失去他人的信任。美国人普遍认为，要想做个成功人士，不能只考虑自己的时间宝贵，更应当替别人着想，才能得到对方的信任和支持。

听了她的讲述后，我不由得联想到在我们的现实生活中，不遵守时间的现象非常严重。例如，会议、活动、往往很难准时进行，陆陆续续、拖拖拉拉，不按时到场的人络绎不绝。原定的开会时间往往要推迟十到二十分钟，甚至半个小时才能开始。有些人认为去早了等别人，会浪费自己的时间，不如利用这点时间再做点自己的事情。另外有些人则认为去早了等别人，会有失自己的身份，仿佛只有“姗姗来迟”才能显示出自己的重要性。

这些人只考虑自己的时间和面子，却没有考虑自己的人格和做人的尊严。也就是说，在他们得到了那一点点可怜的时间和可怜的面子时，却失去了在场久候的人对他们的尊重。由此，他们的信誉也会大打折扣。因为一个连时间都不遵守的人，还有什么信誉可言吗？

所以，我们无论开会还是赴约，要尽量早去，不要用什么堵车之类的借口。这些都不是理由，只能成为守信的障碍。

我有一个亲戚，从事对外贸易工作，专门与英国人做生意。他讲过这样一件事情。有一次，他与英国一家公司签订合作协议时，因为事故晚到了十分钟。结果，这个协议就没有签成。英国人对此做出的解释是，他们不会与一个不守时的企业合作，因为这样的企业是不能信赖的。由此可见，遵时守信在人际交往中，尤其是在国际交往中是何等的重要。这种不尊重他人时间的行为，不仅会失礼于交际对方，有害于他人，也有害于自己。

遵时守信的另一层含义就是重视信誉，也就是诚信。

公元前 4 世纪的意大利，有一个名叫皮斯阿司的年轻人，因言语触犯了国王，被判绞刑。临死前，皮斯阿司希望能与远在百里之外的母亲见最后一面，国王允许他回家，但条件是他必须找个人替他坐牢，如果他到时不回来，这个人就要替他去死。

有谁肯冒着被杀头的危险替别人坐牢呢？皮斯阿司的朋友达蒙愿意帮助他完成这个心愿。达蒙住进了牢房，日子一天天过去了，皮斯阿司却没有回来。到了行刑当天，围观的人都在嘲笑达蒙的愚蠢，只有刑架上的达蒙面无惧色。绞索挂在达蒙的脖子上，胆小的人都吓得紧闭了双眼。就在千钧一发之际，皮斯阿司飞奔而来，高喊着：“我回来了！我回来了！”

这一幕太感人了。国王也被感动了，当场赦免了对皮斯阿司的刑罚，并当众宣布自己要以信用立国，以信用治天下的政令，同时宣布任命皮斯阿司为司法大臣，任命达蒙为礼仪大臣。事实上，正是他们担任大臣以后，以诚信治天下，意大利才达到了历史上最辉煌的时期。

这个故事说明了什么呢？说明诚信的力量。无论一个人，还是一个组织，当信用成为安身立命之本，就拥有了成就大事、创造历史的力量。

在中华民族五千年的文化中，许多传统美德如同黄皮肤黑头发一样成为中华文化基因的一部分，其中，诚信是最重要的美德之一。追溯历史，关于诚信，外国人是这样评价中国的。他们说，在我们国家做事情，都要签合同。可是，中国人不签合同，他们做事情只要口头承诺，而且一诺千金，中国人的诚信胜过我们的一纸合同。

可是现在，由于市场经济的负面影响，我们在交际中不讲信誉和失信的个人及组织却越来越多。猪肉是注过水的，海鲜、水果是泡过福尔玛林的，鸡肉是催肥的，馒头是加了洗衣粉的，炒菜的油是地沟油，甚至已经签订的合同也可以随意作废，交易的双方互不信任，谁都不敢先发货，等等。

曾经有这样一个个案。

有一位农民由于买了假稻种而颗粒未收，全家人买了农药准备寻死。可是，由于农药是假的，全家人因此而获救。正当全家为此庆幸买酒祝贺时，却由于买的酒是假酒，全家因酒精中毒而死亡。

这件事听起来好像是天大的笑话，但实际上像假稻种、假农药、假酒等，制假售假、商业欺诈、虚报冒领等报道却屡见不鲜，而且都是真实的。

当诚信的血液在企业经营中断流，无异于企业慢性自杀。他们貌似精明地以欺骗和伤害消费者为代价换取一时的差额利润，却从不考虑愚蠢行为的最终结局，从而伤害了千千万万的消费者，最终将毁灭自己。

在这种情况下，我们怎么办？是随波逐流还是挖掘我们民族的传统文化，继承和发扬中华民族一诺千金的诚信美德？

我们首先来看看先贤是怎么阐释诚信的。孔子的学生子贡曾经问孔子做官的道理，孔子对他说了六个字，“足食、足兵、民信”（《论语·颜渊》）。子贡问：“老师，如果这六个字不得已必须去掉两个字的话，去掉哪两个字？”孔子说，“足兵”。子贡又问，“老师，如果不得已还要去掉两个字，去掉哪两个字？”孔子说，“足食”。子贡又问，“老师，不是说民以食为天吗，难道民信比足食还重要吗？”孔子说，“不错，足食很重要，民以食为天嘛！但是，如果去掉足食，失去的只是个体的人，自古人皆有死。但是如果失去民信，民无信而不立，你失去的就不仅仅是个体的人，还有政权和整个国家”。

孔子这段话，我们是否可以理解为“诚信重于生命，诚信高于一切”呢？

诚信是一件得之很难、失之最易的无价之宝。不论国家也好，团体也好，个人也好，若是出现了诚信危机，那么距“危机四伏”就不远了。例如，企业如果没有诚信会很快倒闭，做多少广告也没有用，因为“金杯银杯不如老百姓的口碑”。政府如果得不到老百姓的信任，就很危险，因为“民无信而不立”。执政者讲诚信，老百姓就对其信任。老百姓有敢作敢为的信心，施政才能事半功倍。一个民族、一个国家“诚信富翁”愈多，其社会愈安定。

诚信是最宝贵的，也是中华民族优良传统的重要组成部分。我国历史上诚实守信的例子非常多，例如，“得黄金百，不如得季布一诺”（《史记·季布栾布列传》）。像楚人季布这样的“守信人”，在古代还有很多，闫敞不负重托的故事就很感人。

阎敞有一位好朋友叫第五常。第五常由于接到皇帝诏书火速进京。临走之前，将一大笔钱交给阎敞保存。后来，第五常一家人进京后染了瘟疫，陆续死去，只剩下第五常和一个九岁的孙子。第五常临终前把孙子叫来告诉他：“我有一个好友叫阎敞，你可以去投奔他，我还有三十万贯钱放在他那里。”第五常的孙子因为当时年龄尚小，所以没有走。十几年过去后，他年龄大了，学业已成，便来认世交，顺便想将钱取走。阎敞把钱拿出来，一封一封还是原样，有一百三十万贯之多。第五常的孙子忙问：

“我祖父临终前说只有三十万贯，怎么多出一百万贯？”阎敞说：“这笔钱确实是你祖父当年交与我收藏的原物，至于他说的数目不对，或许是他病中神志恍惚，也未可知，你就不必怀疑了。”第五常的孙子见阎敞如此诚实，又是佩服又是感动，一时连话也说不出来。

阎敞存金的故事留传至今，说明了国人对于诚实守信的中华民族传统美德的重视和珍惜。

在现代社会中，我们国家的许多企业，坚守诚信的例子也不少。据说，自贡有个阀门厂，胜利油田计划在那里采购十个大阀门。合同规定，大阀门做好后由自贡阀门厂负责送至胜利油田。当时自贡阀门厂决定用火车运送，可是火车到阳平关后发大水，有一段铁路被冲坏了，不能按时送达。按常理，这是一种不可抗拒的自然力量，无法执行合同也可以理解。但自贡阀门厂没有迁就自己，而是派汽车把十个大阀门运到成都，然后用飞机运至胜利油田。据说加工费并不是很多，而运费加起来比加工费还要多。这是一笔赔本买卖，是不划算的，但自贡阀门厂认为，他们应该守信誉，宁可赔本也应该这样做。当时，胜利油田很受感动，也很大气，承担了这笔运费，并说今后所有阀门都从自贡阀门厂采购。

从上述例子中我们可以看出，“诚者，天之道也；思诚者，人之道也”《孟子·离娄上》。我们千万不要小瞧“诚信”两个字，经济发展靠诚信，国家形象靠诚信，个人成功靠诚信。古人云，“民无信而不立”，就是说，做人若不能诚实守信，是不能立足于社会的。信任弥足珍贵，诚信胜过黄金。让诚信这种美德永远成为我们手中一笔丰厚的无形资产，愿我们再也不要由于失信而受到任何伤害！

礼貌修养准则之尊重他人

尊重他人就是尊敬和重视他人。

尊，本是古代一种酒器。古代饮酒非常重视仪式，尊就变得非常重要，尊重也由此产生。卡耐基说，“人性深处最深切的冲动就是做个重要人物的欲望”。卡耐基的这句话，揭示了人类高层次的精神需求——被人尊重。

古语有云，“将欲取之，必先予之”。要想被人尊重，首先要尊重他人。尊重他人，就是要尊重他人的权利，尊重他人的感受，聆听他人的声音，珍惜他人的劳动，欣赏他人的成就。可以这么说，世界上没有任何一样东西的分量可以超过一个人的尊严。尊重是礼仪的理念，是礼仪的灵魂，是礼仪的情感基础。尊重他人就是尊重自己。人际交往是一个互动的过程，只有彼此相互尊重，才会形成融洽的人际关系，形成凝聚力和战斗力。

尊重有三个层次：首先，要接纳他人。不无理由拒绝他人，尊重他人的尊严，不可求全责备；其次，要欣赏他人。欣赏他人，抬高自己；诽谤他人，贬低自己；再次，也是最高层次，就是赞美他人。要赞美他人的成就，珍惜他人的劳动。

提到尊重，地位低的人对地位高的人很容易做到，因为我们一般理解的尊重都是自下而上的。仰视的时候，尊重会油然而生。但大多数情况下，我们会遇到平视或俯视。在面对社会上的弱势群体时，我们还能不能给予尊重呢？对于社会上的弱势群体，人们往往是很难做到的。如果说，尊重他人是一种修养，那么尊重社会上的弱势群体就不仅仅是一种礼貌修养，更是对社会进步和人类文明发展的推动。因此，从推动社会进步、人类文明发展的需要出发，我着重讲一讲对社会弱势群体的尊重。

1. 要尊重老人

尊重老人就是尊重经验、尊重知识、尊重智慧、尊重生命。这也是我国的优良传统和道德风尚，更是社会进步、人类文明的标志。

老者，年事已高，一般来说，他们都为社会做出了一定的贡献。贤者，指贤明、德高、才华出众的人。所以老者、贤者，特别是作为有一定社会阅历和地位、掌握较多社会资源、可以为后辈留下德高身正、长者风范的既老又贤者，理应受到社会的尊重。这是社会健康向上的反映，也是社会风尚良好的标志。

我国是文明古国，敬老尊贤可以说是我们中华民族的传统美德。例如，盛行于西汉的木鸠王杖就是古代尊敬老人的见证。

传说古时的鸟类“鸠”寿命很长，因而被誉为长寿老人的象征。据载，西汉时，汉宣帝刘询为推行尊老爱叟的社会风尚以祝福高龄老者延年益寿，将鸠头设计在手杖顶端，称为“王杖”，赐给全国七十岁以上的老人，并诏令全国：持有木鸠王杖的老者，受全社会的敬重，享受特殊的地位和荣誉。明文规定，“王杖主”相当于年薪六百担粮食的官吏，种田不交租，经商不纳税。任何人不得以任何借口侮辱、打骂和虐待古稀老人。违者，以“大逆不道”问罪，公开斩首。

宋代的杨时，四十岁那年到洛阳，跟随当时著名的理学家程颐学习。虽然杨时已到中年，学问事业也取得了一定的成就，却还是好学不倦。

有一天，天气很冷，他和一个叫游酢的朋友去向程颐求教。他们到了那里，程颐恰巧睡着了。为了不打扰程颐，他们便恭恭敬敬地站在门外等着。这时下起漫天大雪，地上的积雪已经一尺多深。杨时和游酢一直等到程颐醒来。从此以后，“程门立雪”这个故事，被人们作为尊敬师长的典故流传下来。

古代先贤都能做到敬老尊贤，我们现代人更应该以他们为榜样，在职场上和日常生活的人际交往中都要做到“老吾老以及人之老，幼吾幼以及人之幼”。对于我们身边的老人要主动问候，称呼老人时要用尊称，不要对老人用“老爷子”“老太太”这种既俗气又不文雅的称呼，因为这种称呼中少了几分尊重，多了几分粗俗和随意。对于行动不便的老人，要主动搀扶。用餐时，要请老人坐尊位。在这方面我有切身的体会，一般参加活动或者圈内人聚会时，我都会被大家让至尊位。为什么大家非把这个尊位让给老者呢？这说明敬老尊贤的传统观念在我们中国人的思想中牢牢地扎了根，而且根深蒂固，以至于任何时代、任何场合、任何人都难以撼动它。

总之，对于老人，我们要从内心真诚地接纳他们的年龄，欣赏他们的阅历，尊重他们的业绩，赞美他们的成就，学习他们的经验，弘扬他们的精神，以此推动社会不断进步、人类文明不断发展，同时也体现和弘扬中华民族敬老尊贤的传统美德。

2. 要尊重残障人

尊重残障人，也是社会进步和人类文明的一种标志。社会越进步，人类越文明，人们对残障人就越尊重。例如，在西方一些文明程度比较高的国家，影剧院中六七排的最好位置都留给残障人，任何人，包括国家元首都不能坐。一些公共停车场，都设有方便残障人停车的专用停车场。为了方便残障人进出商场，大商场的门前都专门设计了斜坡，人行道两侧都有专门为盲人设计的盲道，等等。我国改革开放以来，对于残障人也越来越尊重。例如，对残障人乘车，规定半折优惠，等等。

尊重残障人绝不是同情、怜悯，而是要本着理解、关心、帮助、爱护的原则，当然更不能轻视、歧视和侮辱。因为同情、怜悯，其立足点在高处，不在平等的位置。而尊重的立足点不在高处，是在平等的位置。

我在一家餐馆用餐时，曾经看到过这样一幕场景。有一位腿有残疾的老大爷前来用餐，一位年纪大的女服务员，非常热情地为他服务，给他送饭、送菜后，又为他买酒、买烟。老大爷对她的服务很满意。我在一边看着也很感动。可是就在这时，旁边的一位熟顾客就跟这位服务员开玩笑说：“你为什么不为我提供这样服务？”这位服务员马上厉声说：“你腿没瘸，你要是瘸了，我也这样为你服务。”

在这个案例中，女服务员对这位残障顾客就没有做到尊重。她虽然在服务中对这位残障人照顾得十分周到。可是，从她口中随便说出的话语中，我们可以看出，她的内心并没有尊重这位残障人的尊严，从而伤害了他的自尊心。她前面所做的一切，最多也只能说是出自对残障人的同情和怜悯，而不是尊重。

残障人残疾的是生理，虽然他们的行为能力受到生理上的限制，但心理却和我们一样健康，甚至比我们还健康，因为一种残缺带来的是另一种极度的饱满。残障人生理上的缺陷，对于他们来说本是一种不幸，而我们对于不幸的残障人如果轻视，就是愚昧。如将轻视上升为歧视，对残障人的行为能力制造了社会性的限制，就是丑陋。如将歧视上升为侮辱，那就是罪恶。因此，残障人比正常人更需要我们的尊重。让我们都来理解残障人，关心残障人，帮助残障人，爱护残障人，做一名推动人类文明和社会进步的现代文明人。

3. 要尊重妇女

尊重妇女，也是社会进步的标志。尊重妇女不仅因为妇女是社会上的弱势群体，更主要的是因为妇女是人类的母亲，所以不尊重妇女就意味着缺乏教养。现在一些文明程度比较高的国家，女人没有死刑，士兵不殴打女人。尊重妇女最初起源于英国。体现男士绅士风度的“女士优先”的原则，现在已成为一种国际礼仪惯例。

女士优先原则，实质上就是要尊重妇女。要尊重妇女，首先就要了解妇女。男士是否都了解妇女了呢？是否都知道女人最爱听什么呢？女人最爱听的话就是“你真漂亮”“你真美”这些赞美她的话。女人天生爱听赞美，在接受外界的信息时，女性多属听觉型、感性型的高级动物。很多时候，女人靠别人的鉴定来生活，其价值也是靠别人来鉴定的。例如，一位男士对一位女人说“你的发型很漂亮”。那么你会发现，从此这位女人就会永远留这个发型。

也许有人会认为，赞美女人会被认为作风不正、肤浅、无能……但这不应该属于这个时代的观念了。这个时代，女人是半边天。这个世界如果没有女人，很多事都做不了。女人应该受到尊重，而赞美是女人应该得到的奖赏，也是男人绅士风度的重要表现。所以，作为男人一定要学会赞美女人，这既是对女人价值的肯定，更是对她们的最大尊重。我想，男人没有不想具有绅士风度的，那么，就学会赞美女人吧！首先要从身边做起，学会赞美自己的妻子，无论你的妻子漂亮不漂亮，你都要经常赞美她“你真美”“你真漂亮”“你真是个大美人”，甜言蜜语总是征服女人的良药。这不仅是你取悦妻子最简单、最有效的方法，而且也会增强她的自信。像这种利己又利妻的好事，我们何乐而不为呢？

尊重妇女不仅要了解女人爱听什么，还要知道她们最不爱听什么。女人最不爱听什么？最不爱听你在她面前赞美另外一个女人。这不是因为女人的心眼儿小，而是因为你当着她的面，肆无忌惮地对另外一个女人的肯定，就是对她的无言否定。这无疑会伤害她的自尊心，是对她最大的不尊重。例如，有一段时间电视经常播放一个“夏士莲黑芝麻洗发露”的广告：

电话铃声响了。妻子拿起电话，高兴地对身边的丈夫说，“是丽丽约我们去打保龄球”。丈夫说，“丽丽？就是头发又黑又亮的那个？”妻子听到丈夫对丽丽的赞美后，立即对着话筒撒谎说，“不好意思，他扭伤了脚”。丈夫说，“怎么？我扭伤了脚？”刚要为自己辩解，妻子赶紧踩了一下丈夫的脚，丈夫‘哎哟’了一声。妻子对着话筒酸溜溜地说，“下次吧”。当然这个广告确实设计了下次，下次丽丽再约他们打保龄球的时候，这位妻子的头发也像丽丽的头发一样又黑又亮。这当然是用了夏士莲黑芝麻洗发露喽！

这只是个广告节目，如果是现实生活中真实的事情，还会有下一次吗？我想妻子肯定不会给丈夫再见到丽丽的机会了。这位丈夫只是夸了一下丽丽的头发，如果他夸丽丽如何漂亮，恐怕后果不堪设想。

此外，女士优先原则还有一些表现形式。例如，进出门时，男人要主动为女人打开房门；进入室内，主动协助女人穿、脱大衣，挂好背包；当女人入座时，主动帮助挪动椅子，坐下时再将椅子前推；吸烟时，要先征得在场女人的同意；敬烟时，应先敬在场的女人；走在马路上，男人要让女人走在自己的右侧，保护女人不被车辆碰撞；讲话时，应先称呼“女士们”，然后再称呼“先生们”，因为先提到的名字表示对女人应有的尊重。

总之，“女士优先”原则不仅是一种表面形式，其核心精神就是要求男人在任何时候、任何地点都要尊重、关心、爱护、帮助女人。不仅要对年轻貌美的女人这样做，对年老体弱的女人也应该这样做。如果望文生义把“女士优先”仅仅理解成“女士先行”，那就是一种狭隘，把男子汉只是理解成体魄健壮、阅历丰富、谈吐不凡，把绅士仅仅理解成头戴一顶礼帽，一手拿文明棍，一手拿公文包，那都是一种狭隘。我们说，男子汉也好，绅士也好，其首要的标准就是要懂得如何尊重女人。愿我们男人都能具有绅士风度，成为懂得尊重女人的名副其实的男子汉。

礼貌修养准则之谦虚恭敬

谦虚恭敬是指待人要虚心恭敬、谦让有礼。

谦虚恭敬是一个人十分重要的道德品质。自古以来，谦恭就是被人称赞的一种美德，并被称作“一切美德之冠”。在古希腊，还把它列为四大美德之首。

我国古代一直提倡谦恭有礼的品德。《论语 · 阳货》中说，“恭则不侮”。你对别人越恭敬，你就越不会招来侮辱，活得就会有尊严。

谦恭，是一个人正确认识和对待周围的人，正确认识和对待自己的一种道德行为，也是礼貌修养准则的重要内容。它主要表现为，能看到他人的长处和自己的不足，虚心向别人学习，乐于采纳别人的建议，不自满、不武断、不固执；勇敢地承认自己的缺点错误，欢迎别人的批评教育，并认真地改正；用恭敬的态度对待周围的人，对他们的缺点能够宽恕；实事求是地评估自己的能力，用清醒的态度对待自己的工作，不居功、不争名。

历史上能成大事业者，都有许多谦恭有礼的故事。

我国宋代文学家欧阳修，晚年时他的文学造诣已经达到炉火纯青的地步，但仍一遍遍地修改自己的文章。他的夫人怕他累坏了身体，劝他说：“何必这样自讨苦吃？你又不是小学生，难道还怕先生生气吗？”欧阳修回答说：“我不是怕先生生气，而是怕后生笑话！”这种谦虚的美德，难道不值得我们学习吗？

张良能辅佐汉高祖运筹帷幄之中，决胜千里之外，据说靠的是一本《太公兵法》。他能得到这本书，是因为他给一位穿得很寒酸的老人掉到桥底下的鞋拾起来，并恭恭敬敬地给老人穿上。老人很受感动，就把自己珍藏多年的《太公兵法》送给他。后来他就靠此书成就了一番事业。

牛顿是当之无愧的伟大科学家，但他却说：“我只觉得自己像一个孩子在海滨玩耍的时候，偶尔拾到了几只光亮的贝壳，但是对于真正的知识大海我还没有发现呢。”

谦虚恭敬的另一层意思就是谦让有礼。谦让有礼，自古以来就是中华民族崇尚的品德，早在两千年前的东汉末年就传颂着“孔融让梨”的佳话。

孔融是东汉有名的文学家，他从小就懂得待人接物的道理。他四岁那年，与几个哥哥一起分梨。大大小小的梨放在桌子上，让年纪最小的孔融先挑。孔融左看右看，挑来挑去，最后偏偏挑了一个最小的。家人很奇怪，问他：“你为什么挑最小的梨呢？”他认真地说：“哥哥们年纪大，应该吃大的。我年纪小，应该吃小的。”家人都夸奖他懂礼貌。从此，孔融让梨的故事就一直传到现在。这说明，人们对“谦让有礼”这种美德的肯定和崇尚。

谦让有礼，不仅可以表现出一个人的良好修养，而且可以缓解和消除对立双方的矛盾冲突，化干戈为玉帛。“负荆请罪”就是这样一个脍炙人口的历史故事。

战国时期，赵惠文王惧怕强敌秦国入侵，重用蔺相如。蔺相如出色地完成了“完璧归赵”和“渑池赴会”的重任，赵惠文王便拜他为上卿，位居廉颇之上。廉颇对此不服。

此事传到蔺相如耳中，他每次出门总是避让廉颇，还常常称病不上朝，不愿意与廉颇见面。蔺相如这种以大局为重、谦让有礼、大度坦荡的行为终于感动了廉颇。他负荆登门请罪，从此他们结为“刎颈之交”，团结一致，使强秦长期不敢冒犯赵国。

在现实生活中，有人往往错误地认为，道德修养、礼貌修养是失，知识修养才是得。以上诸多例子就是对这种错误认识的最好回答。人与人交往、相互观察了解，一般都是从谦恭待人开始的。13 世纪末著名的意大利诗人但丁说过，“道德可以填补智慧的不足，而智慧却永远填补不了道德的不足”。《荀子 · 劝学篇》中有云，“故礼恭，而后可与言道之方；辞顺，而后可与言道之理；色从而后可与言道之致”。就是说，对人谦虚恭敬，可以告诉你做事的方法；不仅恭敬，而且说话还和气，可以告诉你做事的道理；对人谦虚恭敬，说话和气，同时面带微笑，不仅会告诉你做事的方法、做事的道理，还会告诉你一切。

荀子这段话，我们都应该牢记在心。因为从唯物辩证法的高度来认识事物，真理具有相对性，是相对性与绝对性的统一。人的认识在历史长河中总是需要向前发展的。无论今天看来是多么正确，多么完备的理论，将来一定要被突破，从而达到更高的阶段。因此，我们在追求真理的过程中，永远都不能满足，永远都不能停止，只有具备谦虚的态度，才能学到更多的知识。

让我们借鉴伟人的礼貌修养佳话，发扬谦恭有礼的美德。人人谦虚恭敬，个个谦让有礼，共同创造一个融洽和谐的交际环境，让被誉为“一切美德之冠”和“四大美德之首”的谦恭美德，成为传统礼仪文化皇冠上的一颗璀璨明珠，永远发射出耀眼的光芒。

礼貌修养准则之宽怀恕人

古希腊有个神话故事叫《仇恨袋》。

传说有一位力大无比的英雄，名叫海洛利斯。有一天，他在坎坷不平的山路上行走，发现路中央有个口袋样的东西，挡住了他的去路，便用脚踢开。谁知口袋不但没有滚开，反而膨胀了。

海洛利斯十分生气，便用脚踩它，想把它踩破。它不但不破，还加倍地膨胀。他恼羞成怒，便抡起大棒砸它，它竟然越发膨胀得厉害，把整条道路都堵住了。

这时，从山中走出一位鹤发童颜的老人，对海洛利斯说：“朋友，别折腾它了。它叫仇恨袋，你不惹它，它就小若当初；你若踢它、踩它、砸它，它就会无休止地膨胀，最后完全挡住你前进的路，和你对抗到底。”

这个神话故事说明了什么呢？说明了宽怀恕人的重要性。宽怀恕人亦即宽恕，是指宽宏大量、能够容人的一种道德品质和思想境界。它表现为善于理解别人，从内心深处懂得别人的思想情感，了解别人的观点、立场、态度、需要和行为习惯，能设身处地地为别人着想，体谅别人，并且能原谅别人的过失，容忍别人非原则性的缺点、错误。因为人生不如意事十之八九，如果将这么多不如意的事记在心中不忘，就会成为沉重的包袱压在身上，即使是铁骨硬汉也得被压弯腰杆，压断脊梁。

我国古代就十分提倡宽恕的品德。《论语·阳货》说，“宽则得众”。谁能宽恕他人，谁就会得到世界的回报。纵观历史上一些开国建业的皇帝，往往都能容人的短处。此乃壮大自己，网罗天下英才，消灭敌人的法宝。如春秋时，楚庄王灭烛绝缨之事，就是一个典型的例子。

有一天，楚庄王大宴群臣，一直喝到日落西山，又点蜡烛继续喝。忽然一阵大风吹起，将蜡烛吹灭。一个喝得半醉的将军拉住一位妃子的衣服。妃子惊慌之中，折断了他的帽缨，大喊："大王，有人想趁黑侮辱我，我已折断他的帽缨，请点烛照看是谁的。"

楚庄王马上说："且慢，我今天赏诸位喝酒，酒后失礼不能责怪他们。"他接着又说，"今日痛饮，不拔掉帽缨不算尽欢，大家都把帽缨拔掉。"然后才重新点灯，君臣喝得尽兴而散。后来，楚庄王遇难时，多亏这位大将拼命鼎力相救，才得以脱险。

三国时期的曹操是著名的政治家，其容人之心、待人之量更大。曹操在官渡之战中以少击众，力挫袁绍后，从缴获袁氏信件中发现许昌守城乃至前线的人中，私下写给袁绍准备投降的信。浴血奋战的将士激愤难忍，纷纷要求惩治这些叛徒。曹操却下令将这些信件全部烧毁。他说："以袁氏之强，连我自己的性命能否保住，我都怀疑，何况大家呢！"这样，私通袁绍之人由惊恐转为感激，誓死忠于曹操。原来观望的人也甘心效忠曹操。

宽恕的品德不仅在政治上具有重要意义，在日常生活中也很重要。人与人之间相互理解宽恕，是创造和谐关系的前提。理解他人，宽待他人，会使自己的胸襟开阔、心气平和、事理通达。

那么，如何才能学会宽恕呢？那就是忘掉仇恨心自宽。

麦克失恋了，心情极度不好。为了排除苦恼，他找到牧师。牧师把他带到一个破旧的小屋内，指着桌上的一杯水，微笑着说："你看这个杯子，它已经放在这儿很久了，几乎每天都有灰尘落在里面，但它里面的水依然澄清透明。你知道为什么吗？"麦克认真思考，忽然跳起来说："我懂了，所有灰尘都沉在杯底了。"

生活中，我们遇到的烦心的事儿很多，就看我们如何正确对待它。因为再残酷的事情，再大的灾难，终不能阻止我们前行的脚步。面对不幸，我们要学学那杯水，把痛苦沉淀在杯底。如果我们无休止地翻转那些痛苦的往事，就会使“整杯水”都不得安宁，浑浊一片，也就失去了人生所有的快乐。如果我们愿意慢慢地、冷静地让它们沉淀下来，用宽恕的胸怀容纳它们，用理智、智慧的头脑反省它们，那样，我们的内心就会清澈如溪，就会从往事的悲苦中解脱出来，就会达到宽恕容人的境界。

宽恕还应该包含另外两层意思：一是不辩论；二是不纠正。

所谓不辩论，是指非原则问题不要针锋相对，斤斤计较，非得争论个你输我赢，要正确理解儒家的“和而不同”的思想。一件正确的事情同时可能包含着错误；反之，一件错误的事情其中也有合理的成分。要辩证地分析，冷静地理解彼此是非的内涵，避免片面、绝对化的观念。对于双方的不同观点，要相互尊重、彼此宽恕、和平共处。尤其在众人面前，要考虑对方的面子，不要把对方反驳得体无完肤。要知道，每个人的立场不同、观点不同、思维方式不同，很多问题是很难辨出谁对谁错的。辩论输了，你输了；辩论赢了，你也输了。因为此时你输掉的是人品。在人际交往中，做到非原则问题不与人辩论，就是宽恕。

所谓不纠正，是指在公共场合下，不纠正他人的错误，以免使他人陷于尴尬的境地。记得有一次，我参加过一个高规格宴会。主人宴请一位副市长，邀我作陪。席间出现了一个笑话。当时天气很热，可能是太渴了，一位客人把摆在每个人面前的一碗漂着玫瑰花瓣、用来吃龙虾洗手用的水端起来喝掉了。看到这种情况，大家都傻眼了。此时，只见那位副市长不动声色地端起自己面前的那碗水也喝了下去。大家见副市长这样做，立刻明白了他的用意，是不想让那人尴尬，也都随着他一起，端起自己面前的那碗水喝下去。这件小事充分地体现了那位副市长为他人着想的美德。

人非圣贤，孰能无过。愿我们都能像上述例子中的副市长一样，为人处事时，多站在他人的立场上为他人着想。以自己的宽广胸襟体谅他人的缺点，原谅他人的过失，让中华民族的传统文化中的宽恕美德代代发扬。

礼貌修养准则之真诚待人

人与人交往，需要彼此尊重，讲究礼貌。讲究礼貌一定要真诚，发自内心。英国哲学家培根说，“行为举止是心灵的外衣”。我国也有“诚于中而行于外”之说。在人际交往中讲究礼貌，虽然是一种外在的表现形式，却是内容和形式的统一。一个缺少诚意的人，是很难做到真正讲礼貌的。

我不知道大家是否思考过这样的问题。在我们周围常常会有这样一些人，礼貌语言不离口，看起来很讲礼貌，却不能给人以好感，甚至有时还会让人反感。这是为什么呢？我们先把这个答案作为一个问题悬起来。

我在“午间半小时”广播节目中，曾经听过这样一个报道。有一个叫纳戈尔的外国青年在中国学习。有一回，他应一位中国朋友的邀请前去做客。临去的时候，他精心制作了一个小礼物。可是，当他把小礼物送给中国朋友时，中国朋友却连连摆手说：“谢谢，不要，不要。”纳戈尔只好把小礼物拿回去。

有一回他与别人聊天时听说，中国人在接受别人礼物时都有一个习惯，总爱客套一番才会收下。他听后恍然大悟，原来那位中国朋友说不要礼物是客套啊！于是，他又把那个礼物送给那位中国朋友，并向其道歉。

听到这儿，我很有感触。的确是这样。我们逢年过节走亲访友，或者出于某种需要串门时，都习惯带点东西。可是，见面送上东西时，对方总会推辞一番，“谢谢你，你的好意我心领了。东西你拿回去吧，我不能收”。最后，推来推去，结果还是收下了，很少有人把东西再拿回去的。其实，这不是哪个人、哪一家的问题，而是我们都有“客套”习惯。这样，我们就引出了一个“客套”的概念。那么，客套与礼貌是不是一回事儿呢？二者有什么区别呢？

客套与礼貌不是一回事儿。可是，在实际生活中很多人却把客套当成了礼貌。为了更好地区别这两个概念，下面我讲一个小故事。

过去，有一座独木桥，叫“清和桥”。有一天，三个人要过桥。三个人中，一位是出家修行的和尚，一位是文质彬彬的秀才，还有一位是朴实无华的农妇。

因为是独木桥，一次只能过一个人。农妇谦让说：“您二位先过吧。”和尚和秀才本来急着想过去，一看农妇谦让，反而不好意思了，于是也谦让道：“您先过”“您先过。”三个人互相谦让，谁也不好意思先过。

这时，和尚出了个主意。他说，“咱们别谦让了。我出个主意，谁能用桥名中的一个字说一句话，而且还能符合自己的身份，谁就先过”。秀才马上响应说，“好哇”。还没等农妇回答，和尚就说，“我先说个‘清’字。有水念清，无水也念青。去掉‘清’边的水，加上一个斗争的争，便是一个‘静’字。我静坐禅房念佛经，既有千人拜，也有万人爱”。

和尚的话，既用上了桥名中的一个字，而且又符合自己的身份。秀才说：“那您成仙了。”和尚双手合十说：“何足道哉？”说完他就要过桥。

秀才忙说：“慢！我说个‘和’字。有口念和，无口也念禾。去掉和边的口，加上一个斗争的斗，便是一个‘科’字。我科甲连中喜事多，既有千人拜，也有万人爱。”

秀才的话也用上了桥名中的一个字，而且也符合自己的身份。

和尚听后，忙说：“那您成高官了。”秀才摇头晃脑地说：“斯弗言也。”说完他也要过桥。

农妇怒从心头起，火从胆边生。她心想，我好心好意让你们先过桥，你们却算计我。于是她大喊一声说：“慢，我说个‘桥’字。有木念桥，无木也念乔。去掉桥边的木，加上一个女人的女，便是一个‘娇’字。我娇生惯养两门曹，一个想成仙，一个想当官。”说完，她头也不回地径自过桥了。

现在我们思考两个问题：一、三个人来到桥边，都互相谦让，谁是礼貌的？谁是客套的？当然，农妇是礼貌的，和尚和秀才是客套的。为什么呢？因为农妇是真诚的，而和尚和秀才都缺乏诚意。

那么，由此我们得出了礼貌与客套的区别：礼貌是真诚的，是表里一致的；客套是虚伪的，是表里相悖的。

二、农妇的态度为什么来了一个一百八十度大转弯？从开始礼貌谦让，到后来把和尚、秀才都骂了，还先过桥了呢？是由于和尚和秀才的虚假客套惹恼了她！

由此我们可以知道，客套在交际中，虽然在形式上好像讲礼貌，但它却不能给人以好感，反而让人反感。

在了解了礼貌与客套的区别后，我们再回过头来想一想开头那种现象——为什么有的人礼貌语言不离口，却不能给人以好感？就是因为他们在说礼貌语言的时候，没有发自内心，缺乏诚意。

因此，我们在人际交往和日常生活及工作中，一定要真诚待人，在讲礼貌、说礼貌语言时，不仅用嘴说，更要用心做。

礼貌修养准则之处事适度

人与人交往需要诚信，需要尊重，需要真诚，还需要适度。

适度的原则实际上是交际分寸问题。人际交往中的分寸，够一个人学一辈子的，也是社交中最难把握的问题。

中华民族五千年的悠久历史，延续了儒家奉行的“中庸之道”。所谓“中”，即不偏，公正、适当的意思，是“天下之道”。所谓“庸”，即不易，是“常”。不易，就是不会改变的规律。“中”，一方面是内在的——含而未发的要求，即含蓄。另一方面，又是外在的——行为上的合乎礼的“中道”，即《中庸》里所说的“含内外之道”，这就是适度。可以说适度是“中”的基本原则，无过无不及，恰到好处，追求平常之道，内外协调，保持平衡，不走极端。

极端就是事物的极限。世界上的万事万物都有极限，事物超过其极限就会走向反面，这叫作“物极必反”。所以，拿破仑曾说过，“伟大和可笑之间只差一步，真理再向前走半步就是谬误”。

我从《中国青年》杂志上看到这样一个笑话。

有一对年轻人结婚后，久不生育。好不容易怀孕了，可是预产期到了，孩子却迟迟不生。夫妇俩到医院检查，医生告诉他们，要不马上剖宫产，要不回去等，迟早会生下来。

夫妇不敢轻易剖宫，于是就回家等。可是，等了一个月、两个月、一年、两年、十年、二十年，一直等到六十年，孩子还没有出生。夫妇俩实在沉不住气了，就到医院对大夫说，剖宫就剖宫吧。当大夫给她剖宫后，看见有两个白胡子的袖珍小老头，正在那儿互相谦让呢。这个说，“老弟，你先请”。另一个说，“老哥，你先请”。结果哥俩谁都没出来，就这样在妈妈的肚子里谦让了六十年。最后胡子都白了，到了花甲之年还没有看到外面的精彩世界。

在现实生活中，生一对双胞胎不足为怪，一般都是老大先出生，老二后出生。当哥哥的要对弟弟讲礼貌，谦让一下，也未尝不可。但是让到是礼，要适可而止，该出头时就出头，该出脚时就出脚嘛！

《中国青年》杂志刊登这则笑话时，在旁边标注一句“礼多人不怪”。我却觉得这句话如果换成“讲礼貌要适度”更合适。这虽然是个笑话，而且有点荒唐，但是它说明的道理却不荒唐，即讲礼貌要有分寸，要适度，不能过分，过分了就会失礼。

好花开在半放时，好酒喝到微醺时。愿我们都能以“中庸”的思维方式，掌握做事适度的原则。适度了，才能开出花的美；适度了，才能品出酒的香；适度了，才能感觉出礼仪的真、善、美。让中华民族在“中庸”

的传统文化中，让处事适度的思维方式形成的稳健、刚毅、笃实、果断的民族特点代代相传。

礼貌修养准则之不卑不亢

如果说适度是做事的原则，那么不单不亢就是做人的原则。具体讲只有 16 个字 ：不卑不亢、落落大方、以礼待人、一体待人。

不卑，就是不能以失去人格的阿谀奉承表示自己的谦虚，不能卑躬屈膝、低三下四地做有辱人格、国格的事。

不亢，就是不能有大国沙文主义，夜郎自大，盛气凌人，傲慢无礼。

以礼待人，就是以你喜欢别人对待你的方式去对待别人。

一体待人，就是一视同仁。对待交际对象和服务对象，不分国家，不分民族，不分身份、不分地位，一律平等对待。

每个人都有自尊心。自尊心是什么？自尊心是一个人需要自己受到社会、集体和他人尊重的情感体验，维护自己的社会地位和荣誉的一种意识倾向，属于自我情感部分，是自我情感中最神圣、最不允许别人亵渎侵犯的东西。人们往往把它和自身的价值以及做人的尊严联系在一起。

在人人都是服务对象，人人又都为他人服务的现代社会里，我们无论做什么工作，在工作岗位上都有自己的服务对象。因此，对待我们的服务对象，尤其是对待那些用金钱购买了服务的客人，我们应该提供一视同仁、平等、公平的服务。不能以貌取人、以地位取人、以财富取人，所有的客人在要求对其人格尊重这一点上的需求是一致的。因为从服务对象的心理讲，由于他们在主客关系中处于客人的地位，所以，处处需要得到服务人员的尊重、信任和认可。因此客人的自尊心非常强烈。

一件产品如果制造不合格，我们还可以重新制造。可是，如果我们伤及服务对象的自尊心，却永远无法弥补。在这方面我是深有体会的。我在生第二个孩子时，由于犯了经验主义，去医院晚了，结果匆匆上了产床，一切都是那么匆忙。医生可能出于同情，把送我到病房后，问我先生带没带鸡蛋，并主动提出为我加热鸡蛋。当医生把加热后的鸡蛋送到我手中，邻床一位产妇问我，这位大夫是你的亲戚吧？我说不是。这位产妇说，看她那么关心你，我还以为是你的亲戚呢！一般产妇要求加热鸡蛋，她都不给加热。

当时，我很感激这位医生，因为她关心我。但客观地讲，她在关心我的同时，无意中忽略了其他产妇的自尊心。亲戚有厚薄，朋友有远近，人与人交往有投缘不投缘之说。可是在接待服务对象时，我们是不能掺杂这种情感的。这是职业道德的要求。

有这样两个例子，能帮助我们更好地理解“不卑不亢”的做人准则。

北京某饭店有一年接收了某所大学的一名毕业生，其先天条件非常好，一米七的身高，苗条的身材，长得很漂亮，而且能说一口流利的英语。老总把她安排到饭店中枢兼窗口的总服务台。可是，她在服务工作中不能一视同仁，把客人分成三六九等区别对待。例如，她看见白皮肤、黄头发、蓝眼睛、高个子的外国人就点头哈腰、满脸堆笑，双手把钥匙递过去。看见黄皮肤、黑头发、矮个子的港澳同胞，虽然他们也很有钱，却瞧不起他们，递钥匙时不仅不双手递，还将钥匙扔给人家。这样时间长了，许多客人就纷纷投诉她。老总认为她不能在总台服务工作了，因为她的行为已经影响了饭店的形象，于是就把她调到后台其他部门。可是，她仍然旧习不改，我行我素，不能一体待人，影响很不好。最后，老总只好把她辞掉了。

郑板桥，被誉为“扬州八怪”之一。有一天，他到一座寺庙游玩，负责接待的老和尚见他是穿得普普通通的老者，便随口说，“坐”，对旁边的小沙弥说，“茶”，然后就忙别的去了。郑板桥对此没有理会，看见旁边有一副碑刻便欣赏起来。

老和尚回来，看见郑板桥欣赏碑刻，便知道他一定是读书人。在旧社会，读书人的社会地位相对要高一些，于是便改口说“请坐”，然后对小沙弥喊“泡茶”。郑板桥对此仍不理会，还在欣赏碑刻。这时来了一批乡绅，他们都认识郑板桥，便喊“板桥先生，板桥先生”。老和尚一听，原来站在他面前的老者是大名鼎鼎的郑板桥，于是就赶紧改口说“请上坐”，然后对小沙弥喊“泡好茶”。

郑板桥坐到上座，喝了好茶。临走时，和尚拿出纸和笔请郑板桥留下墨宝。郑板桥不假思索地写了一副对联，上联是：坐，请坐，请上坐；下联是：茶，泡茶，泡好茶。郑板桥的这副对联，生动地勾画出老和尚对“高贵者”讨好，对“卑贱者”鄙视的嘴脸。

礼貌修养准则之赞美他人

美国第16任总统亚伯拉罕·林肯曾经说过，“人人需要赞美，你我都不例外”。美国著名作家、幽默大师马克·吐温也说过，“一句赞美的话能当我十天的口粮”。两位伟人都说出了赞美的重要性，由此也让我们明白了为什么要赞美他人。

那么，什么是赞美呢？

赞美，就是赞扬他人的优点和长处，美言他人的业绩和价值，是对他人成绩的认可和高度肯定的评价，一般都含着某种价值判断的标准和参照系数。它既利人又利己，不仅激励他人进步，也有助于自己成功。

赞美语言可以说是语言家族中一颗璀璨的明珠，其中蕴含着伟大的力量和巨大的效益。它之所以具有伟大的力量，是因为它符合人类的需要。人类是有欲望的高级动物。根据这个原则，马斯洛建立了人类需求层次理论，认为人类具有两类性质的需要：一类是物质需要；另一类是精神需要。物质需要是较低层次的生理需要，而精神需要则是较高层次的心理需要。

在较高层次的心理需要方面，也有很多层次的需要。其中尊重是最基本的需要。尊重有三个层次，首先是接纳，其次是欣赏，最高层次是赞美。所以，当一个人受到他人赞美时，便意味着他受到最高层次的尊重，也意味着在一定程度上实现了自我价值，因为获得他人或社会的肯定是一个人成功的标志。一个人一日三餐就可以满足他的生理需要，而一天受到三次赞美，却未必满足精神上对赞美的渴求。这说明一个人的一生中时刻都需要赞美。

赞美是一种美德，也是一种修养、一种给予。它可以营造和谐的人际关系，而和谐的人际关系又是人们迈向成功的坚实基础。因此，我们都要把赞美内化为自身的修养，真诚地赞美他人。把赞美这朵最香、最美的玫瑰，慷慨地赠予他人，使他人更加美丽且有光彩。对于我们来说，也由于赠人玫瑰而手有余香。

那么，在人际交往中，如何赞美他人呢？

赞美是一门学问，需要有深厚的功底和一定的悟性及独特的技巧。下面，我把它归纳为“六要”和“六不要”原则分别介绍一下。

1．六要原则

①要真诚。

赞美要真诚，是指赞美要发自内心，要源于对他人的接纳和欣赏，是无所求的，没有任何功利性的。它和虚假的奉承截然不同。例如，在一次家庭聚会上，我的妹妹夸赞我的儿媳妇和她的儿媳妇时说：“过去，我一直羡慕我姐有福气，娶了一个孝顺、贤惠、懂事、有教养的好儿媳妇。没想到，现在我也娶了一个贤惠、懂事、有教养、孝顺的好儿媳妇！”

可以说，妹妹对我的儿媳妇和她的儿媳妇的赞美是真诚的，因为她平日一直欣赏这两个孩子。这次借全家团聚的机会，把自己对两个孩子的欣赏真诚地说出来，让人感到亲切、自然。

②要具体。

赞美要具体，是指赞美内容要有针对性，越具体效果会越好。例如，有一次，一位《诗刊》的资深前辈听了我在市诗词研讨会上的诗评发言后，邀请我为《诗刊》写评论文章。对于诗词评论，我是门外汉，知之甚少。可是，我为其写的评论文章，却使对方受到了很大的鼓舞。为什么呢？就是因为我在写评论时，运用了赞美。在赞美时，又注意了针对性。从《诗刊》的内容到《诗刊》的形式，从具体的诗文到可圈可点的诗文佳句，都具体地进行了评论。例如，评论《诗刊》办得别开生面，生动活泼，内容丰富，富有情趣；所刊诗词大气磅礴，文字流畅，朗朗上口，韵致高雅，很有意境；语言凝练优美，文字蕴含哲理，很有深度，让人读了以后有一种清新之感……这位前辈受到了鼓舞，连说，“遇到知音了，太鼓舞人了……”

在这个例子中，如果我不是具体地赞美，而是说“诗刊办得挺好，诗词写得也挺好的”，恐怕对方就不会受到这么大的鼓舞了，说不定还会认为我敷衍他呢。

③要内行。

赞美要内行，是指赞美要抓住所赞美人或事物的本质，让人听起来觉得“在行”，而不是说些外行话。这样，就要求赞美者掌握一些相关的专业知识，赞美时使用一些专业术语，让对方觉得你的赞美精准、到位，而不是敷衍。

生活中，有许多人由于缺少所赞美事物的相关专业知识，无论赞美什么，一律都是“好”，结果说不到点子上，使赞美缺乏力度。

我有一位好朋友，她喜欢朗诵。她每次朗诵之后，都会听到大家对她的赞美。她也会经常与我分享她的快乐和交流她的感受。她说：“我每次朗诵后，都会听到别人对我说，你朗诵得真好，你朗诵得很成功。听到这些话后，我认为她们不过是出于友好和礼貌，或者出于世俗敷衍我。直到有一次，一位素不相识的听众对我说，‘你朗诵的声音很好听，浑厚而有磁性。抑扬顿挫的节奏感掌握得恰如其分。特别是你满怀情感的朗诵，能引起我们的共鸣’。听到这些话后，我才知道自己的辛勤付出确实得到了听众的肯定。”

为什么有些人的赞美，让我的这位朋友感到是在安慰或敷衍，而这位素不相识的听众对她的赞美，却让她有如此深切的感受呢？问题就在于外行和内行的区别。这个例子也充分地说明了“专业对赞美的重要性”。

④要从细微处入手。

赞美要从细微处入手，是指赞美要发现对方一些细小的事情，以小见大，进行赞美。

真正聪明的人，善于从小事上赞美别人，而不是一味搜寻了不起的大事。因为在我们的周围，真正能做出轰轰烈烈事业的人少之又少，平平淡淡的人却是多数。但是，即使再平凡的人，他的身上也一定有可赞美的细节。人们常说，细节体现一个人的素质。因此，我们要善于发现对方所做的细小事情并进行赞美，勿以小美而不赞。

在赞美人方面英国人就很有特点。他首先看你漂不漂亮，如果你长得漂亮，他会说“小姐，你很漂亮”；如果你长得不漂亮，但很有风度，他会说“小姐，你很有风度”；如果你不漂亮也没有风度但很有教养，他会说“小姐，你很有教养”；如果你不漂亮，也没有风度，又没有教养，他还会说“小姐，你很有特点”。总而言之，他要想办法赞美你。

我们是否要从英国人赞美人的四个层次中得到一点启发呢？对于我们的交际对象和服务对象，要善于从细微之处发现他们身上的优点，想办法赞美他们。比如说，“你长得很漂亮”“你的发型很美”“你说话的声音很好听”“你很有气质”.“你的体形保持得很好”，等等。如果我是你的交际对象或服务对象，我的心会比吃了蜜还甜，下回我一定还会光顾你们这儿，因为我在这儿得到了你们的肯定，得到了你们的尊重，我的自尊心得了满足。

你看，说一句赞美的话，我们失去了什么？什么也没失去。我们得到了什么？得到了交往对象的好感，得到了融洽的人际关系，得到了服务对象的满意，得到了回头客的增加，得到了经济效益的提高。

领导和管理人员在做管理工作中，对于下属也要多从细微处入手，发现他们身上的优点，及时地肯定和表扬他们的工作成绩。比如说，“你很聪明”“你很能干”“你最近工作干得不错，很有潜力”，等等。作为下属，听到领导的表扬和赞美，一定会百尺竿头更进一步，做得更好！

你看，领导赞美下属的一句话，失去了什么没有？什么也没有失去。得到了什么？得到了员工积极性的提高。员工的积极性提高了，工作效率也就提高了。

所以，我们千万不要吝惜自己的赞美。一句赞美足以使被赞美者精神愉快，情绪高昂。我们也将会体验到，自己从中收益绝不亚于被赞美的人。这种利人又利己的事，我们何乐而不为呢！

⑤要引人向善。

有一位西方心理学家曾经做过这样一个实验。他让大家对一个举止粗俗、长得不好看、有些自卑的女孩子，经常用欣赏的口气赞美她，说她的骨子里有一种吸引人的特质，这种特质很招人喜欢。这个女孩子从此相信自己丑陋的躯壳中，隐含着某种不平凡的东西，开始用心化妆修饰和着装打扮了。

这位专家看到她发生变化后，又让大家说她的举止言谈很优雅，很有气质。她本来没有气质，忽然间像花朵一样绽放了，真的注意自己的言谈举止，变得仪态雍容大方。

最后，这位专家让大家说她美丽高贵，使她真的有自信了，由原来自卑的“丑小鸭”变成自信而高贵的“白天鹅”。

这个案例说明了什么呢？说明赞美不仅要“引人向善”，而且也是可以“引人向善”的。赞美他人并不只是仅仅赞美对方的优点，也可以从对方的不足出发，给他一个愿意为之全力追求的动力。用赞美蕴含的信息，激发出对方心理上的一种力量，获得一种崇高感，就会朝你赞美的方向努力，从而产生赞美者所期待的结果。

⑥要讲明道理。

赞美要讲明道理，是指赞美他人时，尤其是长辈赞美年轻人时要晓之以理，不是仅仅就事论事，而是要升华为深刻的道理启发年轻人，以利于他们的成长。

例如，我的祖母和三叔父住在济南。小时候，我在济南就读小学。记得读五年级时，有一次我去同学家玩耍，看到她家的院子里开满了鲜花。回来后，我也在自家的院子种了许多花草。可是，还未等到花儿开放，我就转学到东北。后来，我接到三叔父的来信。他在信中写道："孩子，你种的花现已开放，向日葵长得比咱家的房子还高。谢谢你给我们留下了这些美丽的鲜花。每当看到姹紫嫣红的花园，我们就会想到你。希望你今后不论到什么地方，都能把美好留给大家……"

三叔父的来信，让我受到很大的鼓舞。没想到自己做了这么一点小事，却给他们带来那么大的欢乐。三叔父谈到"要把美好留给大家"的人生道理，对我后来的人生起到了举足轻重的作用——无论做什么事，我都会尽力把自己最美好的一面留给大家。

赞美是一种美德，也是一种修养。但是，如果赞美得不当，不仅起不到赞美的作用，反而会适得其反。因此，我们除了要了解赞美应该怎么做外，还要了解赞美不应该怎么做。

下面，我介绍一下赞美"六不要原则"。

2. 六不要原则

①不要言过其实。

《颜氏家训》中记载这样一件事。

有一个天资聪颖的孩子很有才华，为老师宠爱。这个孩子有一句话说对了，一件事做好了，就大肆吹捧，夸大其词地为其张扬，使之无人不晓。相反，如果做错了事，却为之隐瞒。就这样，日积月累不住地夸奖、赞美，使这个孩子长大后性情傲慢，目中无人。做官以后，以我为荣，飞扬跋扈。说话从来不考虑后果。最后，他因口出狂言而获罪，被将军周狄所杀。死时，他的肠子被拖到地上，非常凄惨。

这个案例虽然是特例，但是它说明的却是普通得不能再普通的道理。即，赞美一定不要夸大其词、言过其实，需要实事求是、客观公正。尤其对于年轻人，夸张的赞美往往会掩饰他的缺点，使其陷于沾沾自喜的满足状态，养成骄傲自大、目中无人的坏品德，而不利于他的健康成长。

②不要说外行话。

一对农民夫妇，秋收结束后进城观看芭蕾舞表演。还没等开演他们就睡着了。一觉醒来看到台上的演员用足尖跳舞，妻子对丈夫说，“你看人家演员多懂事，怕把咱们惊醒，都用足尖跳舞”。旁边的观众听后禁不住笑出声。

这虽是一个笑话，却说明了一个严肃的道理，那就是赞美别人时说外行话，既不能达到赞美他人的目的，又会暴露自己的无知，容易引起别人嘲笑。

③不要陈词滥调。

中国有一句俗话，“好话不能总说，好东西不能总吃”。意思是说，再好听的话，如果不断地重复，也会引发被赞美者审美疲劳，不但无法让对方愉悦，还会使对方麻木，甚至厌烦。就好像吃好吃的东西，如果天天吃，也会觉得无味一样。

例如，我前面说的那位朋友朗诵的例子，她在跟我谈心时就谈到过这样的问题。她说：“我每次朗诵后，总会听到有些人反复地赞美说你的记忆力太好了……听得我不仅一点感觉都没有了，甚至有时还会厌倦。”

我听后也有同感，对她说，“每个人都有自己所专、所长，在赞美他人时，如果总是对她擅长的方面进行赞美，时间长了，被赞美的人确实会麻木。不如去挖掘他们专长以外的其他一些特长，抓住他们的心理，看他们最希望得到哪方面的赞美，换一个角度。如果实在找不出新鲜的赞美点，就换种赞美方式，往往也能起到较好的效果。”

说到这里，这位朋友抢着说：“对呀，同样是赞美我记忆力好，有的人说话方式就很新颖。例如，有次朗诵后，有位朋友对我说，‘你能告诉我们，你每天的食谱吗？吃什么东西让你的记忆力这么好？’我听对方这种别开生面的赞美方式，禁不住笑了。还有一回，一位听众问，‘你能告诉我你的记忆技巧吗？你一定有什么记忆秘诀吧’。还有一位同事听到大家都说我记忆力好时，他却这样说，‘她不仅记忆力好，而且非常敬业’。”

我说：“这几个人的赞美内容虽然和别人的赞美内容基本上一样，但是，由于变换了赞美方式，从而使他们的赞美很有新意。你听后感觉就不一样。”

我举这个例子想说明什么呢？说明赞美不要人云亦云，要避免老生常谈，要善于发掘新的赞美角度，根据不同的场合，变换赞美方式，赞出自己的新意、赞出自己的特色，赞出自己的水平。

④不要太笼统、太抽象。

在现实生活中，许多人赞美他人时只会说“好”“挺好的”“很成功”，等等。像这种笼统、抽象、空洞的赞美之词，让人听后很容易被认为是应付、敷衍，因此，很难达到赞美对方的目的。

例如，赞美一位上了年纪的女士，如果空洞地说“你挺年轻”，不如说“你有什么秘诀保养得这么年轻，让我们这些年轻人自愧不如”；赞美丈夫做的饭菜好吃时，如果说“你做的菜真好吃”，不如说“你做的菜，颜色娇嫩、香气诱人，一看就引起了我的食欲”；赞美婆母会做家务时，如果说“你挺会收拾家的”，不如说“你把家里设计得即有古典之美，又有现代气息，室内摆设得井然有序，恰到好处，很有艺术品位，让人感到特别的温馨”，等等。

在人际交往中，期待赞美与尊重是人的基本需求。因此，我们在赞美他人时，尽量把话说得具体、有针对性，从而使我们的赞美达到预期的效果。

⑤不要引起他人的嫉妒。

赞美不要引起他人的嫉妒，主要是对领导赞美下属而言。

我有一位学生跟随我学习礼仪，经常与我交流一些学习后的心得。在我讲到赞美这节内容时，她给我讲述了她中学时期受表扬的一件事情。

有一次班长给全班女同学开会，在会上表扬她说：“某某某是你们女同学的火车头，她的家庭负担那么重，学校活动那么多，为什么能比你们学习成绩好？你们为什么不能赶上她、超过她……”她听了这些表扬她的话，当时很奇怪，觉得明明是表扬她、赞美她，可是为什么她心里不太舒服呢？现在她明白了，班长虽然出于好心，为了鼓励她，也是为了给其他女同学树立个学习的榜样，鞭策大家努力学习，但他当时说话的语气和赞美的方式，客观上却很容易引起其他同学对她的嫉妒。所以，这种赞美，无论对被赞美者还是对其他人来说，听后都会不太舒服。

我引用这个学生的学习心得想说明什么呢？说明当众赞美他人时，一定要慎重。尤其是领导赞美下属，很大意义上讲是一种手段，而不是目的。如果赞美的方式和口气不恰当，不仅给下属造成不良影响，还会损害领导的形象和威信，激化内部矛盾，从而让赞美的实际效果大打折扣。

⑥不要混淆黑白。

我很小的时候听过一个故事。从前有个孩子经常偷东西。有一次，他偷别人家的牛时被抓了，按照当时的法律，偷牛是要被判极刑的。在押送刑场时，他要求见母亲最后一面。就在他与母亲抱头痛哭时，他突然咬掉母亲一个乳头。母亲和在场的所有人都惊呆了。他哭着对母亲说：“都是你害了我！小时候我拿了别人家的东西回来，你不但不批评我，反而说我

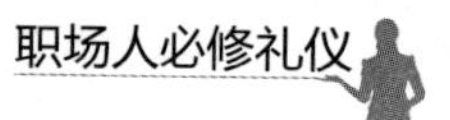

从小就会过日子，致使我才有了今天……”

这个例子说明了什么呢？说明赞美能鼓励人，也能害人。关键在于赞美不能混淆黑白，要客观公正、实事求是。这一点对孩子尤其重要。因为孩子的可塑性非常强，容易受大人的赞美左右。也就是说，长辈对孩子的赞美有很大的引导作用。在赞美孩子时，一定要实事求是地赞美他们的优点，不能混淆黑白地把缺点当作优点。这种有失客观公正的赞美，一定会害了他们。

以上，我从赞美的六个“有所为”和六个“有所不为”十二个方面，介绍了赞美这种礼貌修养的准则。让我们都能克服难以启齿赞美他人的心理障碍，以一颗真、善、美之心和一双“艺术家”的眼睛，去发现身边的美。把对他人的真诚接纳和欣赏，雕琢成一件让人欣赏的艺术品，慷慨地送与他人。把赞美内化为修养，内化为习惯，内化为自己成功的武器。以宽广的胸怀，赞美你的对手；以无私的肯定，赞美你的朋友；以刻不容缓的执行态度，赞美你的父母；以关怀和鼓励的爱心，实事求是地赞美你的孩子；以爱恋欣赏的感情，赞美你的妻子；以崇拜和母性之爱，赞美你的丈夫；以尊敬和微笑，赞美你的客户；以善良和友好，赞美你的同事；以尊重和不卑不亢，赞美你的领导；以公正和平易近人，赞美你的下属；以真诚赞美所有渴望你要赞美的人。做一个受人欢迎、能鼓舞人的人，让社会洒满了阳光和爱心，让世界充满了快乐和温馨。

礼貌修养准则之倾听

古希腊哲学家阿那克西美尼晚年声望很高，拥有上千名学生。一天，他走进课堂，手中捧着一摞厚厚的纸，对学生说：“这堂课你们不要忙着记笔记，凡是认真听讲的人，课后我都会发给他一份笔记。你们一定要认真听讲，这堂课很有价值！”

课后阿那克西美尼将那摞纸一一发给学生。学生们看罢都惊叫起来："怎么是几张白纸呀！"阿那克西美尼笑着说："是的，我的确说过要发笔记，但我还说过请你们一定要认真听讲。如果你们刚才认真听讲了，那么请将在课堂上听到的内容全部写在纸上，这不就等于我送给你们笔记了嘛。"

学生们无言以对。有人懊悔听讲时心不在焉，面对白纸不知该写什么。也有人快速地将所记内容写在白纸上。其中，有一位学生几乎一字不落地写下了老师所讲的全部内容。他就是阿那克西美尼最得意的学生，日后成为古希腊著名哲学家的毕达哥拉斯。阿那克西美尼把毕达哥拉斯的笔记贴在墙上，大声说："现在，大家还怀疑这堂课的价值吗？"

阿那克西美尼一贯主张，我们自己说出的话，不会让我们学到什么。如果想学到有用的知识，必须通过倾听获取。人生最大的财富是倾听。只有乐于并善于倾听，才可能成为知识的富翁。那些不愿意倾听的人，其实是在拒绝接受财富，终将沦为知识的穷人。

的确是这样。人与人交往，往往都是从倾听开始的。我国有一句俗话叫作"会说的不如会听的"。外国也有一句谚语叫作"用十秒钟时间讲，用十分钟时间听"。这些说的都是"倾听"在交谈中的重要性。

据有关专家研究表明，在人们日常交往中，"听"与"说"作为信息的输入与输出，是互为依存的。当然，"听"是"说"的前提条件。只有听懂说话人的意图，并做出积极的反馈后，才能使交往顺利地进行下去。

例如，当一个人对你讲述他的一件私事时，往往是想从你这儿获得一定的理解和同情，进而得到一些启发和指点。如果你用心倾听他诉说，明白了他的弦外之音，不仅给予理解、同情，还结合自己的亲身经历，给予他一些劝告和安慰，那么彼此交往不仅是顺利的，而且是成功的，从而使他对你产生信任。反之，如果在交谈中你不认真、不愿意听他讲述，只顾自己讲，或者你根本没听懂他说话的意思，也没有做出积极的反应，没有产生信息反馈，就会使交往受到障碍，从而无法顺畅地进行。

由此可见，一个人是否善于倾听，是他会不会交往的重要表现。

在这方面，有一个世人皆知的爱情故事，更能说明“倾听”的作用。那就是英国爱德华八世（爱德华·戴维）宁要爱情、不要王位的故事。

据说沃利斯·辛普森出身贫民，离过两次婚。时任英国首相的斯坦利·鲍德温曾表示，无论英国大众还是皇室成员，都不会接受辛普森成为英国的王后。当时，辛普森和第二任丈夫尚未离婚。就是在这种情况下，1936 年 12 月爱德华八世宣布退位，并于 1937 年与辛普森结婚。

那么，究竟是什么让爱德华倾心到忘乎一切的地步，甚至连王位都不要了呢？

据记载，辛普森虽然美丽，却称不上是绝色佳人。她的迷人之处主要是气质、风度，尤其是她听人说话时，具有一种非凡的魅力。美国作家罗萨夫曾这样描写她：“她坐在公爵（爱德华）对面，肘倚在桌面上，手支着下颚，她的眼睛、耳朵、整个身心似乎全沉醉在爱德华说的每个字、每句话中。她似乎在说，‘请再说一些吧，再多告诉我一点……我正在听……有趣极了……迷人极了’。”至今，西方人仍认为辛普森是最有赏识力的听众，是最善于怡情聆听他人说话的人。

辛普森可谓是深谙交往之道的人。因为她明白，任何人都会对诚心诚意倾听自己说话的人，由衷地产生感激之情，会开启自己的心扉，倾吐心中的真情实意。可以说，倾听是一种美德、是一种尊重、是一种修养，全身心投入地倾听别人讲话，则是我们能给予别人的最好的礼物。

既然倾听在人际交往中如此重要，那么，在与人交谈时应该如何倾听他人说话呢？下面我就从以下五个方面分别介绍。

1. 主动倾听

耳朵是人的重要感觉器官之一，而倾听则是人们获得信息的重要手段。因此，我们要主动地利用倾听，让它为我们服务。

但是，倾听也是一种劳动。和其他劳动一样，要想久听之后而不感到疲劳，关键在于思想上对倾听要有一个正确的认识，不要把它当作一种负担，而是作为一种获得信息的重要手段，这样就会有一个积极、主动的倾听态度。也就是说，要从主观上愿意去听。“不怕听不到，就怕不去听”，变被动地倾听为主动地倾听。但凡做一件事情，只要由被动转为主动，其乐趣也就来了。否则，如果思想上把倾听当作一种负担，那么就会产生一种抵触情绪。从心理学角度讲，这种抵触情绪还会扩散，从而引起疲劳的产生。当一个人感觉疲劳后，其疲劳情绪也必然会扩散到面部，从而产生一种烦躁和不耐烦的负面表情。这种负面表情反馈给对方后，不仅对对方是一种失礼，而且也会影响到对方信息输出，最终影响倾听的效果。

由此可见，从思想上端正倾听的态度，主动地倾听是何等的重要。

2. 平心静气地倾听

平心静气是一种修养。中国的传统文化特点之一，就是讲究“入静”。凡是遇到倾听的场合，我们就要想一想自己是否静下来了，是否无论在何种嘈杂的环境下，都能驾驭、控制自己的情绪，认真地倾听。当然，在嘈杂的环境中，做到入静是比较困难的。但是，即使在这种情况下，我们如果能对客观上的种种因素，如外界的噪音、吵闹等视而不见，听而不闻，那么，我们的定力就已经达到一个很高的境界了。要做到平心静气，就要排除诸多干扰因素，不能三心二意、心浮气躁，耳朵听别人说话，心里却想着别的事情或者手里干着其他的事情。结果既听不清别人的讲话，也干不好自己的事情，必然会一无所获。

3. 洗耳恭听

洗耳恭听是一种礼貌，是在倾听过程中对讲话人的一种谦恭的态度。

这种谦恭的态度，特别是倾听领导、专家讲话时，颇有必要。而且，必要时应该做适当的记录。

恭听是表象，虚心才是实质性的问题。虚心就是要实事求是、放下架子，承认自己认识不足，不拒绝听，不讨厌听。在听的过程中，要不存成见，不以人废言。有了这种虚心的态度，体现在表情上庄重、虔诚，双目注视说话者，不时地与说话者点头呼应，鼓励对方说下去，再配以"嗯、啊"等应答声和适当的提问"后来怎么样了""你为什么这么想呢"，或者插入一些赞同和鼓励，如"说得对""你的想法很好"等。把自己的注意力全部集中在倾听中。只有真正做到虚心，才能集中精力专注地听讲，而不是刻意地摆出"恭敬"的样子，给人一种做作之感。

4. 不卑不亢地倾听

不卑不亢地倾听，主要是对于上下级之间的倾听而言。所谓不卑，是对下级听上级说话而言，不要过度地卑躬屈膝，要对自己有信心。在礼节上要表现出下级对上级应有的礼貌和尊敬，但在人格上、在做人的尊严上，彼此应该是平等的。只有这样，才能在倾听的过程中，做到既有礼而又不拘束。

所谓不亢，就是不能盛气凌人。这主要是对上级倾听下级说话而言。要求上级在倾听下级说话时，不要趾高气扬，目空一切，一副漫不经心的样子。不要有一种强者的优越感，以免产生一种先入为主、自以为是的成见。这不仅会影响下级对你畅所欲言，使你的倾听效果大打折扣，同时，也会引起下级对你的不满和反感。因为，下级在与上级说话时，出于上下级的礼节，一般都会尊重上级。但是，每个人在做人的尊严上，都是平等的。因此，下级越是尊重上级，作为有修养的上级，就越应该礼贤下士，平等、真诚地倾听下级讲话。而且，平等、真诚、认真、虚心地倾听下级讲话，对于上级来说，不但不会有失体面，反而会提高自己的威信。

5. 耐心地倾听

耐心地倾听，主要是针对倾听批评的话或者对方说话的内容冗长而言。

耐心是一种涵养。耐心地倾听，就是在倾听时态度要和蔼，不管听到的话是赞美还是批评，是简短的内容还是冗长的内容，都要让人把话说完。

有很多人只愿意听表扬的话、赞美的话，而听到不适合自己口味的批评话，就按捺不住心中的反感情绪，再也不想往下听了，甚至会无理地打断对方，或者立刻辩白。这样，无疑会使说话的人不能畅所欲言，而将说话的内容有所保留。这不仅会有意无意地伤害对方的自尊心，让对方觉得好心没好报，同时，你听到的也只能是半截话，难窥全貌。

正确的做法是听到批评的话要沉着冷静、不急不躁，特别注意不要立刻为自己辩白，要有一定的度量，让对方把话说完，抱着有则改之，无则加勉的态度，再予以适当的解释，同时还要注意倾听时的表情。对于对方冗长的说话内容，要在思想上有所取舍。必要时，可以内松外紧地休息一下。但是，注意不要让说话人感到你轻视他。对于实在听不下去的、无聊又有害的冗长内容，也应该委婉地找一个理由中止。

此外，要控制爱表现自我的虚荣心，不要别人说什么，都打断对方，迫不及待地发表自己的“高见”，或者过早地做判断、下结论。同时，也要克服以自我为中心的思想，不要对自己不感兴趣的话题不耐烦，频频打断，只顾说自己感兴趣的话题。每个人都应该记住，只有真正耐心倾听的人，才是最有风度的人。

耐心倾听是表示友善的最好形式之一，几乎每个人都认为，肯花时间耐心倾听自己说话的人，是真正了解自己的人，是真正关心自己的人，是值得自己信赖的人。让我们在人际交往中，都能以换位的方式，主动地倾听；以忘我的精神，怡情地倾听；以排除一切干扰的定力，平心静气地倾听；以虚心的态度，洗耳恭听；以平等的关系，不卑不亢地倾听；沉下心

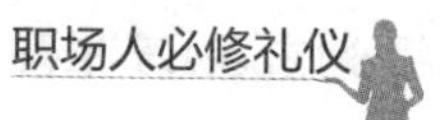

来，耐心地倾听。让“倾听”承载着对他人的尊重，在人际交往中传递我们的谦恭，传递我们的信任，传递我们的魅力，为成功的人际交往架起通往和谐之路的友谊桥梁。

礼貌修养准则之遵守秩序

遵守秩序，一般是指人们置身于公共场所活动时，应该遵守公共场所的公共秩序。

公共场所是人们参与社会生活，进行各种活动的共享的空间场所。在这种场所，人们之间的交往虽然从客观上说是大量的、频繁的、每日每时都在进行的，但是，具体到每个人之间的交往则大多数是偶然的、短暂的。人们相遇随机性强，团体意识淡薄，因此心里受到的约束力较弱。在这些地方，每个人的言行表现，往往是其本来面目。因此，公共场所最容易表现出每个人的素质和修养。

提到修养，人们往往与知识联系到一起，实际上二者是有差别的，而且有着极其关键的差别。我们常常发现，有的人有知识，但是没修养。有的人没有太高学历，却很有修养，很有素质。

这是为什么呢？就是因为知识是一种外在于你的东西，是材料、是工具、是可以量化的“知道”，必须让知识进入人的认识本体，最后有一个终极的关怀，即对人的关怀。脱离了对人的关怀，你只能是有知识，而不能算有修养。修养可以弥补知识的不足，而知识却填补不了修养的空白。

人的修养不是一种单纯的礼貌，也不是一蹴而就的，而是一种良好习惯的积累和涵养的综合产物。公共场所表现出来的修养，实际上就是一个人的社会公共意识、社会公共信念和社会公共道德的具体体现。

公共意识，即为别人着想的素养；公共信念，即以约束为前提的慎独；公共道德，即不给别人增添麻烦的自觉。

善良者，是以大爱为基础的。有修养的人必以大爱为根本，时时处处为别人着想，尤其在公共场合做任何事情，都有“为别人着想”的意识，时刻想到下一个人。例如，如厕时，会想到下一个如厕的人；扔垃圾时，会想到下一个收垃圾的人；进出公共场合的大门时，会想到下一个进出的人，等等。

修养的最高境界是约束，而不是放纵。一个人放纵自己很容易，物质的放纵、精神的放纵，都很容易。但难的是约束，即在无人监督的情况下，做不道德的事情且不被人发现的时候，仍然能坚守心中的底线和原则，自觉地按照一定的准则去做。例如，在公共场所，即使无人看见，也能做到不随地吐痰，不随手乱扔垃圾，不随便跨越隔离栅栏，不随便践踏草坪、攀折花木，等等。

很多人还没有意识到，公共生活其实也是我们自己的生活。人，一旦进入到公共场所，就涉及和他人的关系，涉及自己的行为举止对他人的影响。如果自己不主动维护公共秩序或公共文明，最后，每个人的生活质量都会遭到严重破坏。因此，我们无论在什么环境中，都应主动、自觉地约束、规范自己的行为，做一个讲公德、有修养的合格职场人。

为了使我们的生活有一个良好的秩序，为了使人们能自觉地调整与他人的关系，下面我就一些重要的公共场合应该遵守的公共秩序分别进行介绍。

1. 在街道上

在街道上行走，要遵守以下五方面的公共秩序。

①遵守交通规则。

行走在马路上，要自觉地靠人行道的右侧行走，并让出供盲人行走的专用盲道，切不可为图方便靠左侧逆行，以免扰乱交通秩序；如果路遇熟人需要简短交谈，应尽量站在不妨碍交通的路边；横穿马路时，要走人行

横道，不要乱闯红灯；如果马路上设有隔离栅栏，不得随便翻越。

②注意言谈举止。

在街道上行走时，要注意自己的言谈举止，不要大声吵嚷、推推搡搡；不要左顾右盼、大摇大摆；不要窥视私人住宅，趴在窗口或门口往内偷看；不要多人横排行走，也不要搂腰搭肩，以免阻塞交通；更不要与异性有过分亲昵的举止，以免自损形象，污染路人的视觉。

③讲究公共卫生。

在马路上行走时，不要边走边吃东西，以免不讲卫生而影响身体健康，同时也因吃相不雅而影响自己的形象；不要边走边吸烟；不要边走边随地吐痰；不要边走边随地乱扔果皮等废物，以免污染环境卫生，影响他人的健康，同时乱扔的果皮等废物也容易使别人滑倒，影响他人的人身安全。

④互相关心、互相帮助。

行走在马路上，要发扬助人为乐的精神，即使是不相识的人，也要互相关心、互相帮助、互相体谅。在家靠父母，出外靠朋友。人们出门在外都不容易，尤其对弱势群体更要关怀、照顾。例如，遇到老人、儿童、残疾人、女士等有了困难，不要视而不见，“事不关己，高高挂起”，而应扶老携幼，主动照顾他们。如果与他们一起行走，则应让他们走在马路的内侧，自己走在外侧，以避免意外。

遇到熟人，要热情地打招呼，互致问候，视而不见是失礼的。即使不相识，如正面发生接触，也要与其打招呼。

需要问路时，应礼貌地和他人打招呼，然后使用礼貌语言，如“劳驾”“请问”，等等。无论对方能否回答你的问题，都应向对方致谢。若有人向你问路，不要不予理睬，要热情地给予指路，必要时还可以为之带路。不知道时则应表示歉意。指路时要用掌心向上的手势，切忌用单指指点。

通过拥挤路段时，如果互相碰撞，要相互谅解并立即向对方致歉，说一声“对不起”，对方则应回答“没关系”。路过狭窄路段时，不要横冲直撞争抢先过，而要互相谦让，请对方先行。

⑤保护公共环境。

保护公共环境是指要爱护公共财物，不损坏路边的公共设施；不随手攀折路边的花草树木；不随意践踏路边的草坪绿地；不信手涂抹路边的墙壁建筑，等等。

保护公共环境还要做到不在马路上打架斗殴，遇到打架斗殴等破坏公共秩序以及破坏公物的不道德行为，应该予以劝阻，不要视而不见，更不能围观、起哄。

以上，我从五个方面介绍了在街道上应该遵守的公共秩序。希望我们在街道这种公共场合，都要自觉地检点、约束自己的言谈举止，养成自觉遵守交通规则的良好习惯。做到“车让人，让出一份安全；人让车，让出一份文明；车让车，让出一份秩序；人让人，让出一份和谐”。自尊自爱，以礼待人，做一个有道德、守秩序的文明人。

2．在车辆、轮船、飞机上

在时间就是金钱、时间就是效率的现代社会，人们为了提高工作效率，节省时间，出门乘坐交通工具的人越来越多。乘坐公共交通工具，自然要遵守各种车辆上的公共秩序。由于现代交通工具种类很多，我不能面面俱到。下面我就轿车、公共汽车、火车、轮船、飞机上应该遵守的公共秩序分别介绍。

轿车、公共汽车、火车、轮船、飞机上应该遵守的公共秩序主要涉及以下 11 个方面。

① 上下车有序。

一般来说，车站人多拥挤，车进站后不要蜂拥而上，而要等车辆停稳、乘客下完后再上车；上下车时要按顺序排队，人与人之间不能挨得太

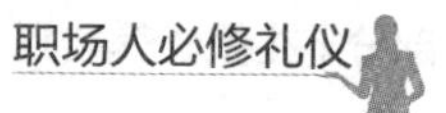

近，要保持一定的距离，以免互相碰撞，或者踩伤对方；不可为了抢座位和抢时间而从车窗口上下车。

② 不贪占小便宜。

不贪占小便宜是指上车后要主动购票，乘坐无人售票的公共汽车要主动投币或刷卡，不要占小便宜而失掉人格；在飞机上不要拿走公用物品，如座椅下和座位上方的盖毯、救生衣、氧气罩以及用餐的刀叉、如厕的卫生纸以及阅读的书刊，等等，以维护做人的尊严。

③ 物品安放到位。

一般来说，乘坐交通工具者都会随身携带一些物品。物品安放到位，是指上车后要将所携带的物品放到该放的地方。例如，轿车的后备厢里，公共汽车、火车及飞机的行李架上，切不可将物品放到座位上或人行通道上，以免妨碍他人。

④ 礼让座位。

礼让座位有两层意思：一是指看见老人、孕妇、抱小孩的妇女及残障人无座时，要主动起身为其让座，切勿视而不见，或将脸扭向窗外假装看不见；二是指身边如有空座，别人询问有人否，要如实相告，热情让他人入座，切勿把持空座，不让没有座位的人坐，这样做是很不道德的。

⑤ 讲究卫生。

讲究卫生，历来是社会公德的重要内容，是打造优美良好出行环境的重要方面。它反映了社会文明程度，体现了社会道德风尚，每个人都不应该轻视它，尤其是在车、船、飞机等人群密集的公共场合，更应该引起高度重视。

具体涉及以下内容。

不要随地吐痰、吸烟；不要在车上吃零食，尤其是吃带汁水的食品，以免弄脏他人的衣物，也使吃相不雅。更不要吃气味刺鼻的食物，以免污染环境；不要随地乱扔废物，尤其是不要往车窗外、甲板上或水中乱扔东西；如果因晕车、晕船、晕机而发生呕吐，切勿吐在地上，而要吐在呕吐袋内或去卫生间。万一不小心吐在地上，应及时打扫清理干净；不要在轮船、飞机上脱鞋袜，以免难闻的气味刺激他人的嗅觉；轮船上的客舱里空间较小，要注意个人口腔、身体的清洁卫生，消除体味和汗味，以免污染周围的环境。

⑥ 注意言谈举止。

言谈举止是一个人心灵的外衣。在车、船、飞机上注意言谈，一是经常使用礼貌语言。例如，上下车、船、飞机时，如需要别人让路，要有礼貌地说，“对不起，请让一下”或“劳驾”“借光”，等等。当别人为我们让路或让座，以及服务员向我们提供服务后，都应该礼貌地说一声“谢谢”。上车、船、飞机后，应主动与邻座打招呼。车、船、飞机上的服务员向我们问候，也要立即回应“您好”，等等。

二是与乘客交谈要适度，注意分寸。多谈一些健康高雅的内容，不使用低级趣味、庸俗的语言。尤其在轮船、飞机上，不要谈论有关台风、海盗、翻船、飞机失事等一些耸人听闻的内容。

注意举止，一是举止姿态要文雅。例如上轿车时，女士应采取文雅的背入式姿势，即先将背部进入车门，同时双腿并紧，落座后，再将双腿挪进车门。下车时采取双脚同出式，即先将胸部面向车门，将双脚并在一起落地，再起身下车。这种姿态不仅优雅，而且也避免女士着裙装尤其是着短裙时，大腿裸露过多而不雅观；二是表情姿态要规范。例如，不要在车、船、飞机上反复打量甚至凝视其他乘客。尤其在轮船客舱内就寝前后，乘客需要更衣时，更要注意目光的规范——非礼勿视，以免使对方感到不快。

⑦ 着装文明。

着装是一个人形体的外延，对仪表起着修饰作用，体现一个人的内在精神气质。着装文明，一是在车、船、飞机上着装不宜过短、过露、过透，即使天气炎热也不应该随意解衣宽带，更不能赤裸。尤其在轮船甲板上日光浴时，不可过分裸露，既要兼顾日光浴，也要兼顾他人能接受的裸露程度；二是在轮船上，如果得到他人的邀请一起用餐时，应尽量做到着装正规、端庄，不可太随意地着休闲装，以免失礼。

⑧ 行为得当。

人的行为是受人的思想支配的，其所作所为可以反映一个人的思想品质。行为得当是指在车、船、飞机上要以不妨碍他人为原则，约束自己的不规范行为。

例如，不要与恋人、伴侣过于亲昵，以免有失自重自爱；不要触摸异性的身体，以免败坏自己的人品；不要将腿伸到对方的座位下或过道上；不要霸占他人座位或坐在过道、车门等公共地方，以免影响道路通畅；雨雪天气上车，要处理好雨具，套上塑料袋，不要让其弄湿其他乘客；在火车卧铺车厢休息时，不要与恋人或伴侣躺在一起，以致躺相不雅引起他人侧目；在轮船客舱内更换衣服时，要到卫生间进行；睡觉如与他人的铺位相对、相邻时，不要面向对方，更不能让自己的身体进入对方的范围内；在轮船上用餐时，如果有鱼，切勿将其翻过来，以避免船员的忌讳；乘飞机和长途客车时，不要为图自己舒适而将椅背向后调得倾斜度太大，以免妨碍后面的乘客。

⑨ 注意安全。

乘坐公共汽车、轮船、飞机时，安全第一，每个人都要有安全意识，自觉地遵守有关安全规定。例如，在公共汽车上不要将头随意探出窗外，以免发生危险。在车上站立时，要抓紧扶手，以免急刹车时摔倒。要将手远离车窗缝、车门缝，以免挤伤。上下车不要硬挤硬闯，以免碰伤他人。

乘船时，上下船不要加塞，以免拥挤而发生危险事故。上下船如果没有旋梯而是借助跳板时，要谨慎小心，以免不慎发生不该发生的事故。在轮船上，不要随处乱走、乱闯、乱摸。一些没有扶手的甲板上，虽然是观赏海景的好地方，但要忍痛割爱，不可趋前，以免“一失足而成千古恨”。当然，更不能逞一时之能下水游泳，以免置深水区时出现意外。

乘车、船、飞机途中，如果出现天灾人祸，要沉着冷静，切不可于惊慌之中，慌不择路而出现其他事故。要听从专业人员的指挥，采取科学的自救措施，并帮助周围的人一起脱离危险。

乘坐飞机时，不要托运或携带枪支、弹药、利器、动物、放射性物品、磁性物品等国家禁运的物品。要自觉接受安全检查，并积极予以配合，切勿对有关人员的检查采取消极态度。

⑩ 相互关照。

在车、船、飞机上，乘客都是为了同一个旅行目标走到一起，这也是一种缘分。一定要珍惜这种缘分，互相关照，互相体谅。

对于老、弱、病、残、妇等一些弱势群体，要多加关心、帮助。与他们一起乘车时，要主动为其购票。带孩子乘车时，要看好孩子，不要让他到处乱跑、哭笑打闹，以免影响他人休息。遇见他人有困难时，如拿不动行李等，要主动予以协助。他人去餐厅用餐时，应帮助照顾看管行李。如有人晕车、晕船、晕机或身体不适，应多加体谅并主动帮助照顾。

⑪ 遵守公德。

社会公德是人们在长期的社会活动中，为了维系正常活动而共同遵守的最起码的活动准则。遵守公德，就是要求在车、船、飞机上，为了维护这些交通工具的正常运行，而应该自觉遵守有关规定。例如，不抢占公共汽车上专门为老人、孕妇、残障人设置的专用座位；不要在对号入座的车厢内抢占不属于自己的座位；在车、船上进行娱乐活动，如打扑克、下棋时，不要妨碍他人休息，以免给他人带来不便；在轮船上去健身房活动时，要爱护健身器材，以免损害公共财物；火车、飞机、轮船夜行时，不要高声谈笑，以免影响他人休息，等等。

以上，我们从 11 个方面，介绍了在汽车、火车、轮船、飞机等交通

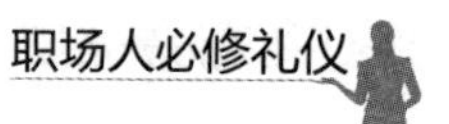

工具上应该遵守的公共秩序。希望我们在乘坐各种交通工具时，都能自觉遵守有关规定，检点自己的言谈举止，约束自己的不规范行为，以体现中国人应有的良好礼仪素养，不辱中华民族礼仪之邦的美誉。

3. 在宾馆里

宾馆，也称酒店或者饭店，实际上就是指具有一定设施、一定规模、一定档次的旅馆。由于宾馆是人们出门在外下榻的公共休息场所，所以有许多公共秩序需要遵。具体来说，主要有以下九个方面。

①着装文明。

着装文明，主要是指着装要与宾馆的高雅环境相和谐。这里有两层意思：一是指下榻宾馆的旅客，着装要文明；二是指前来宾馆的非住宿人员，着装也要文明。

宾馆虽然属于公共场所，但是每间客房又可以看作是旅客的私人居所。客人在客房内完全可以穿着休闲服装、睡衣、拖鞋甚至背心、裤衩，但是，绝不可以穿着以上服装出现在走廊、大厅以及宾馆的其他公共场合。

对于进入宾馆的非住宿人员，着装也有要求，要衣冠整洁，切勿随随便便，不修边幅。更不能穿着一些过透、过露、过短的服装，以免破坏宾馆高雅、文明的环境。

②言谈礼貌。

言谈礼貌也有两层意思：一是指要多使用礼貌用语；二是指谈话音量要低。

宾馆内一般都有门童、保安员、行李员、总台服务员、电梯服务员、楼层服务员、餐厅酒吧服务员、商场服务员、娱乐和健身部门服务员、电话总机服务员以及维修部门服务员，等等。当各个部门的服务员为我们提供服务后，我们都要向对方说一声“谢谢”。在向服务员咨询各种服务和请求给予帮助时，如向总机服务员咨询有关住宿问题、提供叫醒服务、更换房间、提供送餐等，都要首先向对方说一声“您好”。此外，其他一些礼貌用语，如“打扰了”“对不起”“添麻烦了”等，也不要忘记使用；二是指在大堂中、客房内、走廊上、餐厅里，咖啡间等一些公共场所要尽量小声说话，切勿大声喧哗、说笑打闹，以免破坏宾馆的安静。

③举止文雅。

举止文雅，主要是指在宾馆内行走时脚步不要太重，尽量不要发出声音，更不能奔跑。若有急事需要超过前面的人时，可用大步超过，并侧身向对方说一声“对不起”。

④行为检点。

行为检点，是指路经其他房间时，切勿向内窥视。

女士不要独自在宾馆内的公共场所停留太久，以免招惹不必要的麻烦。

接待客人，应在大堂或咖啡厅，不要在客房内接待，特别是来访人员过多或有异性时。如果实在有必要在房间内接待，时间也不宜过长。有必要接待异性时，尽量敞开门，以免让人产生误会。当然，更不能请来访者在自己的房间内留宿。刚刚结识的客人，不要请其到自己的房间，尤其在夜间。当然更不能请按摩人员到客房内为自己服务。

在餐厅用餐时，不可酗酒划拳，更不能在客房内嫖娼和赌博。

⑤讲究卫生。

讲究卫生是中华民族的传统美德。入住宾馆也要如同在家里一样，要维持室内整洁干净。物品摆放有序，让人看着舒服；桌面、床上，不要乱放东西，以免杂乱无章；地面上，不能乱扔果皮等废物，要将废物扔进垃圾桶内；如厕后，务必立即放水冲洗干净，以防污染环境；洗澡时，要用防水帘挡水，以防水花四溅，使地面积水；不要在室内吸烟、乱弹烟灰而弄脏环境；要勤洗澡、勤换衣，以防污染室内空气；洗衣服，一次不要洗得太多。洗完后，可晾在浴室内。不能将洗完的衣服挂满房间，甚至挂在窗户上、走廊里晾晒；在客房内，不要吃有刺激气味的食品，以免污染空气，破坏环境卫生。

⑥维护安全。

客人入住宾馆会有诸多需求，而安全需求是最基本、最重要的。一般来说，入住宾馆后，首先要将个人的贵重物品交与宾馆贵重物品保管处，代为存放保管。不要图方便，怕麻烦，而将贵重物品放在客房内，以防万一丢失而造成不必要的损失。如果发现个人物品被盗，要立即报告宾馆保卫部备案，请对方协助查找。

宾馆客房虽然是客人临时在外的家，但绝不可以自己生火做饭。这不仅影响环境卫生，更主要的是使用电炉等电器设备时，有可能加重电路负荷而造成火灾。

客人在住宿期间，万一遇到突发事件时，一定要遵守宾馆的安排，切勿乱跑、乱撞造成混乱，影响宾馆的秩序。同时在入住时，应首先了解宾馆应急通道的具体位置，以便在紧急情况下使用。

⑦爱护公物。

宾馆内的公共财产是公有财产，为大家共享。千万不要贪小便宜，拿走不该拿的东西而丧失人品；对于公共财产，要加以爱护，不能有意加以损坏。这是起码的社会公德。如果不小心损坏物品，要主动赔偿；更不能用房间内的枕巾、床单等物品擦拭皮鞋。这是损人利己的不道德行为。

⑧相互关照。

入住客房，有可能与自己的同事或不相识的人同住一室。此时，要主动与对方搞好关系，多替对方着想，适当约束自己的行为，让彼此作息时间基本一致，以免妨碍对方休息。

如果带小孩入住宾馆，一定要管好孩子，不要让其在走廊里乱跑、乱跳。不要让孩子乱动室内设备，以免损坏。也不要让孩子大吵大闹，以免孩子的哭声影响他人。

如果与长辈一起住宿，要以长辈的生活习惯为主，并帮助其熟悉各种设备，对其生活起居多加关照，体现敬老尊贤的美德。

⑨遵守规章制度。

宾馆为了保证正常的住宿秩序，都有严格的规章制度。对于这些制度，客人一定要自觉遵守。例如，入住后应主动阅读“客人须知”等资料；对于非公用、非共享和危险的地方，要禁止前往；对于严禁酗酒、赌博、嫖娼的规定要严格执行；去餐厅用餐、商场购物、健身房健身、歌厅娱乐时要遵守秩序，排队等候。

说到排队等候，让我想起在法国遇到的一件事情。当时，我们在商场排队等候交款，我的一个队友后来赶到，我让她站在我前面。后边的法国朋友一边微笑一边走到我们面前伸出双臂挡着说“不，不”。这件事情对我触动很大，说明在西方国家的公共场所，人们对遵守和维护公共秩序是非常重视的，无论有没有人监督，都会自觉遵守和维护，谁也别抱着侥幸的心理企图蒙混过关。

以上，我从九个方面介绍了入住宾馆应该遵守的公共秩序。让我们在下榻宾馆享受服务的同时，不忘遵守秩序、尊重侍者、约束自己、关爱旅友，做一名文明的旅客，让宾馆这种公共场所，成为我们在旅途中最温馨的“驿站”和最文明的“家”。

4. 在商场里

商场是人们购买各种生活用品的场所，其公共秩序和公共卫生，需要购物者共同遵守和维护。具体来说，主要有以下四个方面。

①讲究公德。

在店内不要大声呼唤亲人、熟人；不要与营业员争吵、谩骂。营业员为众多顾客服务，工作中难免出现差错，对他们在忙碌中出现的一些差错和态度问题，应该谅解。如有个别服务员态度恶劣，可找其主管领导如实反映情况，使问题得到正确处理；多人购物时，应自觉排队，不要加塞；买东西时，应把要买的东西看准了，再去招呼营业员。如果不是诚心想买，只是想看，最好不要让营业员拿商品，以免增加营业员的负担；选择物品不要过分挑挑拣拣，以免影响营业员对其他顾客的服务；在挑选一些易坏、易损的商品时，要小心谨慎，不要把商品损坏。假如不慎损坏商品，应主动赔偿或把损坏的东西买下来；购买的东西要尽量少退换，特别是食品，即使不满意也不要强行退换。

②言谈礼貌。

具体表现在买东西时，与营业员说话要有礼貌，一般应说“麻烦您，请给我取一件……”；买完东西后应说“谢谢”“再见”；商品到手后又不想买，要向营业员表示歉意，说声“对不起”；当营业员同意为你解决问题和困难时要说一声“谢谢”。

③举止文雅。

当营业员接待其他顾客时要耐心等待，不要“喂、喂”地叫个不停，或用手敲打柜台，以及拉扯营业员的衣角、袖口等，这些做法都是失礼的。

④维护公共卫生。

不要随地吐痰、乱扔废物等。

以上，我从四个方面，介绍了在商场里应该遵守的公共秩序。愿大家以礼貌的言谈和文雅的举止展示我们的购物形象，维护好商场的购物秩序，让商场成为我们文明购物的礼仪殿堂。

5. 在公园或景区

公园或景区是人们游玩、旅游的公共场所。在此游玩时，一定要遵守公共秩序，具体有以下三个方面。

①维护公共卫生。

具体表现在要保持环境整洁，不乱扔果皮等废物；不随地吐痰；用餐后，要处理好残羹剩饭，不要留下一片垃圾，影响环境卫生。

②爱护公共设施。

具体表现在要爱护花草、动物、建筑、古迹和设施，不可在建筑物、石碑、树木上乱刻乱写；照相时，不可到注有“爱护花草，禁止入内”的区域内拍照，等等。

③行为检点。

具体表现在在公园划船时，不要把水溅到别人的船上；供游人休息的桌椅，不要一个人躺下休息或睡觉，这样做不仅影响他人休息，而且也有失体面；在公园谈情说爱时，行为要检点，要考虑到人们的感受，要做到自尊，自爱和自重。

以上，我从三个方面介绍了在公园或景区应该遵守的公共秩序。愿大家共同遵守之，践行之，让公园、景区不仅成为大家游玩的开心场所，更成为行为美、形象美、心灵美的人文美景大观园。

6．在影剧院

影剧院是人们休闲、娱乐的公共场所，其公共秩序和公共卫生，大家应该共同遵守。具体有以下四个方面。

①讲究公德。

具体表现在看剧、看电影要提前两三分钟入场，不要迟到，以免影响他人观看；如果迟到了，寻找座位时身姿要低；演出中途不要退场。若是有急事要退场，也要安排在幕间或一个节目结束时，轻轻地离开座位，尽量不要影响他人。

②注意着装和举止言谈。

具体表现在衣冠整洁。观看时，要摘掉帽子；注意坐姿文雅，不要左右摇晃，以免影响后排观众观看；不要把脚踏在前排的座位上，以免弄脏椅子和前排观众的衣服；观看时，不要因为自己知道剧情，就喋喋不休地向人介绍，并道出结局。这对于周围观众来说，是极倒胃口的事，而且也显得我们很浅薄。

③维护剧场公共卫生。

具体表现在不在场内吸烟；不在场内吐痰；不在场内吃零食；不在场内乱扔果皮等废物。

④行为得当。

具体表现在应尊重演员的劳动，节目结束后要报以掌声；不要因为演员在演出中的一些特殊情况或失误而喝倒彩、起哄等；影片放映中断时，要耐心等待，不要呼叫；恋人之间要注意举止行为，不要过分亲昵，以免行为不雅而污染他人耳目，遭人白眼。

以上我从四个方面介绍了人们在影剧院应该遵守的公共秩序。让我们即使在娱乐休闲时，也要注意个人形象，展示现代人的文明风范，做现代文明社会的文明观众。

7. 在体育场

体育场是人们观看体育赛事的公共场所，也是最能体现一个人社会公德的地方之一。具体来说，有以下五个方面。

①注意形象。

要求着装文明，修饰端庄，谈吐文雅，举止大方。不可穿着太随便的休闲服装，如睡衣、拖鞋等观看体育表演。不可乱踩座位、翻越栏杆；不可大呼小叫、乱叫乱嚷。

②维护体育场公共卫生。

不随便吐痰或乱扔杂物，在室内体育场不能吸烟，等等。

③主持公道。

要求对双方运动员一视同仁，反对地域主义。特别是在观看国际比赛时，尤其要表现出博大的胸怀，要以同样的热情，为双方运动员的精彩表演而鼓掌。

④尊重运动员的表演。

运动员发挥失常、出现失误时要给予谅解，以友好的方式给予鼓励，不能讥笑或侮骂。要尊重裁判员的工作。比赛紧张激烈、瞬息万变，裁判难免有失误的地方。对裁判员的失误不要起哄，以免干扰比赛秩序，要以正确的态度对待，以求得更好地解决。

⑤退场有序。

要求散场时，有秩序地退场，不要争前恐后、乱挤乱闯，不要在出场口围堵体育明星和运动员。

以上，我从五个方面介绍了在体育场应该遵守的公共秩序。让我们以文明的态度观看体育赛事，以礼貌的态度尊重运动员的付出，以博大的胸怀为双方运动员喝彩，以展示中华民族文明礼貌的传统美德。

8. 在医院里

医院是人们看病和治病的公共场所，有以下三个方面需要大家共同遵守。

①遵守规章制度。

到医院看病时，要按医院规定挂号、看病、划价、交款、取药；人多时要排队，不得加塞；候诊时不要大声喧哗；住院患者应遵守医院的规章制度，按时起床、就寝，不可私自离院回家等；不可在病房内吸烟、听广播；与同室病友和睦相处；与医护人员友好合作；到医院探望病人时，在病房走路、谈话都要轻声，以保持室内安静；探视时间不宜过长，以免影响病人休息。

②维护医院的公共卫生。

不在候诊区吸烟；不在候诊区吐痰；不在候诊区乱丢果皮、纸屑等。

③尊重医生。

看病时要相信医生。当怀疑医生的诊断有问题时，要有礼貌地询问，不要打架和争论。病人不可向医生点名购药，更不可为了购买贵重药品而撒谎。这样做是不道德的。若希望拿到自己需要的药或进行特殊检查时，应向医生说明原委，听取医生的意见。如遇到不负责任的医生，也不要发火，不可大吵大闹而影响医院的秩序，要耐心向医生说明病情，征求意见。如问题解决不了，可向领导反映。

以上，我从三个方面介绍了在医院里应该遵守的公共秩序。愿我们每个人都遵守之，实践之，为患者早日康复、早日出院，共同创造一个文明、安静、和谐的医疗环境。

9. 在餐馆里

餐馆是人们出门在外临时用餐的公共场所，要以以下五个方面为准则，加强自己的礼貌修养和社会公德修养。

①遵守餐馆有关规定。

喝酒不要过量；言行要检点；保持餐厅公共卫生；尊重服务人员，特别是女服务员；就餐欲坐在别人旁边的空位时，应礼貌地询问是否有人等。

②礼貌交涉。

就餐中，如发生特殊情况，比如发现饭菜中有异物时，可以找服务员有礼貌地交涉，不可得理不让人、大吵大闹。

③遵守女士优先原则。

男女两人就餐时，男士应主动帮助女士穿脱大衣，把视野开阔和靠窗的位置留给女士，不要把女士安排在人来人往的通道旁。入、离座位时，应帮助女士挪动椅子。进餐时，如想吸烟，应先征求一下同桌进餐女士的意见，最好礼貌地问“吸支烟可以吗”。吸烟时，不要让烟雾飘绕在别人的脸上，尤其是女士的脸上。

④不必过于客套。

共同进餐时，如果主人已有安排，客人就不要过分客套、谦让。无论什么菜，合不合胃口都要吃一点，这是做客的一种礼节。若主人事先没有安排，服务员送上菜单后，主人可以请在座的女士先点菜或客人先点菜。客人点菜时价钱要合适，出于为主人着想，不要选太贵的，也不要选太便宜的，以免主人误会你怕他花不起钱。点菜时，双方不要一味地客套谦让，虚假的客套不是礼貌，反而会影响主客之间的友谊。

⑤不必过分热情。

在餐厅或餐馆用餐时，如看到附近席位有熟人，可迎上前去寒暄几句，但时间不要过久，以免影响别人进餐或妨碍行走。也可以适当谦让一下，但不可以过分热情，强加于人。

以上，我从五个方面介绍了在餐馆里应该遵守的公共秩序。让我们在餐馆里都能文明用餐、礼貌用餐、吃相文明、喝相文雅，让餐馆不仅成为用餐的场所，更成为人们展示文明礼貌修养的大课堂。

在此部分中，我从 10 个方面介绍了礼貌修养准则。让我们在日常生活和工作中，都能做到遵时守信、尊重他人、谦虚恭敬、宽怀容人、处事适度、真诚待人、不卑不亢、赞美他人、认真倾听、遵守秩序，摒弃随心所欲、为所欲为的唯我意识，养成以礼处事的行为习惯，自觉按照礼貌准则为人处事，把礼貌修养不仅看成是提高自身素质和进行自我完善的需要，更是这个伟大时代和社会主义精神文明建设的需要。

第十一部分

提高礼仪素养的方法

印度有句谚语，“播种行为便收获习惯，播种习惯便收获性格，播种性格便收获命运”。

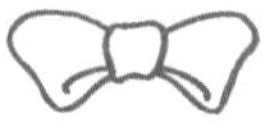

提高礼仪素养的方法很多，这里我将其归纳为以下四点。

1. 坚持实践

礼仪是一门行为知识，具有可操作性。例如，规范、优美的走姿，要求走出步位、步幅和步韵。如果大家不去操作，就不能学会这种礼仪技能。

由于礼仪具有很强的操作性，因此，它的实践性也非常强。像我们学习其他专业知识一样，要求理论联系实践。不错，掌握任何知识都要求理论密切联系实际。可是，有一些专业知识，要等到你做本专业的工作时才能有实践的机会。礼仪就不一样了。礼仪是人际交往时的行为规范。把礼仪能体现在日常生活和工作中的每个细节中，其实是一种素质和修养，是平时养成的一种良好习惯，它属于道德体系中的社会公德内容。社会公德修养的关键在于实践，这是加强道德修养的根本方法。

关于这方面，古代教育家早就提出身体力行的原则。例如，孔子就提出了“敏于思而慎于言”（《论语 · 学而》），“讷于言而敏于行”（《论语 · 里仁》）的主张。就是说，思维要敏捷，说话要谨慎，不要不经思考就抢着说。行动要敏捷、要快，不要迟缓、拖拉。还说，“先行其言而后从之”（《论语 · 为政》），要求先做后说，做不到的就先不要说。以及“君子耻其言而过其行”（《论语 · 宪问》），君子要以说得多做得少为耻。

再如，古代先贤王夫之发展了儒家“知行并进”的教学传统，提出“行可兼知，而知不可兼行”“君子之学，未尝离行以为之”（《尚书引义 · 说命中二》）。王夫之在这里强调了“行”的作用，“知”与“行”要结合起来，当行的时候，不要等到“知之”才去行。行重于知的原因在于行中有知，而知中不能有行，阐明了“知行并进”的道理。

我国著名教育家陶行知先生也是“知行合一”的倡导者。他早年创办了育才学校，有许多创举，其中有一项就是每天要举行早会，全体同学都要参加，然后齐唱《手脑相长歌》。歌词是陶行知先生亲自创作的：

人有两个宝，双手和大脑。
用脑不用手，快要被打倒。
用手不用脑，饭也吃不饱。
手脑都会用，才算是开天辟地的大好佬。

陶行知先生创作的这首著名的《手脑相长歌》，就是强调手脑并用、手脑皆强。手，就是指动手能力，就是实践；脑，就是指学习，指思考。因此，我们学习礼仪也要像陶行知先生倡导的那样，要知行合一，进行实践。更具体地说，今天学了礼仪，今天就要用；现在学了礼仪，马上就要用。一句话，要把我们所学的礼仪知识立即应用到生活和工作的人际交往实践中去。

例如，我们学习了规范、优美的举止后就要站有站相、坐有坐相、走有走相；我们学习了“敬老尊贤的准则”和“女士优先的准则”后，就要尊重老人，尊重妇女，尊重残障人；我们学习了和谐得体的着装后，到教室上课和到会场开会，就不能再穿着短裤、背心、拖鞋甚至歪戴着帽子；我们学了礼貌文雅的言谈后，与人见面时就要经常使用“您好”“请”“谢谢”“对不起”等礼貌用语。特别是学生见到老师一定要问“XX 老师，您好”，而不是叫声老师后就没有下文了，或者只冲老师笑一笑，此时无声胜有声，这都是没有很好地实践。

坚持实践，就是要积极参加各种社交活动，在社交实践中，逐渐养成讲道德和礼貌待人的好习惯。现代社会是人际交往广泛的社会，积极参加各种各样的社交活动，就会获得礼仪修养的实践机会。尤其是在文明道德氛围比较浓的环境中接受熏陶，更有助于培养自己的礼仪素养。通过在社交活动中的不断锻炼，我们就能克服讲礼仪时的羞怯、自卑、妄自尊大等不良习惯，提高自己的礼仪素养。

当然，我们在进行礼仪实践时，不是教条地照章办事般的简单操作。当礼仪原则运用于实践时，作为一种理论到实践的飞跃，应该具有灵活性。因为礼仪虽然是体现文明礼貌的行为规范，但从本质上讲，是用于处理人与人交往，但人是有思想、有情感的，人的思想情感又具有复杂性、多变性的特点，因此，用礼仪知识来指导礼仪实践时，必须因人、因事、因时、因地制宜，灵活地面对具体问题。例如，上海某饭店就曾经发生过一位美国客人因电梯服务员短时间内多次问候“您好”而投诉的事件。

清晨，一位下榻该宾馆的美国客人出去散步，电梯服务员向其问候“您好”，客人也面带微笑高兴地回答“您好”。当客人散步回来进电梯时，服务员又向其问候“您好”，客人也跟着回答“您好”。不一会儿，客人下楼去餐厅用餐，电梯服务员又问候“您好”，此时客人已面带不悦之色，只是点点头。当客人用完餐进电梯时，服务员又问候“您好”，此时客人只是勉强地微笑一下。

离店时，客人向饭店总经理投诉说：“尊敬的总经理先生，贵店是怎么培训员工的？短短十几分钟内，服务员竟不断地重复着两个相同的字。

难道除此之外，他就再也没有别的礼节方式吗？”

这个例子充分地说明了见面施礼时，要根据具体情况灵活对待。像这种短时间内与相识的人多次在同一场合相遇，实在没有必要也不应该反复实施同一种问候礼节，代之以致意礼节效果可能会更好。

2. 养成习惯

在没有讲这个内容之前，我们先来做一个游戏，游戏的名字叫“习惯的力量——我总是那样做”。

这个游戏的步骤是，脱掉自己的外衣，然后再穿上，要求第二次穿衣时，要改变原有的穿衣次序。

我们会发现，改变原有的穿衣次序后会很别扭，笨手笨脚的。

那么，为什么改变了习惯的穿衣次序，我们就会显得笨手笨脚的呢？因为习惯的力量太强大了。

是什么阻碍了我们采取新的做事方式？是旧有的习惯与陈规陋习，在影响着我们。

那么，我要告诉大家，在现实生活中，存在着跟我们过去采取的方式同样有效的完成任务的方式，而且这种方式更有助于我们身心健康，更有助于我们获得成功，更有助于我们的自我完善。我们要不要接受这种行为方式呢？

回答肯定是“要”。那么，我们要不要将这种新的行为方式，长期重复地做，逐渐养成一种习惯呢？这就是接下来我在下面要说的提高礼仪素养的第二个方法——养成习惯。

我国有一句俗话叫作“性格决定命运”；印度有句谚语叫作“播种行为，便收获习惯；播种习惯，便收获性格；播种性格，便收获命运”。由此可见，行为、习惯对于一个人的命运是多么的重要。

那么，什么是习惯呢？

让我们回到两千二百多年前。

有一天，魏国国君安釐王曾问孔斌，谁是天下高士。孔斌说，世上根本不可能有完美无瑕的君子。如果退而求其次的话，鲁仲连勉强算一个。安釐王却不赞同他的观点，“我认为鲁仲连不怎么样，他表里不一，行为举止都是强迫自己做出来的，并非本性的自然流露”。孔斌回答说，“作之不止，乃成君子”。就是说人的本性都是差不多的，只要强迫自己去做一些事情，管他是真心还是假意。只要不停地做下去，到最后习惯成自然，也就成了君子。从这个角度说，当经年不息的外在约束变成内在行为以后，它就成了一种习惯、一种自觉、一种责任、一种融入骨髓的素质。因此，习惯就是指长期重复地做，逐渐养成的一种不自觉的行动。

习惯有好坏之分，好习惯造就人。纵观国内外成功人士，没有一个不是由好习惯造就的。例如，大家听到交响音乐《命运》，就会想到音乐大师贝多芬。贝多芬之所以能在耳朵失聪的情况下走向成功的巅峰，是由于他在音乐创作上，努力保持“无日不动笔”的创作习惯。正是这个“无日不动笔”的创作习惯伴其一生，使他用雄壮的音符扼住了命运的咽喉。

好习惯可以造就人，同样道理，坏习惯的力量也不容忽视。可以这么说，坏习惯即使不毁损人，至少它也会成为一个人获得成功的绊脚石。所以，法国大作家巴尔扎克有一句话足以令听者自危。他说，“要断送一个人，只须让他染上一种嗜好”。可见，坏习惯对人危害之大。可以说，成功的事业和人生，其实是好习惯延续的必然结果；而失败的事业和人生，则大抵是坏习惯导致的结果。

习惯的力量如此强大，但日常生活中它却常常被人忽视。比如，我们往往认识不到日常不规范的行为举止等不良习惯，对于自己人生所产生的不良影响。这些不良习惯初看起来似乎宛如一滴水，无足轻重。一滴水初看起来，虽然无足轻重，可是经不住天天滴、月月滴、年年滴，最后就会滴穿巨石。当你一旦感觉到这些不良习惯的巨大力量，再想改变它时，可谓难矣！所以，中国有一句古话叫作“江山易改，本性难移”，就是对习惯的巨大力量形象而准确的概括。

记得有人说过这样一句话，“成为一个富翁一代人就可以，而成为一个贵族却需要经过三代人的努力”。为什么？因为成为一个富翁的标志就是拥有财富，而财富完全可以通过一代人的努力奋斗而获得。可是，成为一个贵族的标志，不仅仅是拥有财富，还要有与其财富相匹配的文化修养、贵族气质、礼仪素养，等等。这些东西则需要长期积累，逐渐养成。

同样道理，一种礼仪技能，一堂课就可以学会，而一个人的礼仪素养，却不是几堂课就可以学会的，必须日积月累，如积跬步而至千里，积小流而成江河，不以善小而不为，不以恶小而为之，循序渐进地进行。正如古代先贤王夫之所说，“君子之道，辟如远行必自迩，辟如登高必自卑矣。行无有不积，登无有不渐，迩积而远矣，卑渐而高矣。故积小者渐大也，积微者渐著也。念念之积渐而善量以充，事事之积渐而德之成以盛。驯致甚极而逐至于高远”（《四书训义》）。

王夫之认为，圣人的德行也是有连续性的，道德修养要注重不断地积累；是一个由小及大、由低到高的不间断过程，应该自强不息、循序渐进地进行实际锻炼，养成习惯。

正如有一句广告词所说“心动不如行动”。把心中明白的道理，付诸行动，并且坚持做下去，最后变成自己的良好习惯，是一个人成功的重要因素。因为能让你人生发生改变的从来不是写在纸上、听在耳里的大道理，只讲道理而不付诸行动，是不能改变人生的。听懂的同时，还要行动起来，将道理植入行为中，并且内化成习惯，只有这样，才能发挥道理改变人生的作用。

习惯是一种顽强而巨大的力量，它可以主宰人生。人生成功的秘诀，就在于生活点滴中养成的一个又一个的良好习惯。习惯的实质是坚持，也可以说，习惯就是坚持。所谓“水滴石穿”，不是水的强大，而是坚持的力量。一个人，今天所有的坚持，都会在未来某一天化为你应得的收获。所有的良好习惯的叠加，最终会成就你成功的人生。

正如乌申斯基所说，“良好的习惯是人在其神经系统中存放的道德资本，这个资本不断地增值，而人在其整个一生中就享受着它的利息”。

当你拥有了一个又一个的良好习惯，又何愁没有一个美好的人生呢！改变自己懒于行动的坏习惯吧，养成雷厉风行的行动习惯，从当下开始，从自律开始，从每个细节开始！

3. 不断暗示

从前面的游戏中，我们已经了解了陈规陋习、旧有的不良习惯会阻碍我们采取新的做事方式。那么，我们在提高自己的礼仪素养、改变自己的不良习惯时，怎样做才能不让旧有的习惯影响新的行为方式呢？这就是我要介绍的“自我暗示”的方法。

我们平时有没有通过“自我暗示”引发行为的亲身经历呢？

我想，这样的经历大家肯定都会有的，只是突然不知从哪方面谈起。下面，我谈一谈我自己意识引发行为的几个事例与大家分享，同时也起到抛砖引玉的作用。

第一个事例，是健康意识引发的每天按摩腹部的行为习惯。

小时候，由于父母都工作，家务事很多，养成了我晚睡、晚起的不良习惯。早晨起床，一看要迟到，我就不吃早餐去上学。久而久之，我便得了慢性胃炎。后来朋友告诉我，每天睡醒后和临睡前，用手顺时针按摩胃部和腹部 100 次，然后再逆时针按摩 100 次，经常做可治胃病，我就试着做了。可是我总忘，胃痛的时候我还能想起来做，胃不痛了，我就不做了。就这样断断续续的，胃病一直没好。

后来，随着我的讲学任务越来越重，胃痛复发的频率也越来越高。我深深地感到身体不好对工作的影响，逐渐产生了健康意识和保健意识。在这种意识支配之下，每天早上醒来时，我就给自己一个暗示，“按摩胃部、腹部”。每晚只要躺到床上，我也给自己一个暗示，“按摩胃部、腹部”。就这样每天早晚坚持安摩胃部、腹部的行为已经成为我生活中的一个习惯，而且我还创造性地发展了它，不仅由100次改为200次，按摩完后，我还要由上往下竖着按摩200次，以便促进胃肠运动，加快代谢。自从我养成这个习惯后，胃病基本上没有复发。

第二个事例，是健美意识引发的一些行为习惯。

我年轻时，身材还算可以。可是大学毕业停止锻炼后，由于缺少健美意识，没有注意保持自己的身材，生了小孩后，身体逐渐发福，变得臃肿不堪。

20世纪80年代，因工作需要，我开始讲礼仪。由于在讲台上需要演示各种礼仪技能，因此就涉及讲台形象的问题。随着我在各地讲学任务增多，便开始有了健美意识。但是，我这个年龄已经不适合通过吃减肥药减肥了，这样对身体是不利的。于是，我就通过其他综合办法塑造体形：第一，每顿饭只吃八分饱，这样就减少了体内多余的热量；第二，饭后都要站立半个小时，以免使腹部积累过多的脂肪；第三，每天坚持行走半个小时，促使身体新陈代谢平衡；第四，每天要多吃一些果蔬、少吃主食，再吃一个鸡蛋、半斤奶，以保证营养充足，热量适度。

在实施这些行为时，我都是靠不断地心理暗示诱导的。例如，每次快吃饱时，我就要提醒自己，吃八分饱就行了！尤其吃自己爱吃的食物时，往往经不住美食的诱惑，这时我就要对自己说，赶快打住，营养已经足够了，再吃营养就要过剩了！只要意念一到，行为就到。就这样，我养成了适合自己的饮食习惯，基本上保持了在我这个年龄段看起来还算可以的体形。

第三个事例，是审美意识引发的每天听音乐的行为习惯。

我从小喜欢唱歌跳舞，尤其爱听音乐。但由于当时完全是感性的，所以并没有养成每天听音乐的习惯。后来我讲礼仪课之后，根据礼仪课实践性强的特点，课堂上尽量安排一些技能示范和演示，以及训练等环节。可是，技能训练又累又枯燥，怎样减少学生训练时的疲劳呢？我想到了音乐。这只是我感性上的认识，必须要找到音乐减轻疲劳的理论依据。

后来，我找到了有关这方面的研究资料。

据有关专家研究发现，音乐不仅使人心情愉悦，而且每当旋律的音波进入大脑皮层时，就会对脑细胞产生一种规律的良性按摩，人体各器官本能地在大脑的指挥下，随着旋律的节奏而运动，从而可以放松人的神经，消除疲劳。

看到这份资料后，我立即决定将音乐引入礼仪课的技能训练中。每当训练课堂上，经过我在课前精心制作的美妙乐曲响起来的时候，我的心就会立即伴随着音乐的旋律和节奏激动起来，尽管我已经进入中老年行列，可当时的感觉像又回到了学生时代一样，和同学们一起分享优美的音乐旋律，让训练产生的疲劳感一扫而光。

通过实践，我还发现，音乐作为调节与促进人体各器官进入最佳状态的手段，一旦应用于礼仪教学的技能训练，不仅可以为人体注入活力，减少训练产生的疲劳，而且在艺术领域中，美的色彩和状态，由于通过视觉、听觉而感知，因而音乐中优美的声音、美妙的旋律和欢快的节奏都是构成审美的重要元素，这些正是对学生进行审美教育的一个重要内容。一个人的审美修养是一个人礼仪素养的重要组成部分。而学生边进行礼仪技能训练、边欣赏音乐，就会使他们置身于音乐作品描绘的美的境界之中，进入悦耳、悦目、悦心、悦意、悦志、悦神的不同审美境界，获得审美的熏陶和情感的升华，从而启迪思想，陶冶身心，丰富情感世界，让复杂的心情得以净化，使之怡然、平和，保持一份良好的心态，并可以振奋精神，使人奋进，潜移默化地影响着他们的性格。久而久之，而学生的审美鉴赏能力得到提升。他们这种审美鉴赏能力的提升，就是艺术素养的提高，他们的精神、气质、仪表、风度、言谈举止也会相应改变，高尚的道德情操和礼仪素养也会随之培养起来。

当我通过理论和实践方面的探索，发现用音乐进行礼仪技能训练，不仅会减轻训练时的疲劳，还有助于提高一个人的艺术素养和礼仪素养时，对音乐的喜欢则由感性上升为理性，从内心真正认识到音乐对促进身心健康、提高艺术素养和礼仪素养的重要性，产生了把欣赏音乐作为每天生活必要内容的意识。在这种意识支配下，我每天早晨起床后，第一件事就是给自己一个心理暗示——打开录音机听音乐。每天下班回来后，第一件事也要给自己一个心理暗示——打开录音机听音乐，一边欣赏音乐一边换衣服、做家务。在平和、优美的音乐旋律中，心情愉悦至极，精神顿觉放松，内心的美感油然而生，一天的工作疲劳也随之消除。日久天长，便养成了我每天欣赏音乐的好习惯。

类似这样的事例，相信每个人都会有，可以说通过我们的亲身体会，证明了心理暗示是可以引发行动行为的，说明了精神的力量对于养成良好习惯是何等的重要。愿我们在人际交往的礼仪实践中，以自觉之心，不断地进行自我心理暗示，真正实现礼仪意识内化为礼仪行为的质变，养成以礼处事的良好礼仪素养。

4. 做到“慎独”

提到“慎独”，大家可能并不陌生。可是，究竟什么是“慎独”呢？

春秋时候，有一天卫国国君卫灵公正与夫人南子夜坐闲聊，忽然听到宫外车声辚辚。车行到宫殿门前，声音就戛然而止。过了一会儿，才有车声出现。卫灵公对南子说：“你能猜出门外乘车而过的是谁吗？”南子回答：“一定是蘧伯玉。”她解释说，按照礼仪的规定，经过君王之门应该下车。忠臣和孝子从不因天色明亮就张扬节操，也从不因天色昏暗就败坏品行。蘧伯玉是卫国有名的贤大夫，仁义而聪慧，侍奉国君十分谨慎，这样的人“必不以暗昧废礼”。所以在黑夜里还严格守礼，在国君门前下车步行而过的人一定是蘧伯玉。

第二天，卫灵公就派人打探究竟，果然不出南子所料，这个人正是蘧伯玉。蘧伯玉“不欺暗室”，赢得国君的信任和尊重。有人说，蘧伯玉虚伪，也有人说他迂腐，其实不然，他是在无人监督的情况下，还严格按照规矩要求自己，这样的修养境界是他成功的关键。

“慎独”就像上述例子中的蘧伯玉所作所为一样，在一个人独处时、没有人监督的情况下、做不道德的事情而不被人发现的时候，仍然能坚守心中的道德信念，自觉地按照一定的道德准则去做，严格要求自己不做坏事。一个人在没有人监督的情况下，其行为是最能反映他的真实品德的。

“慎独”不仅是一种道德修养和礼仪修养的方法，也是道德修养和礼仪修养所达到的一种最高境界，是一个人一生都应该具有的修持。为了更好地理解“慎独”的重要性和做到“慎独”。我举两个案例。

哈佛大学是世界著名大学。有一年，她的一位毕业生被一家大公司录用了，理由是在该公司举办的一次大型活动中，他风度翩翩的形象被老板看中了。聘用后不久，他开车去超市买东西，转了一圈没有找到停车位，强行将车停到残障人停车场，并且还因此与一位残障人吵起来。不料，他的这种行为，正好被也来该超市购买东西的老板夫人看见。老板夫人也是开车来的，她转了十多分钟后，才找到一个停车位。相比之下，两个人的行为是多么的不同。

回家以后，老板夫人就把这件事告诉了老板。第二天上班的时候，老板就对小伙子说：“你昨天在超市的行为，已经被我夫人看见，我们公司的文化已经不允许你在这里工作了。”就这样，小伙子被解雇了。后来，他到社区做义工，吸取了以往的教训，表现很好，并且上了电视节目。老板看到他现在的表现后，又把他请回来。

这件事幸好以喜剧收场，否则，我们会为这位小伙子感到遗憾。我想这件事是很能说明“慎独”的重要性的。

那么，如何才能做到“慎独”呢？一个人要真正做到“慎独”，就应该做到以下两个方面。

首先要具有较高的自觉性、主动性和一贯性。这样，无论在什么环境中，都能主动约束和矫正自己的行为，严格规范自己，达到“慎独”境界，真正实现由礼仪意识内化为自己的礼仪信念，最后到礼仪行为的飞跃。只有实现了这种飞跃，才能在无人监督、无人约束、无人知晓的情况下自觉按礼仪准则办事，不做任何不符合礼仪准则的事情。

其次，要始终不渝地坚持自我反省、自我监督、自我评价、自我强化。

宋末元初的许衡就是这样一位注重修养的理学家。一次，他去河阳时正值酷暑，他和同行人走了大半天，又累又渴。由于屡经战乱，这个地方别说找个人家喝口水，就连口水井也找不到。突然，有人发现前面路边有棵梨树。于是，他们加快脚步来到树下，看到树上结满了金黄色的梨了。由于无人采摘，梨子长得又大又密，很诱人。这时，同行的人纷纷上去采摘，只有许衡没有采摘，而是找了个地方拿出一本书阅读。同行的人见状非常奇怪，就问他：“许衡，天这么热，我们又饥又渴，那儿有那么多梨，你为什么不去采几个充饥解渴呢？”许衡说：“兵荒马乱，梨树的主人不在，想吃梨又没法付钱，怎能擅自动人家的东西？”听了许衡的话，有人笑道：“河阳一带几经兵乱，如今连个人影都看不见，这梨树的主人恐怕也不在人世了！况且，几个梨子值多少钱？吃几个又何妨？”这些话对于一些人来说，似乎有一定的道理。可许衡却说：“古人早有‘瓜田不纳履，李下不整冠’的训诫，教人慎独避嫌。如今梨树无主，但我心有主，岂可妄行！”他忍着饥渴，始终没有吃一个梨子。

后来，元世祖即位，许衡做官累至集贤殿大学士兼国子监祭酒，他的操守一直为当时人们称道。如果我们都能像许衡那样，平时注意加强自己的道德修养和审美修养，独处时也有“慎独”精神，做到“不以善小而不为，不以恶小而为之”，久而久之，便可培养自己的良好道德，具有良好的礼仪素养。

也许大家会认为许衡的例子离我们太遥远了，下面我就讲一个我身边的例子。

我有两个孩子，他们在“慎独”方面做得可以说比大人要好。他们小时候，我带他们出去玩，看到有人随手扔到地上的果皮，他们都会主动捡起来，扔到垃圾桶里；当过马路遇到红灯时，他们会主动停下来。有时我急着想过去，他们会阻止我一定要等到绿灯亮后再过；回家，在楼道上不小心大声说话，他们会用手势示意我小点儿声，以免惊扰邻居们休息；我的一个孩子曾经负责保管单位的办公用品，她对我说：“像这些低资易耗的纸、笔等类的东西，我就是拿回来用，也没人知道。可是，这么多年来我从来没有往家里拿过一件我保管的东西。”

听了孩子的话，我为孩子从小就有这种慎独的精神而感动。我想，我的孩子也许一辈子干不出轰轰烈烈的大事业，可是，他们在道德修养和礼仪素养方面做到了“慎独”，这是他们在做人的道德品质和人格方面的一笔巨大的精神财富，必将让他们今后的人生道路上受益无穷。我为此而感到欣慰。

我举这个例子想说明什么呢？说明“慎独”很难做到，可是“慎独”又不是不能做到。只要我们对此有深刻的认识和足够的重视，伟人也好，凡人也好，成人也好，孩子也好，就一定都能够做到。让我们在“慎独”这种道德修养最高境界的目标下，严格要求自己，平时注意加强自己的道德修养和礼仪素养，自觉地做到“慎独”，让我们的社会早日进入“路不拾遗，夜不闭户”的理想王国，早日进入集自然美、人文美和社会美为一体的审美国度。

朋友们，人类历史是一部摆脱愚昧落后、创造和建设文明的历史。人类文明不仅体现为生产力的发展、物质财富的积累和科学技术的进步，更体现为人类对自身行为的自觉约束。

礼仪是人类文明的重要标志，也是中华民族五千年灿烂历史文化的重要组成部分，“礼”和“美”是我国民族的一大特色。愿礼仪中蕴含的真、善、美的积极的人生态度和健康向上的审美价值，伴随着我们度过日日夜夜、分分秒秒、带给我们一个美好的人生。

让我们带着礼仪赋予我们的美好，带着时代赋予我们的使命，在今后生活和工作中自觉地树立礼仪意识，不断地进行礼仪实践；让我们都能成为倡导礼仪的先行者，成为中华民族礼仪文化的传承者，成为社会文明进步的促进者，为早日实现中华民族伟大复兴的“中国梦”贡献出我们应有的力量！

主要参考书目

北京市朝阳区职教中心教研部主编，人体的外在美，北京：中国旅游出版社，1991
北京市东城区教育局编，礼仪常识，北京：北京燕山出版社，1992
北京语言学院出版社编，当你踏上异国的国土，北京：世界知识出版社，1986
曹玉华等编著，美容技巧，北京：新华出版社，1988
陈本林主编，涉外知识大全，上海：上海人民出版社，1989
陈静和编著，服务艺术与礼仪，厦门：厦门大学出版社，2004
陈美秋编，交往礼仪与指南，北京：语文出版社，1994
丁明等主编，礼仪全书，北京：国际文化出版公司，1993
丁振宇主编，现代礼仪全书，北京：光明日报出版社，2002
高明强等编著，世界人生礼俗大观，北京：中央民族大学出版社，1999
高慎盈著，你与你的社会角色，南宁：广西人民出版社，1987
勾承益译释，论语白话今译，北京：中国书店，1992
关海平主编，现代礼仪基础，北京：机械工业出版社，2002
侯宪举等编，实用中外礼仪，西安：西安交通大学出版社，1989
胡宝林编译，FBI 教你破解身体语言，北京：中国华侨出版社，2011
胡在福主编，旅游服务接待礼节礼貌常识，北京：高等教育出版社，1991
黄庆杰等编著，成功者礼仪全书，北京：中国华侨出版社，2002
黄新荣著，中国文化散论，广州：华南理工大学出版社，2003

黄中业文字，郭竞雄、关楠漫画，诸子百家老子，长春：吉林摄影出版社，2001
金尚理著，礼宜乐和的文化理想，成都：巴蜀出版社，2002
金正昆主编，文官礼仪，北京：当代世界出版社，2000
金正昆著，社交礼仪教程，北京：中国人民大学出版社，1998
金正昆著，涉外礼仪教程，北京：中国人民大学出版社，1999
金正昆著，现代商务礼仪教程，北京：高等教育出版社，1996
靳羽西箸，魅力何来，上海：上海文艺出版社，2000
柯古等编著，礼仪大全，北京：中国友谊出版社，1993
孔子、[英]弗兰西斯·培根著，人生论经典，北京：中国长安出版社，2003
李斌著，国际礼仪与交往礼节，北京：世界知识出版社，1982
李伯淳主编，中华文化与21世纪，北京：中国言实出版社，2003
李洪涛主编，千万个怎样——社交礼仪卷，北京：中国旅游出版社，1993
李莉主编，实用礼仪教程，北京：中国人民大学出版社，2004
李柠主编，电话礼仪，北京：中国财政经济出版社，1996
李柠主编，国际商务礼仪，北京：中国财政经济出版社，1995
李庆祥等编写，实用涉外礼仪，沈阳：辽宁人民出版社，1988
李天民著，现代国际礼仪知识，北京：世界知识出版社，1999
李旭编著，孔子：执着人生，武汉：长江文艺出版社，1993
林晓娴编著，实用礼仪大全，北京：中国商业出版社，2004
林友华主编，社交礼仪，北京：高等教育出版社，2003
刘国柱编著，商业礼仪，北京：中国商业出版社，1992
刘洪潮等著，外国人请客趣谈，北京：长征出版社，1990
刘建国等注译，庄子译注，长春：吉林文史出版社，1993
刘裔远等编著，社交服务必读，上海：立信会计出版社，1993
刘玉学等编著，涉外礼俗知识读本，北京：中国旅游出版社，1990
刘兆伟主编，中华传统文化大略，沈阳：辽宁大学出版社，1994
刘忠信，祝你社交成功，长春：吉林大学出版社，1987
罗洁编译，人体美欣赏，北京：科学普及出版社，1991
吕钦文主编，交际礼俗风情，长春：东北师范大学出版社，1993

马桂茹等编著，仪表美与训练，北京：中国旅游出版社，1993
南怀瑾著，论语别裁，上海：复旦大学出版社，1996
南京金陵旅馆管理干部学院编，沟通技巧，北京：科学技术文献出版社，1993
裴少桦编著，学做绅士淑女，杭州：杭州出版社，2000
彭林著，儒家礼乐文明演讲录，桂林：广西师范大学出版社，2008
彭林著，中华传统文化礼仪读本，杭州：浙江文艺出版社，2008
钱穆著，民族与文化，北京：九州出版社，2012
乔修业主编，旅游美学，天津：南开大学出版社，1990
曲渊著，口才锻炼和交际方法，杭州：杭州出版社，1997
任伯江等著，人际关系的艺术，广州：广东旅游出版社，1988
商谋子编著，社交、办事、懂礼仪，北京：中国盲文出版社，2004
沈驷编著，错误的礼仪，上海：复旦大学出版社，1999
世界知识出版社编，外国奇风异俗，北京：世界知识出版社，1981
司有仑主编，新编美学教程，北京：中国人民大学出版社，1993
谭敏等编著，国际社交礼仪，北京：中信出版社，1990
王冰编译，现代商用交际礼仪，北京：地质出版社，1993
王宁主编，评析本白话三礼，北京：北京广播学院出版社，1992
王守勋主编，待人接物，北京：中国展望出版社，1987
邢颖等编著，社交与礼仪，北京：民族出版社，1993
薛晶等主编，现代礼仪，北京：中国商业出版社，1993
杨伯峻等译，白话四书五经，北京：新世界出版社，2009
杨任之译，白话荀子，长沙：岳麓书社，1991
杨辛主编，青年美育手册，石家庄：河北人民出版社，1987
一为、一丁编，成功的人际关系，西安：西北大学出版社，1988
于兴兴等著，中国人最易误解的西方礼仪，北京：中国书籍出版社，2012
余云华著，拱手、鞠躬、跪拜，成都：四川人民出版社，1993
袁振国等著，交往的艺术，天津：天津人民出版社，1987
张勃等编著，中国人最应该知道的 77 个礼俗，北京：中国书籍出版社，2012
张殿奎等主编，中国传统伦理思想纵横，北京：红旗出版社，1991

张文编著，酒店礼仪大全，广州：华南理工大学出版社，2004
张文俊著，旅游工作者的礼貌修养，北京：商业出版社，1987
张文俊等编著，礼貌修养，北京：中国旅游出版社，1993
张艺华编著，体态语言奥妙，北京：中国物资出版社，1997
张志平等编著，公关礼仪，青岛：青岛海洋大学出版社，1997
赵关印主编，中华现代礼仪，北京：气象出版社，2002
赵婧昶等编，民俗礼仪，北京：中国世界语出版社，1999
仲富兰著，现代民俗流变，上海：三联书店上海分店，1990
周士林著，你我他——现代人际关系，济南：山东科学技术出版社，1987
邹昌林著，中国礼文化，北京：社会科学文献出版社，2000
左慧主编，新编现代礼仪现用现查，呼和浩特：内蒙古人民出版社，2003
[澳]露辛达·霍德夫斯著，礼貌的力量，北京：中信出版社，2010
[春秋]李聃著，道德经，西安：三秦出版社，2008
[美]芭芭拉·帕切特等著，国际商务礼仪，北京：中国对外翻译出版公司，1998
[美]鲍莱尔德里奇著，企业人礼仪手册，海口：海南出版社，1997
[美]查理·米歇尔著，国际商务礼仪，北京：经济科学出版社，2002
[美]代尔·卡耐基著，处事的艺术，广州：广东旅游出版社，1987
[美]杰奎琳·惠特摩尔著，优雅的力量，北京：机械工业出版社，2013
[美]卡露·杰克森著，实用装扮技巧，北京：中国商业出版社，1990
[美]罗杰·E·阿克斯特尔编著，礼仪与禁忌，上海：上海译文出版社，1998
[美]朱迪·C·皮尔逊著，如何交际，长沙：湖南人民出版社，1987
[清]李毓秀著，弟子规，广州：广州出版社，2009
[日]大西宪明著，怎样使你的性格讨人喜欢，上海：知识出版社，1987
[日]多湖辉著，人际关系与心理调节，天津：天津人民出版社，1989
[日]加藤周一著，21世纪与中国文化，北京：中华书局，2007
[日]井上靖著，孔子，沈阳：春风文艺出版社，1991
[日]桥本保雄，大仓饭店接待艺术，北京：中国旅游出版社，2002
[苏]弗·马特维耶夫等著，怎样使你彬彬有礼，上海：上海人民出版社，1989